월세 받는 부동산

제대로 고르는 법

오피스텔 · 원룸 · 상가

월세 받는 부동산
제대로 고르는 법

심형석 지음 · **김건중** 사진

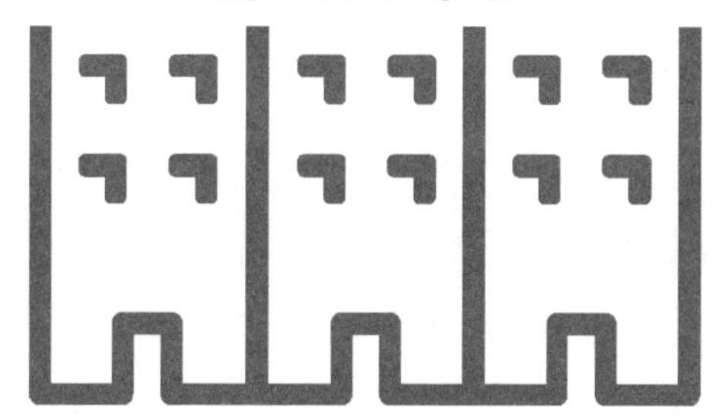

한국경제신문

들어가며

최근 재테크 분야에서 나타나는 뚜렷한 특징 중 하나가 '수익형 부동산'의 인기가 부쩍 높아졌다는 것이다. 가장 큰 원인으로는 고령화와 이른 은퇴를 꼽는다. 월급이나 사업소득이 끊기는 은퇴 계층에게 또박또박 월세를 받을 수 있다는 기대감은 일종의 복음과도 같다. 초저금리 시대로 접어든 데다 아파트 가격의 상승세가 꺾임에 따라 갈 곳을 잃은 자금이 찾아낸 투자처가 바로 그곳이다. 대표적인 예로, 청약경쟁률에서 오피스텔이 아파트를 앞질렀다는 사실을 들 수 있다. 하지만 분양 당시 가졌던 희망은 입주가 시작되면서 악몽으로 변하기 일쑤다. 임차인이 나타날 때까지 하염없이 기다려야 하고, 월세가 낮아도 울며 겨자 먹기로 세를 주어야 하는 게 훨씬 더 현실적인 장면이다.

이런 일이 왜 심심치 않게 벌어질까. 수익형 부동산의 성격을 제대로 이해하지 못한 채 뛰어드는 투자자가 많기 때문이다. 아파트 투자를 열심히 하다 갑자기 상가 투자로 돌아선 사람이 많은데, 이들은 너무나 다른 투자 환경에 당황하곤 한다. 수익형 부동산은 '매달 월세를 받는 상품' 이다. 이 단순한 특성이 투자 대상으로서 수익형 부동산과 아파트를 분명히 갈라놓는다. 수익형 부동산은 매달 월세를 받아야 하기 때문에 계속 신경을 써야 한다. 다달이 월세 받는 일, 임차인이 이사 나가는 일 때문에 고민하는 소유주가 많다. 만약 수익형 부동산의 소유주이면서 이런 고민을 하지 않는다면, 당신은 축복받은 것이다. 조금 규모가 있는 상가에서는 그나마 임차가 되는 곳이 1층에 불과하고, 2층 이상에서 공실이 발생하면 이를 채우기 위해 엄청난 노력과 시간을 쏟아 부어야 한다.

수익형 부동산과 대치되는 개념이 전세형 부동산이다. 매달 월세를 받는 것이 아니라 입점 때 한 번 보증금deposit을 받는 방식이라는 점에서다. 전세형 부동산의 대표적인 예가 아파트다. 당신이 아파트 소유주이고 그 아파트를 전세로 주었다면, 2년 동안 가만히 있으면 된다. 정말 특별한 경우가 아니면 임차인도 연락을 하지 않는다. 계약기간인 2년이 지났다 해도 당신이 먼저 연락할 필요는 없다. 임차인이 당신에게 연락하지 않으면 그대로 계속 살겠다는 뜻이다. 단, 이때는 예전의 보증금 그대로 자동 계약이 성립되니 전세금을 올리려면 한 달 전에 통보해야 한다.

수익형 부동산과 전세형 부동산의 가장 큰 차이는 관리 개념이 들어가냐 아니냐에 있다. 단순히 관리라고 표현했지만, 시설 · 임대 · 자산관리라는 세 가지 분야를 포함하는 상당히 복합적이며 어려운 개념이다. 즉, 쉽게 할 수 있는 것은 아니라는 말이다. 전세형 부동산의 임차인은 '생활형 임차인' 인 데 비해 수익형 부동산의 임차인은 '목적성 임차인'이다. 대부분 임차인이 특정 목적, 즉 장사를 하거나 사무실로 사용하기 위해 입점한다. 이는 곧, 생활형 임차는 반드시 해야 하는 것이지만 목적성 임차는 해도 되고 안 해도 된다는 뜻이다. 그렇다면 관리 역시 해도 되고 안 해도 되는 것 아니냐고 생각하기 쉬운데, 천만의 말씀이다. 필수적인 임차가 아니기 때문에 오히려 더 관심을 쏟아야 한다. 그렇게 하지 않으면 임차인을 들이는 데에도 어려움을 겪을뿐더러, 들어왔던 임차인들도 곧 떠날 마음을 먹는다.

수익형 부동산에 오랫동안 투자해온 사람들도 있지만, 최근 들어 시작한 사람이 훨씬 많다. 은퇴가 빨라지고 고령화의 그늘이 길게 드리워지면서 전세형 상품에서 월세형 상품으로 이전하려는 투자 수요다. 하지만 수익형 부동산의 특징을 정확히 모른다면 아예 손을 대지 않는 것이 좋다. 아파트와 같은 전세형 부동산과 달리 수익형 부동산은 잘못 투자했다가는 빚더미에 앉을 만큼 리스크가 큰 상품이다.

필자는 학교에 적을 두고 있지만 전공이 부동산이어서 외부 특강을 많이 다닌다. 당연히 투자자들을 만나 이야길 나눌 기회가 많다. 그런데 대화를 하다 보면 특정 분야나 지역에 정통한 사람은 많지만 기본에 충실한 이들은 많지 않음을 느낀다. 삶에서 모든 것이 그렇지만 경제 행위는 특히 기본에 충실해야 한다. 한두 번 재테크에 성공한 이들도 때로는 엄청난 실수를 저지르곤 하는데, 바로 기본을 잊기 때문이다. 전작 《아파트 제대로 고르는 법》에 이어 이 책을 기획한 것도 바로 그런 이유에서다. 두 권을 함께 출간하기로 출판사와 협의가 된 것은 필자로서는 영광이지만, 또 하나의 잉여를 세상에 던지는 건 아닌가 조심스럽기도 하다.

이 책은 '수익형 부동산'이라는 상품에 집중해서 쓰였다. 간혹 아파트와 같은 전세형 상품도 언급했지만, 수익형 부동산의 특징을 쉽게 이해하기 위해 비교 대상으로 포함한 것이다. I부는 수익형 부동산의 전반적인 특징에 대해 서술했고 이후에는 수익형 부동산의 대표적인 상품인 오피스텔 · 원룸, 상가, 호텔 등 기타 상품으로 구성했다. 그러니 I부는 반드시 읽어보길 바라고, II~IV부는 관심이 가는 주제를 순서 없이 읽어도 좋다. 어느 주제를 선택해서 읽어도 문맥 전개상 특별한 어려움은 없을 것으로 생각한다.

일반인을 위한 책을 쓰면서 교재 등 전문서적을 집필할 때와는 또 다른 자극을 받는다. 이 책을 읽고 독자들도 필자가 느끼는 자극을 함께 느끼기를 기대하면서 또 하나의 부담을 세상에 내어놓는다. 찍어주는 재테크 책이 아님에도 두 권씩이나 출간을 결심한 한경BP 고광철 사장님, 전준석 주간께 감사드린다. 사랑하는 어머니, 현명한 아내, 든든한 형, 학문의 동반자 동생 등 가족이 아니면 오늘의 필자가 있을 수 없다. 하늘에 계신 사랑하는 아버지께도 무한한 감사를 드린다.

멀티해비테이션을 즐기며
2016년 10월 해운대에서, 심형석

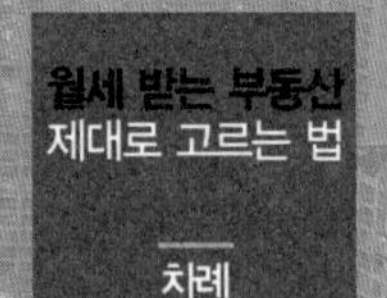
월세 받는 부동산
제대로 고르는 법
차례

III

상가 투자, 이것 모르고는 뛰어들지 마라

IV
호텔, 빌딩, 그 외 다양한 수익형 부동산

I

수익형 부동산 전성시대

투자자는 깊이 생각하지 않고 행동을 취하는 것보다
아무 행동도 취하지 않고 깊이 생각하는 것이 더 낫다.

앙드레 코스톨라니 Andre Kostolany

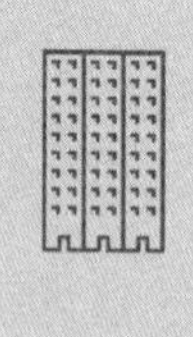

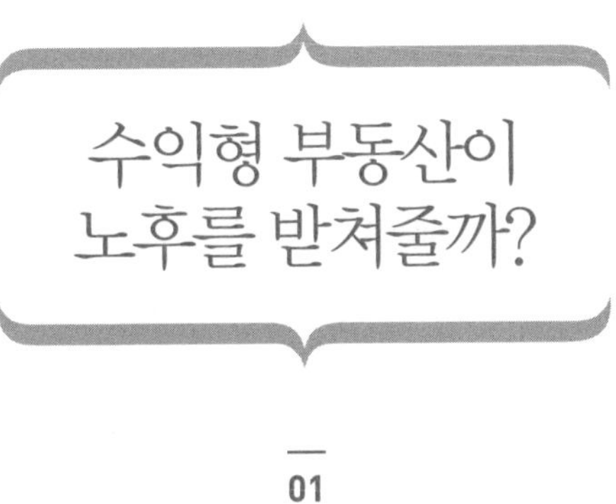

수익형 부동산이 노후를 받쳐줄까?

01

요즘 언론과 방송에서 '수익형 부동산'이라는 말이 자주 등장한다. 이 용어가 부동산 쪽에서 정착된 것은 얼마 전의 일로, 부끄럽지만 2004년 필자가 책을 내면서 처음 공식적으로 사용한 것으로 알고 있다.[1] 그런데 용어에 대한 정확한 이해 없이 사용되는 일이 많다. 가끔은 토지 등의 부동산을 이야기할 때도 수익형 부동산이라 하는데 이는 잘못된 표현이다!

다달이 세를 받는 상품

때로는 한글보다 외국어로 표현할 때 그 단어의 의미가 더욱 정확히

다가오기도 한다. 특히 단어 자체나 어원이 외국어일 때는 더 그렇다. 수익형 부동산 또한 영어 표현이 뜻을 더 정확히 전달해준다. 영어로는 'Income Producing Property'가 되는데 '수익이 발생하는 부동산 자산'이라는 의미다. 여기서 수익이란 임대료와 같이 매월 발생하는 직접적인 수익을 의미한다. 부동산 자산의 수익은 시세차익(자본소득)과 임대수익(운영소득)으로 구분할 수 있는데, 이 중 임대수익에 집중하는 부동산이다. 전세는 보증금을 받아 금융기관에 예치하여 간접적으로 이자소득을 얻는 방법이므로 이때의 부동산은 수익형 부동산이라 할 수 없다.

두 성격을 모두 가지는 것으로 '깔세prepaid rent'가 있다. 깔세는 임차할 때 임차기간 만큼의 비용을 한꺼번에 지급받는 월세임대차계약이다. 전세 보증금처럼 목돈이 한 번에 들어오지만, 실질적으로는 매월 발생하는 월세를 모은 것이기 때문에 수익형 부동산으로 정의할 수 있다. 따라서 수익형 부동산이라는 용어는 좀 모호한 측면이 있다. '월세형 부동산'이 더 정확한 용어일 것이다. 하지만 이 책에서는 수익형 부동산이란 용어를 사용하고자 한다. 독자들 귀에 익숙한 용어를 써야 내용을 이해하기 쉬울 것이기 때문이다.

수익형 부동산의 종류로는 상가, 오피스, 오피스텔, 원룸 등을 들 수 있다. 하지만 용도별 분류보다는 수익실현 방법이 어떠하냐에 따른 분류가 더 적절하다. 예를 들어 아파트는 전세를 주면 전세형 부동산, 월세를 주면 수익형 부동산으로 분류할 수 있다. 국토교통부에 따르면 2016년 상반기 현재 전국 주택의 월세거래 비중이 46.0%

연도별 6월 누계 기준 월세 비중

(단위: %)

구 분	전체 주택			아파트			아파트 외		
	2014년	2015년	2016년	2014년	2015년	2016년	2014년	2015년	2016년
전 국	42.2	43.4	46.0	34.3	36.9	40.5	48.7	48.7	50.5

* 국토교통부(2016년 6월)

라고 한다. 임대차로 거래되는 절반가량의 주택이 수익형 부동산이라는 말이다. 단독, 다세대, 다가구 등 아파트가 아닌 주택 유형에서는 50.5%로 이미 월세가 전세를 추월했다.

수익형 부동산 vs. 전세형 부동산

예전에 필자가 목동의 주상복합아파트를 전세 끼고 보유한 적이 있다. 전세 재계약 시점이 되었는데 임차인을 구하기가 힘들었고, 직접 입주하려 해도 전세금이 너무 올라 그럴 수 없는 형편이었다. 그때 개업공인중개사가 찾아와 월세로 계약할 것을 강력히 권했다. 당시에는 전·월세 전환율도 높아 괜찮은 조건이었다. 그런데 알고 보니 입주자가 도덕적으로 지탄을 받을 만한 커플이라 거절하고 말았다. 물론 50줄에 들어서서 은퇴 후의 생활을 걱정하는 지금은 '그때 왜 계약하지 않았을까' 하고 엄청나게 후회하지만. 아무튼, 그때 그 임차인과 계약했다면 아파트이지만 수익형 부동산이 되는 것이다.

다시 말해, 수익형 부동산은 어떤 부동산 상품이냐가 아니라 그 상품이 어떤 방식으로 활용되느냐로 구별할 수 있다. 그럼 보증부 월세는? 보증부 월세란 보증금과 월세가 합해진 방식인데, 보증금이 더 크면 전세형 부동산에 가깝고 월세가 더 크면 수익형 부동산에 가깝다.

수익형 부동산에 대치되는 개념이 전세형 부동산이다. 두 상품의 특성을 단순하게 비교하면 다음과 같다. 전세형 부동산은 '임차인을 구하지 못하거나 프리미엄이 붙지 않으면 내가 입주해야지' 라는 생각으로 투자할 수 있는 상품이고, 수익형 부동산은 '임차인을 구하지 못하면 내가 입주해서 장사해야지' 라는 생각으로 투자하는 경우는 거의 없는 상품이다. 물론 간혹가다 임차인을 유치하지 못해 본인이 직접 입주해서 영업을 하는 경우도 있긴 하다. 하지만 십중팔구는 몸 버리고 돈 버리니 제발 그러지 말기를. 수익형 부동산은 말 그대로 임대수익을 목적으로 투자하는 상품이므로 전세형 부동산과는 투자 목적과 보유 방식이 다르다.

수익형 부동산을 용도별로 분류하면 주거용, 상업용, 업무용으로 나눌 수 있다. 주거용으로는 월세를 받는 아파트나 오피스텔이 있고, 상업용 부동산의 전형적인 상품은 상가이며, 업무용 부동산은 오피스다. 과거 오피스 빌딩은 중소형의 경우에도 투자 규모가 커서 일반인이 접근하기에는 부담되는 상품이었다. 하지만 최근에는 '섹션오피스' 등 개인이 투자할 수 있는 소규모의 상품들도 나오고 있어 새로운 수익형 부동산으로 주목받고 있다. 단, 주목만 받고 있다.

부동산 상품의 특성 비교

구 분	수익형 부동산	전세형 부동산
용도	영업	주거
1차 목적	투자	사용
위험도	높음	낮음
임대수익	높음	낮음
수익실현 방법	임대수익	매매(시세)차익

투자 가치가 있다고는 절대 이야기하지 않았다. 왜 그런지는 뒤에서 설명하겠다.

저금리와 고령화가 불러온 새로운 트렌드

수익형 부동산은 오래전부터 있었지만 최근 들어 주목받기 시작했다. 네이버트렌드에서 '수익형 부동산'으로 검색한 결과를 살펴보면, 2007년에는 거의 검색되지 않던 이 단어가 2009년 이후 늘어나기 시작해 2016년 3월에 정점을 찍었다. 언론의 반응도 비슷하다. 2015년 한 해 동안 수익형 부동산을 언급한 기사는 모두 1만 7,530건으로 그 이전 3년간(2014~2012년) 언급된 건수(1만 6,235건)보다 많았다. 가히 폭발적인 관심이라 할 수 있다.

이렇게 수익형 부동산에 대한 관심이 높아진 이유는 사회 환경이 변화했기 때문이다. '저금리'와 '고령화'로 요약될 수 있는 현재 환

네이버트렌드 '수익형 부동산' 검색 결과 추이

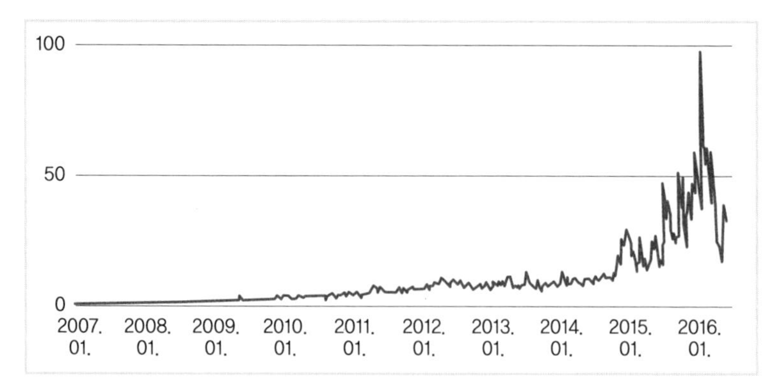

* 네이버(2016년 7월)

경은 시세차익을 노리는 전세형 부동산에서 임대수익을 얻고자 하는 수익형 부동산으로 갈아타길 요구한다.

지금껏 경험하지 못한 1%대의 기준금리는 우리의 투자 방식을 완전히 바꾸어놓았다. 시세차익이 없다면 굳이 전세형 부동산 상품에 투자할 이유가 없다. 전세형 상품은 전세금을 은행에 예금하여 이자를 발생시킴으로써 임대수익을 얻는 방식인데, 현재는 이자가 거의 발생하지 않기 때문에 임대수익이 거의 없는 것이나 마찬가지다. 이처럼 운영에 따른 수익이 없을 때는 시세차익이 훨씬 커야 한다. 하지만 최근 부동산시장에서 이러한 차익거래를 실현하기는 쉽지 않다. 과거에는 부동산시장의 상승과 하락이 10년 주기로 일어났다면, 지금은 5년 정도로 단축됐다. 어떤 연구에 따르면 주기가 더 짧아졌다고도 한다. 이렇게 주기가 짧아지면 매수, 매도 타이밍을 잡기가 힘들어지기 때문에 시세차익을 얻을 기회 역시 줄어들게 된다. 예전에는 부동산을 구입한 후 10년 정도 기다렸다가 팔면 대개는 가격이 올라서 시세차익을 얻을 수 있었다. 하지만 지금은 10년 만에 판다고 하더라도 재수 없으면 하락 시점에 매도하게 될 수도 있다. 이런 이유로 투자 수요가 시세차익보다는 임대수익을 노리는 쪽으로 이동한 것이다. 초소형 원룸만 아니라면 임대수익이 크진 않더라도 비교적 안정적이다. 더욱이 매도 시점도 편하게 선택할 수 있어 시세차익 또한 커질 수 있다.

'고령화는 축복이다.' 이제는 이 말을 곧이곧대로 믿는 사람은 없을 것이다. '재앙'이라고까지 이야기하고 싶진 않지만 '회색 쇼크 shock of gray' 2 정도로는 말해도 되지 않을까 싶다. 이른 은퇴와 고령화는 은퇴 계층에 소위 '멘붕'을 불러일으킨다. 벌어놓은 것도 없는데 매달 들어오는 수입이 줄어들거나 아예 없어진다면? 방법이 없다. 월급이 아니더라도 매달 수입이 발생하도록 만들 수밖에. 금융회사에서 이자를 받는 것으로 이를 충족시킨다는 것은 불가능하기에 자연스럽게 부동산시장을 기웃거리게 된다. 특히 전세형 상품이 아닌 월세형 상품에 눈이 간다. 비교적 적은 금액으로 쉽게 투자할 수 있는 오피스텔의 청약률이 아파트보다 더 높아지는 이유다.

수익형 부동산, 만능 대안이 될까

제도적 변화도 이를 촉진한다. 분양가 상한제가 실질적으로 폐지되

신도시 내 '수익형 오피스텔' 분양을 알리는 광고

면서 아파트 분양가가 상승하고 있다. 주택도시보증공사가 2016년 6월 조사한 서울의 평균 분양가는 제곱미터당 620만 8,000원이었다. 1년 전의 555만 8,000원보다 11.7%나 올랐다. 기존 아파트와 비교할 때 분양가가 과도하게 상승했다는 것은 분양 프리미엄을 수분양자가 아닌 주택사업자가 가져갔다는 걸 의미한다. 이렇게 분양 프리미엄을 얻기가 어려워지면 자연스럽게 아파트에 대한 투자가 줄어들고 다른 대체 상품을 찾게 된다. 그래서 아파트의 분양계약금에 해당하는 적은(?) 비용으로 투자가 가능한 오피스텔이 대안으로 떠오른 것이다.

하지만 필자는 지금과 같이 수익형 부동산으로 몰려드는 수요가 그렇게 바람직하다고 보진 않는다. 왜냐하면 지금 수익형 부동산에 투자하는 이들 대부분이 은퇴했거나 은퇴를 앞둔 연령대의 계층이기 때문이다. 미래 현금흐름에 대한 불안이 이들의 투자를 촉발하고 있는데, 여러 사항을 고려하면 아슬아슬하기만 하다. 특히 우리나라 가계는 전체 자산에서 부동산 자산의 비중이 너무 높다. 비교적 젊은 계층이라면 현재의 부동산시장 상승세에 적극적으로 참여할 필요도 있겠지만, 은퇴(예정) 계층은 오히려 부동산의 비중을 줄이면서 현금성 금융 자산을 많이 확보해야 한다. 특히 중산층은 현재 부동산 자산의 비중이 80%에 가까운데, 자산별 비중을 조절하는 것이 좋다.[3]

따라서 수익형 부동산에 투자하기 위해서는 먼저 기존에 보유하고 있는 부동산을 살펴야 한다. 전체 자산에서 부동산이 차지하는 비중을 검토한 후, 수익형 부동산에 투자함으로써 그 비중이 과도하게 늘어난다면 자신의 연령에 비춰 금융 자산 등을 다시금 점검해야 한다. 나이가 많다면 더욱 조심해야 하고, 금융 자산이 적정 수준이라면 안심해도 될 것이다. 시세차익이 발생하는 부동산과 월세가 들어오는 부동산의 포트폴리오도 점검하면서 적정 수준의 투자가 이루어지도록 꾸준히 관리해야 한다. 자산관리는 한 번으로 끝나는 것이 아니다. 보유하는 한 계속해서 관리해야 가치를 유지하고 높일 수 있다.

수익형 부동산이 대안으로 떠오르는 이면에는 팍팍한 우리네 가

계의 경제 상황과 고령화에 안절부절못하는 은퇴(예정) 계층이 그림자처럼 깔려 있다. 저금리 기조가 지속되면서 비교적 안정적으로 보이는 부동산 자산도 금리가 상승하거나 가계 빚 조정을 위한 정부의 대책이 쏟아지면 순식간에 휘청거릴 수 있다. 감당할 수 있는 범위 내에서, 그리고 자신의 전체 보유자산을 고려해서 투자에 나서야 한다. 수익형 부동산의 부상이 달갑지 않은 것이 부족한 필자만의 기우였으면 한다.

장밋빛 수익률엔 가시가 있다

02

2014년 12월 공정거래위원회는 표시광고법상 거짓 · 과장광고를 한 21개 수익형 부동산 분양사업자를 시정 조치했다고 밝혔다.[4] 그 업체들은 객관적인 근거 없이 '연 수익률 20%, 8,000만 원 투자로 월 80만 원 수익' 등 수익률을 부풀려 광고하고, 수익 보장기간 또한 1~2년이라는 사실을 밝히지 않고 장기간 보장하는 것처럼 현혹했다. 이렇게 공정위의 제재와 감시가 이뤄지지만, '1억에 2채', '수익률 10%' 라는 달콤한 유혹은 지금도 계속되고 있다.

투자할 때 고려해야 하는 세 가지 요소로 수익성, 안정성, 환금성이 있다. 그런데 수익형 부동산인 오피스텔이나 상가에 투자하는 사람들은 수익률을 가장 중요하게 생각한다. 안정성과 환금성에는 크게 관심이 없고, 오로지 수익성만 좇는 경향이 있다. 수익률은 독립적으로 달성될 수 있는 재무 목표가 아니다. 인정성이나 환금성 등 다른 요소들의 도움을 받아야 달성할 수 있으며, 수익률에만 너무 집착하면 오히려 위험을 초래할 수 있다. 특히 사업자가 주장하는 수익률이 과장되어 있다면 더욱 그러할 것이다. 수익률의 함정에는 어떤 것들이 있는지 차근차근 살펴보자.

세금, 대출이자, 부대비용을 따져라

첫 번째는 사업자가 제시하는 오피스텔이나 상가의 수익률에는 세금, 대출이자, 부대비용 중 일부가 빠져 있는 경우가 많다는 것이다. 취득세만 보더라도 수익형 부동산은 4.6%에 이른다. 6억 이하 주택의 취득세가 1.1%이니 4배 이상 높다. 그리고 '1억에 2채' 라는 말은 담보대출을 최대한 받는다는 점을 고려한 것인데, 이럴 경우 담보대출에 대한 이자도 상당하다. 그뿐 아니라 개업공인중개사에 대한 중개보수와 등기비용 등 부대비용도 결코 무시할 수 있는 수준이 아니다.

수익률은 '수익/비용', 즉 말 그대로 수익을 비용으로 나눈 것이다. 분자인 수익이 월세액으로 정해져 있으니, 분모인 비용을 최대한 줄이는 것이다. 분자는 최대한 부풀리고 분모는 슬그머니 줄여 수익률을 크게 보이도록 하는 꼼수다.

분양 현장에서 이런 꼼수가 난무하는 이유는 수익률을 계산하는 방법이 간단하지 않기 때문이다. 현장을 방문하기 전에 수익률을 직접 계산해보지 않은 투자자는 분양 담당자의 설명에 의존하게 된다. 더욱이 대부분의 투자자는 수익률이 정확한지보다 이를 어떻게 보장해줄 것인지에 더 큰 관심을 보인다. 그래서 허무맹랑한 수익률이 기정사실이라도 되는 것처럼 떠벌려지는 것이다.

공실 발생은 수익률에 치명적이다

두 번째는 완전 임차, 즉 비는 기간 없이 임차인이 계속해서 입주해 있는 상태를 가정한 수익률이라는 점이다. 수익형 부동산 중에서도 상가는 조금 다르지만, 오피스텔은 아파트처럼 1년 이상 거주하는 임차인을 찾기가 쉽지 않다. 국토교통부의 '주거실태조사(2010)'에 따르면 임차인들의 오피스텔 거주기간은 1년 이내인 경우가 59%라고 한다. 절반 이상이 1년 이내에 거처를 옮긴다는 뜻으로, 대부분 임차인이 오피스텔을 임시 거처로 활용한다는 사실을 드러낸다.

이는 거주 안정성 측면에서 매우 취약하다는 점을 보여주며, 따라서 오피스텔은 언제든지 공실이 발생할 위험을 안고 있다. 규모가 크든 작든 오피스텔 건물마다 개업공인중개사가 입점해 있는 걸 볼 수 있는데, 그들이 사무실을 유지할 수 있는 이유도 임차인들의 잦은 '손바꿈' 현상 때문이다. 티끌 모아 태산이라고, 매매는 많지 않으나 임대차계약이 자주 발생하니 중개보수가 짭짤한 것이다.

오피스텔 건물에 입점한 개업공인중개사

상가를 포함하여 수익형 부동산을 보유할 때 가장 유의해야 하는 사항이 임차인의 계약 지속 여부다. 임차인이 계약기간을 계속 연장하면서 오랫동안 머무는 부동산과 계약기간이 종료될 때마다 임차인이 바뀌거나 그것도 채우지 못하는 부동산은 수익률에서 큰 차이가 난다. 임차인의 손바꿈 때문에 몇 주라도 공실이 발생하면, 사업자들이 제시하는 수익률은커녕 5% 초반대의 수익률[5]마저 달성하기 힘들어진다.

전용면적은 줄고, 분양가는 오르고

세 번째는 최근 분양하는 오피스텔이나 상가는 분양가가 올라가는 동시에 전용면적도 줄어들고 있다는 점이다. 2014년 전국의 오피스텔 분양가는 3.3㎡당 877만 원으로, 939만 원이었던 아파트 분양가와 큰 차이가 없었다. 심지어 2016년 6월 말 현재 서울 지역의 오피스텔 분양가는 1,487만 원 수준에 이르렀다. 오피스텔은 아파트에 비해 전용면적이 좁고 서비스면적과 편의시설도 부족하다. 그런데도 오피스텔이 아파트와 비슷한 분양가를 보인다면 분양가에 거품이 끼었다고 볼 수 있다.

게다가 오피스텔 전용면적 비율마저 계속 줄고 있다. '방콜'에 따르면 2015년 서울 오피스텔 재고의 평균 전용률은 54.3%라고 한다. 하지만 앞으로 입주할 신축 단지의 전용률은 44~48% 정도다. 실제 사용면적(전용률)이 줄어드는데 분양가가 상승한다면, 당연히 사용 가치가 떨어지기 마련이다.

더욱 문제가 되는 것은, 이렇게 면적은 줄어들고 가격은 높아진 오피스텔이 수익률 면에서 통계상으로 하락을 보이고 있다는 점이다. 2002년 8%가 넘던 오피스텔 수익률은 2016년 6월 말 현재 5% 초반대에 그쳤다. 한국감정원에서 조사한 상가(매장용 부동산) 수익률도 연 6%가 안 된다. 오피스텔과 마찬가지로 서울 1층 상가(매장용 부동산)의 평균 분양가 역시 2015년 말 현재 3.3㎡당 3,000만 원을 넘어서면서 전년 대비 10% 가깝게 상승했다.[6] 상가든 오피스텔이든 수익형 부동산의 분양가가 오르면서 수익률이 하락하고 있다는 얘기다.

현실을 무시한 과도한 월세 책정

네 번째는 사업자들이 제시한 월세가 과도하다는 점이다. 원래 부동산은 시세차익(자본소득)과 임대수익(운영소득)이라는 두 가지 수익을 누리는 상품이다. 둘 다를 누리면 좋겠지만 그럴 순 없으니 하나에 집중해야 한다. 시세차익에 집중하는 대표적인 상품이 아파트이며, 임대수익에 집중하는 대표적인 상품이 오피스텔과 상가 등이다. 실제로 2011년 이후 2015년 말까지 소형 아파트(60㎡ 이하)의 매매가격 평균 상승률은 20%에 가까웠지만, 오피스텔은 5% 수준에 그쳤다. 거의 4배가 차이 난다.

이처럼 수익형 부동산은 시세차익이 크지 않기 때문에 임대수익을 통해 수익률을 확보해야 한다. 그래서 월세를 무리하게 책정하는 경우가 있다. 송파구에서 분양한 한 오피스텔은 10% 가까운 수익률을 거둘 수 있다고 홍보했었다. 하지만 입주한 지가 꽤 지났는데 10%는 고사하고 서울 평균인 5%대에도 못 미치는 수익률로 투자자들을 애태우고 있다.

지방광역시의 사정도 비슷하다. 필자가 근무하는 대학이 있는 해운대구에도 2014년 2,500여 세대의 신규 오피스텔이 입주하여 입주

대란이 일어난 적이 있다. 분양 당시 사업자들이 홍보하면서 약속한 월세는 60만 원 수준이었다. 하지만 현재 마이너스 프리미엄이 붙어 있고 월세는 50만 원을 받기도 힘든 상황이다. 도저히 견디지 못한 투자자들은 휴양지라는 지역의 특성을 활용하여 월 단위 임대 방식인 단기임대에 주력하고 있다. 학교정화구역 내에 있지 않은 오피스텔들은 생활형 숙박시설로 용도변경에 열심이다. 월 단위 임대보다는 일 단위 임대가 더 효과적이며, 주말 영업만 해도 요구 수익률은 충분히 달성할 수 있기 때문이다. 오피스텔의 공급과잉이 빚어낸 슬픈 현실이다.

담보인정비율은 낮고, 대출이자는 높고

마지막은 대출의 어려움이다. 사업이나 투자를 할 때 활용할 수 있는 자금은 두 가지가 있다. 자기자본과 타인자본이 그것인데, 모든 자금을 타인자본으로 할 수는 없듯이 100% 자기자본으로만 투자하는 것도 바보 같은 짓이다. 레버리지(대출)를 잘 활용하면 수익률도 높아지고 투자 포트폴리오도 견고하게 구성할 수 있다.

그런데 오피스텔이나 상가는 아파트에 비해 LTV(담보인정비율)가 확 떨어진다. 즉, 자산 가치에 따라 받을 수 있는 최대 대출액이 아파트보다 적다는 뜻이다. 여기에 그치는 것이 아니라 대출이자도 높게 책정된다. 필자도 최근 해운대에 오피스텔을 구입했는데, 그 부동산으로 담보대출을 일으키려 금융회사를 방문해보니 여러 측면에서 조건이 좋지 않았다. 2억 원을 훌쩍 넘는 방 2개짜리 오피스텔인데 대출 가능 금액이 9,000만 원에 그치는 데다 금리도 아파트에 비해 1.5%p 정도 높았다. 고민하다 현재 거주하는 아파트를 활용하여 잔금을 치렀다.

미국의 금리 인상이 우리에게 어떤 영향을 줄지 걱정은 되지만, 적정 수준의 대출을 일으키면 투자수익률을 높이는 데 도움이 된다. 하지만 수익형 부동산은 원하는 수준의 담보대출도 힘들면서 대출 이자 또한 상대적으로 과하다. 이는 당연히 수익률을 끌어내리는 요인이 된다.

그들만의 확정수익

지금까지 살펴본 수익률의 함정 이외에 필자가 더 걱정스럽게 바라보는 것은 객관적인 근거도 없이 내세우는 '확정수익 보장제'다. 확정수익을 보장하는 상품들은 보장기간이 대략 1~2년이고 그 이상을 넘어가지 않는다. 그런데도 마치 장기간에 걸쳐 보장하는 것처럼 광고하고 있으니, 이 역시 주의해야 한다. 또 확정수익을 보장한다는 상품은 상권이 좋지 않거나 임대 수요가 제대로 형성되어 있지 않은 곳이 대부분이다. 상권이 좋고 임대 수요가 풍부하다면 뭐하러 그런 공약을 내걸겠는가. 투자자들이 먼저 알고 분양받기 위해 줄을 설

것이다.

확정수익 보장제에서 약속하는 월세가 만족스러우면 만족스러울수록 그 월세는 이미 분양가에 포함되어 있음을 명심하라. 분양가란 명목으로 돈을 내고 일정 부분을 다시 돌려받는 것이라고 생각하면 된다. 페이백pay back 제도가 휴대전화에만 있는 줄 알았는데 부동산에도 있다니 씁쓸할 따름이다.

또 하나 주의할 게 있다. 수익률을 보장하는 주체는 시행사인데 이 시행사의 재무상태에 따라 확정수익 보장제가 유명무실해질 수 있다는 점이다. 선진국의 디벨로퍼와 비교하면 국내 시행사는 재무상태나 경험, 지식 면에서 전반적으로 체력을 갖추지 못했다. 따라서 사업이 어려워지면서 확정수익을 보장한 계약서가 한순간에 휴짓조각이 될 수도 있다.

오늘도 지하철역을 지나오다 보니 분양상담자들이 섹션오피스의 홍보자료를 나눠준다. '수익률 12% 확정보장' 이란 문구가 제일 먼저 눈에 들어온다. 저금리와 고령화에 고민하는 필자에게도 매력적으로 다가온다. 하지만 분양계약이 곧 수익률 확정이라는 환상을 갖지 말아야 한다. 분양계약이 체결되면 사업자들은 그 순간에 분양가라는 확정수익을 얻지만, 분양을 받은 사람의 수익은 입주를 하고 나서야 발생한다. 그것조차 발생할 수도 있고 그렇지 않을 수도 있는, 불확실하고 달성 가능성이 크지 않은 미래수익이다. 미리 확실하게 검토하고, 살펴보고, 따져보자.

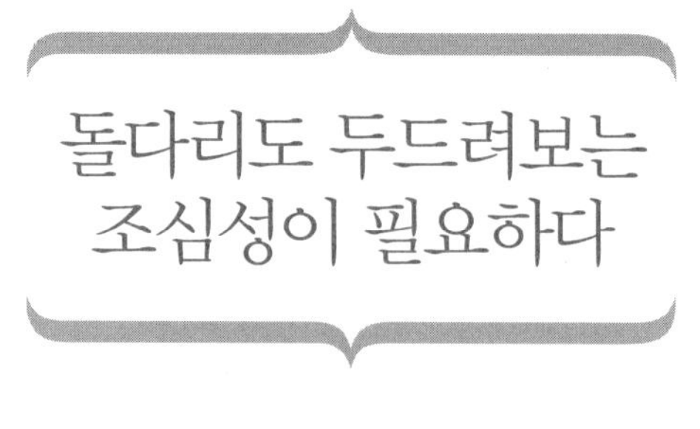

돌다리도 두드려보는 조심성이 필요하다

03

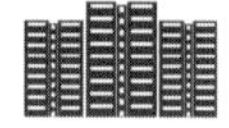

부동산에 투자할 때는 수익성, 환금성, 안정성을 고려해야 한다. 그 중에서 환금성은 자산의 완전한 가치를 현금화할 가능성을 말한다. 여기서 중요한 것은 '완전한 가치'다. 현금화 자체가 목적이라면야 방법은 제법 있다. 가장 간단한 방법은 싸게 파는 것이다. 하지만 이는 환금성이라는 기준에는 적합하지 않은 방법이다. 왜냐하면 자산의 완전한 가치를 유지하지 못했기 때문이다.

환금성은 기간으로 평가하는데, 짧은 기간 안에 자산의 가치를 유지하면서 현금화할 수 있다면 환금성이 좋은 것이다. 부동산 중에서는 아마 구 20평형대 아파트가 가장 환금성이 좋은 상품일 것이다. 언제 어느 지역에서든 매도 의사를 표시하기만 하면, 얼마 안 되는 시간에 매수자를 찾아 제값을 받을 수 있는 상품이다. 일반적으로 수익형 부동산에 비해서는 주거용 부동산의 환금성이 뛰어나다. 그리고 토지에 비해서는 건물의 환금성이 좋은 편이다.

투자의 3요소 중 제일은 안정성

투자의 세 요소 중 아파트에 투자할 때는 대체로 크게 고려하지 않는 것이 '안정성'이다. 투자의 안정성은 원금 손실 가능성으로 평가한다. 아파트를 예로 들면, 분양받은 아파트가 입주 때 마이너스 프리미엄이 붙는 상황 또는 기존 아파트를 매입했는데 매입 가격보다 매도 시점의 시세가 낮게 형성되는 상황을 말한다. 특정 시기를 제외하면 대부분의 아파트는 분양 시점보다는 오른다. 이런 경험칙이 적용되니 안정성을 크게 고려하지 않게 된 것이다.

이에 더해 부동산 상품에서 가장 크게 고려해야 하는 안정성 요소는 건물의 완공 여부다. 시행사나 건설사가 재무적 어려움에 처해 공사가 중간에 멈출 수 있기 때문이다. 주변을 둘러보면 짓다가 만 건물을 가끔 볼 수 있다. 예전에 필자가 목동에 거주한 적이 있는데, '예술인회관'이라는 정체불명의 건물이 골조 공사도 완공되지 못한 상태로 흉물스럽게 방치돼 있었다. 나중에 알고 보니 공사가 3년 만에 중단되어 10년 가까이 그 상태로 있는 거라 했다. 그 후 완공이 되긴 했는데, 공학상으로는 어떨지 모르겠으나 그런 건물에 선뜻 입주하려는 임차인은 드물 것 같았다.

2014년 말 기준으로 전국에 짓다 만 건축물이 949동이나 된다. 평균 공정률은 40% 수준이다. 공정을 60%나 남겨놓고 공사를 더 진행하지 않는다는 말이다. 이렇게 공사가 중단된 건축물 대부분이 수익형 부동산이다. 아파트는 '주택도시보증공사'라는 회사가 있어 사업자가 부도가 나도 이 회사가 대신 지어준다. 물론 주택보증에 가입한 경우다. 아파트를 선분양하는 경우에는 모두 주택보증에 가입되어 있다고 보면 된다. 그러니 입주 시기가 늦춰질 수는 있어도 입주 자체를 걱정할 필요는 없다.

하지만 수익형 부동산은 이런 보증 상품에 가입하지 않기 때문에 잘못하면 투자한 돈이 모두 없어질 수도 있다. 따라서 수익형 부동산의 안정성 기준에는 완공 여부를 반드시 포함해야 한다. 수익형 부동산의 경우 수익성이나 환금성 못지않게 안정성에도 많은 관심을 가져야 하는 이유다.

잘 드러나지 않는 원금 손실 여부

수익형 부동산은 원금 손실 여부가 쉽게 드러나지 않는다. 아파트와는 대조적이다. 아파트는 입주물량이 많고 분양가가 높았던 경우 역전세난이 발생하면서 매매가격 또한 애초 분양가에 못 미치는 수준에서 거래가 이루어진다. 그렇게 마이너스 프리미엄으로 거래가 되더라도 가격은 형성되고, 이를 인터넷에서 확인까지 할 수 있으니 원금 손실인지 아닌지 쉽게 판단할 수 있다.

하지만 수익형 부동산은 입주 시에도 거래가 잘 이루어지지 않기 때문에 이를 판단하기가 쉽지 않다. 주변에서 유사한 부동산을 발견하기도 쉽지 않아 비교를 해볼 수도 없다. 그래서 부동산 가격을 결정하는 세 가지 방법 중 수익환원법으로 계산할 수밖에 없다. 예를 들어 1억 원의 오피스텔을 임대하여 월 50만 원의 월세를 받는다고 가정하면 연 6%의 수익률이다.

현실적으로는 입주 시에 월세를 많이 받기가 힘들기 때문에 많은 수익형 부동산이 마이너스 프리미엄인 상태로 입주하게 된다. 주변에 분양하는 오피스텔을 한번 보라. 대부분이 원룸형일 텐데도 분양가가 1억 원 이하인 곳을 본 적이 있는가. 필자가 거주하는 곳은 마곡지구라고 최근 주목받는 곳인데, 이 지역에서 전용면적 20㎡ 오피스텔의 분양가가 1억 5,000만 원 정도다. 1억 5,000만 원으로 6%의 수익률을 올리려면 75만 원의 월세를 받아야 한다. 하지만 전용면적이 구 10평도 되지 않는 오피스텔에 누가 매달 75만 원이나 내고 세를 살겠는가. 실제로, 입주하는 현재 시점에 형성된 월세는 45만 원 내외다. 수익률로 치면 3%대다. 최근 입주하는 대부분의 오피스텔이 이렇게 마이너스 프리미엄을 형성하고 있다.

아파트의 가격결정 방식은 모호한 점이 있지만, 수익형 부동산의 가격은 '월세'로 정확히 결정된다. 당연히 월세가 높을수록 수익이 높은 것이다. 하지만 막 입주하는 오피스텔은 물량이 쏟아지는 경우가 많고, 막 입주하는 상가 역시 상권 형성이 미흡하다. 따라시 사업자가 분양 당시 제시했던 월세를 받기가 쉽지 않다. 특히 분양가를 터무니없이 높여놓았기 때문에, 사업자는 제시한 수익률에 맞추기 위해 월세를 무리하게 책정해 홍보할 수밖에 없다. 또한 사업자 입장에서 수익형 부동산은 아파트에 비해 사업 리스크가 크다. 이러한 위험 프리미엄risk premium도 반영하기 때문에 분양가는 더욱 높아진다.

그렇지만 무리하게 책정한 월세는 실현 가능성이 거의 없어 수분양자는 입주 때 곤혹스러운 현실을 맞닥뜨리게 된다. 낮은 월세에도 계약을 해야 하고, 실질적으로 마이너스 프리미엄의 굴레를 벗어나지 못한다. 상권이 형성되려면 시간이 걸리기 때문에 마이너스 프리미엄의 굴레를 벗어나는 데에는 아파트보다 훨씬 더 오랜 기간이 필요하다. 전국 1위인 신천동 잠실P아파트는 월세가 1,050만 원이라 하지만, 이는 당분간 남의 나라 이야기다.

우리나라 신도시 아파트 대부분은 생활 환경이 갖춰지기 전에 입주를 시작한다. 공사장의 흙먼지를 친구 삼아 몇 년을 지내다 보면 편의시설이 들어와 겨우 사람 사는 것 같은 동네가 된다. 여기서 이야기하는 생활 환경에는 상업시설도 포함된다. 즉, 아파트 등 주거시설이 웬만큼 모양새를 갖춰야 이후에 상업시설들이 입점할까를 고민하게 된다. 아무도 없는 곳에서 장사를 할 수는 없지 않은가.

분양가에 끼어 있는 거품을 주의하라

현재 상황을 보면 오피스텔과 상가 등 수익형 부동산의 분양가가 주변 시세에 가깝다. 필자는 이 분양가가 가장 큰 문제라고 본다. 수익형 부동산은 대부분 투자 상품이기 때문에 사업자 입장에서 볼 때 아파트에 비해 리스크가 크다. 잘되면 아파트보다 높은 수익을 얻을 수 있으나 잘못되면 심하게 망가질 수 있다는 말이다. 아파트와는 다르게 오피스텔이나 상가는 분양하자마자 '완판(완전판매)' 되는 경우가 많지 않다. 그래서 리스크 프리미엄을 과도하게 책정하는데, 이는 분양가를 올리고 덩달아 월세를 높이는 주범이다.

신규로 분양하는 수익형 부동산의 가격이 이미 준공된 지 오래이고 상권이 형성되어 있는 기존 건물의 매매가격과 유사하게 책정된다면 이는 말이 안 되는 것이다. 기존 건물은 지금의 매매가격을 만들기 위해 오랜 기간 노력해왔고, 그러한 노력의 결실이 가격에 반영되어 있다. 아직 땅도 파지 않은 수익형 부동산이 기존 건물의 매매가격에 상응하는 대접을 받기 위해서는 많은 시간과 노력이 필요하다. 예컨대 5년이라는 기간이 필요하다면 그 기간만큼의 수익이 빠져야 적정한 분양가라고 볼 수 있다. 따라서 지금 막 분양하는 수익형 부동산은 이미 자리를 잡은 기존 수익형 부동산의 60~70% 가치에 불과하다고 보는 것이 적절하다. 물론 아파텔 같은 주거용 오피스텔은 다른 기준이 적용되어야 하겠지만 말이다.

필자가 거주하는 마곡지구에서도 오피스텔 입주 시점이 되면 입주대란이 벌어질 것이다. 부동산114의 자료에 따르면 2014년 서울에서 분양한 1만 6,786호의 오피스텔 중 강서구에서 9,350호, 마곡동에서 7,412호가 분양됐다. 마곡동에서만 서울 전체 오피스텔 분양물량의 44%가 분양된 것이다. 참고로 서울에는 모두 522개 동이 있는데, 1개 동에서 서울시 전체 분양물량의 거의 절반이 분양됐다. 그리고 이 오피스텔들이 모두 70만 원대의 월세를 받는다는 가정하에 분양가를 결정했다. 하지만 강서구에서 원룸형 오피스텔이 70만 원대의 월세를 받는 경우는 거의 없다.

분양가를 과도하게 책정한 탓에 수익률에 턱없이 모자라는 월세를 받아야 하는 오피스텔과 상가가 지금도 계속해서 분양되고 있다. 그나마 세입자를 찾을 수 있는 수익형 부동산은 운이 좋은 것이고, 오랜 기간 공실로 애태우는 경우가 실제로는 더 흔하다. 수익형 부동산은 상권이 형성되는 기간이 아파트보다 훨씬 길다. 정말 오랜 기간이 필요할 수 있으며 최악의 경우 상권이 형성되지 않을 수도 있다.

투자의 3요소 중 안정성이라는 기준은 수익형 부동산에서 잘 드러나지 않는다. 하지만 월세를 통해 가격을 결정하는 수익환원법에 따르면 현재 분양하는 대부분의 수익형 부동산이 입주 시에 마이너스 프리미엄을 경험하게 된다. 그래도 그 분양대금을 은행에 예금하는 것보다 좋다고 판단한다면 투자하고, 그렇지 않다면 분양가를 다시 확인하기 바란다.

임차인이 또 나간답니까?

04

가수 싸이의 한남동 건물 매입 과정에서 발생한 법적 분쟁이 심화되고 있다. 싸이 쪽은 임차인에게 가게를 비워달라고 요구하고 있는 반면, 임차인은 전 주인과 매년 연장 계약이 가능하다는 조건으로 계약했다면서 새롭게 협의해야 한다는 입장이다. 양측의 대립은 결국 소송 전으로 이어졌고, 2년 넘게 지속됐다. 결국 2016년 4월, 싸이는 임차인에 사과하며 8월까지 영업을 지속할 수 있도록 합의했다.

수익형 부동산에서는 임차인과 임대인 간의 분쟁이 심심치 않게 발생한다. 대부분 '을'의 입장인 임차인들이 '갑'인 임대인들의 요구를 수용하는 과정에서 벌어지는 현상이다. 법적 절차를 밟는 것은 물론 물리력이 동원되기도 한다. 하지만 이렇게 갑과 을이 첨예하게 대립하는 건 그나마 나은 상황이라고까지 할 수 있다. 오늘도 임차인을 구하기 위해 백방으로 뛰어다니는 상가와 오피스텔이 실제로는 더 많다.

목적성 임차인에 더 공들여야 하는 이유

임차인은 부동산을 빌리는 사람이다. 목적물을 사용 및 수익하기 위해 임대차계약을 체결하고 빌리는 당사자를 말한다. '임차인'은 전세형 부동산과 수익형 부동산 모두에 쓰이는 용어이나 같은 의미로 사용되지는 않는다. 법적으로 전세형 부동산은 주택임대차보호법을, 수익형 부동산은 상가건물임대차보호법을 적용받는다. 상가건물임대차보호법에서는 수익형 부동산에 대해 1년 계약에 특정한 사유가 없다면 5년까지는 계약 갱신을 보장한다(오피스텔은 2년 계약이 가능하지만 현장에서는 1년 계약이 일반적이다). 이처럼 5년이라는 보장기간을 따로 두는 것이 얼핏 이상하게 보이기도 하지만, 점포영업의 특성상 인테리어 등에 많은 자금이 투자된다는 점을 고려한 법적 장치가 아닌가 생각된다.

수익형 부동산의 임차인은 아파트의 세입자와는 다르게 '목적성 임차인'이다. 목적성 임차인이란 특정 목적(상업, 업무 등)으로 부동산을 빌리는 사람이라는 의미다. 이러한 목적성 임차인은 아파트 세입자와 같은 '생활형 임차인'과는 다르게 그 부동산을 빌려도 되고 안 빌려도 되는 사람이다. 지금 꼭 그 부동산을 빌려서 꼭 그 영업을 할 필요는 없다는 말이다. 나중에 해도 되고, 상황이 여의치 않으면 안 해도 된다. 물론 생활고를 해결하기 위해 점포영업이 절실한 이들에게는 그렇게 생각되지 않겠지만, 당장의 주거지가 필요한 생활형 임차와 비교하면 상대적으로 그렇다는 뜻이다. 생활형 임차인은 반드시 집을 찾아 입주해야 한다. 한 달 후에 전세 만기가 다가오는데 해도 되고 안 해도 된다는 식으로 집을 찾아 나서는 임차인은 없을 것이다.

이런 이유로 수익형 부동산은 전세형 부동산에 비해 좋은 임차인을 구하기가 상대적으로 쉽지 않다. 아무리 목이 좋은 입지를 선점했다고 해도 경제 상황이나 시장 여건이 좋지 않으면 임차 수요가 없는 경우도 많다. 따라서 임차인에게 잘해줘야 한다. 정말 잘해줘야 한다. 안타깝게도 국내에서는 아직도 임차인이 을의 입장인 경우가 많은데, 사실 상권이 사느냐 죽느냐는 임차인이 장사를 어떻게 하느냐에 달려 있다. 그러니 임차인의 사업이 잘되도록 물심양면으로 지원해주는 것이 전체 상가를 살리는 지름길이다.

이런 측면에서 필자는 정액형 임대차계약을 좋아하지 않는다. 매출을 파악할 수만 있다면 정률형이 더 적절하다. 정해진 금액이 아니라 매출의 일정 비율로 임대료를 받는다면 임대인도 임차인의 영업 활성화를 위해 노력할 것이기 때문이다. 그러면 결과적으로 그 상가 건물 자체가 자산관리가 잘되는 부동산이 된다.

건물주와 세입자가 힘을 합쳐야 상권을 살릴 수 있다.

상가를 분양받을 때의 리스크

생활형 임차인은 한 번 입주를 하면 일반적으로 2년 동안은 나가지 않는다. 나가라고 해도 안 되지만 본인도 나갈 생각이 전혀 없다. 2년이라는 보장기간이 끝나도 가능한 한 안 나가려고 한다. 전세난이 심화되는 이유도 이렇게 눌러앉기를 원하는 세대가 많아졌기 때문이다. 우리나라도 요즘은 서비스 비용이 자꾸 올라 이사를 하는 데 드는 비용이 만만치 않다. 중개보수부터 시작해서 이사 비용, 인테리어 등. 그래서 될 수 있으면 옮기지 않고 살던 곳에서 계속 살려고 한다.

하지만 목적성 임차인은 장사가 안되면 1년 내에라도 나가려고 한다. 장사가 잘되면 큰 문제 없지만 영업이 본인의 생각만큼 안되면 계약기간이 끝나자마자 서둘러 떠난다. 장사하는 사람은 높은 임대료를 내고서라도 잘되는 곳에 자리를 잡고 싶어 하지, 임대료가 싸다고 해도 안되는 곳에는 잠시도 있고 싶어 하지 않는다.

이런 이유로 제대로 된 장사꾼들은 상가 분양을 잘 받지 않는다. 새로 분양되는 지역에서는 앞으로 상권이 어떻게 형성될지, 유동 인구가 어느 정도일지 등을 정확히 판단할 수가 없다. 장사가 안되면 언제라도 짐을 싸서 다른 곳으로 가 다시 자리를 잡아야 하는데, 분양을 받으면 움직이기가 만만치 않다. 이른바 '매몰비용 효과sunk-cost effect'[7]가 발생하는 것이다. 1969년 프랑스와 영국이 합작 투자한 콩코드 비행기 사업은 엄청난 적자가 누적된 2003년 4월에야 운행을 중지했다. 사업이 기대에 못 미친다는 사실을 알고서도 그간 들어간 190억 달러의 투자비용이 아까워 30년 가까이 적자를 키운 것이다. 상가를 분양받으면, 잘못된 투자였음을 알았다 해도 이처럼 이미 들어간 돈 때문에 판단을 그르치기 쉽다.

내용은 조금 다르지만, 임차인 유치는 오피스텔에서도 중요한 문제다. 임차인들은 오피스텔을 임시 거처로 활용하는 경우가 많다. 이는 거주 안정성 측면에서 매우 취약하다는 점을 반영한다. 이 때문에 오피스텔은 언제든지 공실이 발생할 위험을 안고 있으며, 좋은 임차인을 확보하기가 쉽지 않다.

상가에 렌트프리, 전세임대차가 등장한 이유

수익형 부동산을 운영할 때 가장 유의해야 하는 사항은 임차인이 계약을 지속할 것인가다. 임차인이 오랜 기간 계약을 유지하는 부동산과 임차인이 자주 바뀌는 부동산은 수익률에서 차이가 크다. 따라서 통계상의 수익률이 얼마라고 나와 있다 하더라도 실제 투자자들은 그에 못 미치는 수익률을 거두는 경우가 많다.

수익형 부동산은 용도가 명확히 정해져 있으며, 투자 리스크가 상대적으로 높은 상품이다. 아파트와 같은 주거 상품은 임차인을 구하지 못하거나 프리미엄이 기대한 만큼 형성되지 않으면 수분양자가 직접 입주하기도 한다. 하지만 수익형 부동산은 임차인을 구하지 못하더라도 주인(임대인)이 들어가 장사를 하는 경우는 거의 없다. 잘 되지도 않을뿐더러 몸만 축난다. 수익형 부동산은 애초부터 수익실현을 목적으로 투자하는 상품이므로 아파트와 같은 주거 상품과는 투자 방식이 다르다.

수익형 부동산이 임차인 확보에 어려움을 겪다 보니 최근 '렌트프리rent free' 라는 방식도 도입되었다. 렌트프리란 임대기간 중 일부를 무상으로 이용하게 하고, 그 기간 이외에는 호가呼價 임대료를 받는 것을 말한다. 호가 임대료를 인하하면 빌딩 가치에 영향을 미치니 무상 임대기간을 주고 호가를 유지하는 것이다. 임차인을 일단 끌어들이고 보는 마케팅 전략으로, 오피스에서 많이 활용되고 있다. 이런 전략은 경험의 장벽이 존재하는 상품에서 고객이 그 장벽을 쉽게

부동산 상품의 유형별 특성 비교

구분	수익형 부동산	주거용 부동산
용도	영업	주거
1차 목적	투자	사용
위험도	높음	낮음
임대수익	높음	낮음
수익실현 방법	임대수익	매매(시세)차익

넘도록 하기 위해 사용된다. 고객 또한 한 번 들어오면 나가기가 쉽지 않다. 특히 회사의 위치와 영업 전략이 지역과 많은 연관성을 가질 경우 큰 문제가 없으면 임차를 지속하려 한다.

렌트프리를 적용하는 수익형 부동산은 공실률이 높거나 신축인 경우가 많다. 즉, 임차인을 확보하기 어려운 부동산이다. 오피스에 주로 사용되던 렌트프리가 이제는 상가 등으로도 확산되고 있다. 하지만 렌트프리는 썩 바람직한 공실 해소 방안이 아니다. 임차인의 사정으로 임대기간을 다 못 채울 경우 손해가 크기 때문이다. 높은 임대료를 현실화하지 않고 렌트프리라는 임시 방편만 사용해서는 임차인 유치의 어려움에서 빠져나오기가 어렵다.

수익형 부동산에서도 아파트에서나 볼 수 있던 전세계약까지 등장했다. 2015년 서울 도심권에서 공실을 해소한 C 빌딩의 예를 보면, 3.3㎡당 1,000만 원대 보증금만 받는 전세로 빈 사무실 2,000㎡를 채웠다. 이 사무실의 매매가가 3.3㎡당 1,800만 원 정도이므로 전세가율이 55% 수준이다. 전세가율이 70%를 훌쩍 넘는 아파트에 비해 낮은 수준이며, 수익형 부동산이 가지는 본연의 특성을 망각한 심각한 사태다. 그런데도 이런 조치를 취한 것은 사무실을 채워야 한다는 강박관념이 작용한 것이라 볼 수 있다. 수익형 부동산은 계속 공실 상태로 있으면 관리도 힘들 뿐만 아니라 다른 사무실까지 비는 악순환에 빠질 수 있기 때문이다. 이처럼 전세로 임차인을 유치하는 오피스 빌딩은 정확하게 이야기하면 수익형 부동산이 아니다. 수익형 부동산이란 용도로 판별하는 것이 아니라 활용 방법과 임대차계약의 유형으로 분류하기 때문이다.

이렇게 렌트프리가 유행하고 전세임대차라는 고육지책까지 나오는 이유는 임차인을 유치하기가 어렵기 때문이다. 수익형 부동산의 목적성 임차인은 경기가 좋지 않으면 창업을 하지 않으며, 임차를 했더라도 개인 사정이 생기면 점포영업을 그만두기도 한다. 사무실도 마찬가지다. 경기가 좋지 않으면 직원을 내보내거나 작은 사무실로 옮긴다. 집이 없으면 생존이 되지 않는 생활형 임차인과는 다른 유형의 임차인들이다. 따라서 수익형 부동산에 투자하기를 원하는 사람은 임차인의 정확한 유형과 특성을 파악하고, 임차인을 유치하고 유지할 전략을 고민해야 한다.

연예인 이야기로 시작했으니 연예인 이야기로 마무리하고자 한다. 임대인과 임차인 간의 분쟁이 심심치 않게 일어나지만 잘 해결한 사례도 있다. 손예진 씨의 경우 마포구 서교동의 한 2층 상가건물을 매입했다. 임대차 계약이 2015년 8월 만료됐지만, 세입자들은 전 건물주와 2017년 8월까지 계약을 연장하기로 구두로 합의했기 때문에 퇴거할 수 없다고 주장했다. 명도소송과 손해배상 청구가 진행되다 2016년 6월 전격 합의하고 양측이 소송취하서를 제출했다. 양측의 다툼은 2017년 8월까지 계약을 연장하는 것으로 합의하며 마무리됐다.

그러고 보면 건물주가 항상 갑은 아니다. 임대가 잘되는 건물이든 어려운 건물이든 임대인은 임차인의 장사(영업)가 잘되도록 도와줘야 한다. 임차인과 임대인은 사업 파트너이지 상하관계가 아니라는 말이다.

상가의 가치를 떨어뜨리는 쪼개 팔기

05

'분양分讓'이란 전체를 여러 부분으로 갈라서 나누어준다는 말이다. 부동산에서는 토지나 건물 따위를 나누어서 판다는 의미로 쓰인다. 특이하게 요새는 애완동물에도 이 말을 쓰던데, 필자가 찾아보니 국어사전에서는 동물에 대해 사용하지는 않는 듯했다. 다만 동물보호법에 보면 분양 조항이 있다.[8] 국어사전에도 없는 의미가 법률적으로 사용되는, 조금 특이한 경우다.

부동산에서 '분양'을 가장 흔하게 사용하는 상품은 '주택'이다. 주택의 내부는 사적 공간이기 때문에 개인에게 분양해서 소유권(사용권)에 문제가 없도록 배려하는 것이 맞다. 하지만 상업용 부동산을 쪼개서 파는 행위는 그다지 바람직하지 않다. 상가의 분양은 상권을 형성하는 데 도움이 되지 않고, 오피스나 오피스텔의 분양은 관리의 어려움을 초래한다. 공간을 나누는 것이 건물 전체적으로 볼 때는 불리하다는 뜻이다. 미국의 유명한 분양 사이트인 'lotsnetwork'[9]를 방문해보면 주택이나 토지는 분양하는 상품을 쉽게 찾을 수 있지만, 상업용 부동산은 매물 리스트에 거의 올라 있지 않다.

롯폰기힐즈는 왜 분양을 안 할까?

외국과 다르게 국내에서는 오피스를 제외하고 대부분 상업용 부동산을 분양한다. 그것도 선분양하는 경우가 많다. 금융 시스템이 취약한 데다 시행사마저 영세하기 때문이다. 은행에서 사업자금을 빌려주지 않으니 미리 분양해서 현금을 확보하는 수밖에 없고, 시행사가 영세하니 빨리 분양해서 그동안 투입된 비용을 조금이나마 회수하고자 하는 것이다. 그렇지 않으면 금방 자금 압박에 시달리게 된다.

대부분의 전문가는 상업용 부동산을 분양하는 것은 그리 좋은 방법이 아니라고 말한다. 일례로, 한국의 시행사들에게 성지처럼 알려진 일본의 롯폰기힐즈Roppongi Hills는 분양한 경우가 거의 없다. 대지면적이 8만 4,801㎡, 건축면적이 무려 72만 4,524㎡에 이르지만 대부분을 대형 디벨로퍼인 모리빌딩에서 보유하고 있다.

하지만 우리나라에서는 여전히 상업용 부동산을 분양한다. 금융 시스템은 별 변화가 없고 제대로 된 시행사가 존재하지 않으니 과거의 악습을 계속해서 되풀이하는 것이다. 필자는 한 동짜리 원룸형 오피스텔을 분양하는 것도 썩 달갑지 않다. '저렇게 조그만 상품을 모두 분양하면 나중에 관리는 어떻게 하지?' 하는 생각이 앞선다. 관리의 개념에는 시설관리FM, Facility Management만이 아니라 임대관리PM, Property Management와 자산관리AM, Asset Management도 포함된다. 따라서 쪼개면 쪼갤수록 관리가 정말 힘들어진다. 물론 적은 면적으로 나눌수록 시행사는 돈을 많이 벌고, 분양받은 사람도 수익률이 높아진다. 단, 분양받은 사람의 높은 수익률은 공실이나 월세 연체가 없는 경우에 한해서다. 안타깝게도 분양하는 순간 상권이 무너지기 때문에 공실이나 월세 연체가 생길 가능성은 커진다.

단일 주체의 중요성을 보여준 사례

현재도 분양하는 대부분의 상업용 부동산은 좋은 상권에 자리 잡고 있다. 어떤 곳은 트리플(3중 환승) 역세권에 개발 잠재력도 엄청나다. 하지만 안타깝게도, 역세권 같은 교통 여건이나 미래의 개발 이슈 등의 호재도 결과적으로는 긍정적인 영향이 크지 않다. 호재인 것은 분명하지만, 그 호재가 분양으로 인해 반감되거나 거의 없어지기 때문이다.

2015년 7월, 용산 '아이파크몰'이 서울 시내 신규 면세점 사업부지로 선정됐다. 아이파크몰의 전신은 2004년 10월 오픈한 집합상가인 '스페이스나인space9'이다. 서태지 씨가 광고 모델로 등장하여 주목을 받았던 이 쇼핑몰은 초기 분양률이 99%였다고 한다. 대형 쇼핑몰의 초기 분양률로는 경이적인 수치다. 하지만 이후 영업에서는 엄청난 어려움을 겪는다. 쇼핑몰 운영이 정말 어려워지면 나타나는 현상이 청소를 하지 않아 쓰레기가 굴러다니는 것이다. 분양주들이 관리비를 체납하여 관리 상태가 엉망이 되기 때문이다. 2005년인가 2006년에 이 쇼핑몰에 영화를 보러 갔던 필자는 쓰레기가 굴러다니는 것을 보고 깜짝 놀랐다.

필자를 더 놀라게 한 사건이 2015년 10월에 발생했다. 동대문의 '굿모닝시티' 라는 쇼핑몰이 전기요금을 체납해 한국전력으로부터 단전을 당한 일이다. 보통 쇼핑몰에는 샤워 효과shower effect를 노리고 상층에 영화관이 입점한다. 굿모닝시티에는 메가박스가 입점해 있었다. 그런데 단전이 되는 바람에 영화 티켓을 환불하는 등 정말 황당한 일이 벌어지기도 했다. 관리비가 걷어지지 않아 전기료를 납부하지 못한 것이다. 체납 전기료가 무려 6억 4,000만 원에 이르렀다. 굿모닝시티의 점포 중 70%는 비어 있고, 소유주 3,200명 가운데

주요 임차인 입점 효과

효과	내용	업종
샤워 효과 (shower effect)	위층 매장의 영향으로 아래층까지 매출에 이득을 보는 효과	영화관, 커뮤니티 카페(community cafe)
분수 효과 (fountain effect)	아래층을 찾는 고객의 동선을 위층까지 유도해내는 효과	마트
물수제비 효과 (skipping stone effect)	사람들이 집단으로 연속해서 이동하며 소비를 창출하는 효과	민자역사, 몰(mall)

상당수가 관리비를 내지 못하는 상황인 것으로 알려졌다.

다시 스페이스나인 얘기로 돌아가자. 상가가 망가지는 것을 보다 못한 분양주들이 경영 위임에 대한 계약을 맺는 동시에 주주들의 동의를 받아 2006년 아이파크몰이 탄생했다. 이후의 과정은 독자들도 잘 아는 내용이다. 운영이 잘됐고, 마침내 2015년 7월에는 면세점 사업부지로 선정됐다. 여기서 중요한 내용은 '위탁경영'이라는 방식으로 3,000여 명의 분양주를 단일 주체로 결집시켰다는 점이다.

상업용 부동산의 분양 전략은 주변 상권을 죽이고 분양주들을 파산에 이르게 하는 악행이다. 대형 쇼핑몰들이 망가지는 것이 상권이 좋지 않고 개발 잠재력이 떨어져서가 아니다. '업종지정 지분등기'라고 하는 분양 방식이 상가를 죽이는 것이다. 특히 대형 쇼핑몰은 경쟁자가 백화점이나 대형 마트인데, 단일 주체인 이들과의 경쟁은 원천적으로 불가능하다. 예를 들어 크리스마스 때 특별할인 광고를 기획했다고 하자. 이 일로 3,000명의 소유주 각각에게 동의를 얻고자 한다면 어떤 일이 벌어지겠는가. 아마 다음 해 어린이날쯤에나 광고를 집행할 수 있을 것이다.

단일 주체로 바뀐 아이파크몰은 이후 승승장구한다. 물론 1,600억 원에 이르는 모기업의 리모델링 투자[10]와 적극적인 지원도 있었지만, 수천 명의 소유주에서 단일 소유주의 형태로 이해관계와 의사결정 구조를 통일하지 않았다면 면세점 사업부지로 신규 지정되는 영광은 누리지 못했을 것이다. 필자도 최근 용산역을 다시 찾은 일이 있다. 3층과 연결된 아이파크몰을 방문해보니, 예전보다 훨씬 더

활기찬 분위기가 느껴졌고 관리도 체계적으로 되고 있음을 알 수 있었다. 국내 상업용 부동산의 성공과 실패 사례를 온몸으로 증명한 아이파크몰의 발전을 기대해본다.

단군 이래 최대의 개발사업이 실패한 이유

상업용 부동산과 마찬가지로 원룸형 주거시설 또한 분양 방식으로 사업을 수행하는 것이 바람직한가는 고민할 필요가 있다. 구 20~30평형대로 분양하는 경우에는 아파트와 차이가 없어 큰 문제가 아니라고 생각한다. 그렇지만 구 10평도 안 되는 면적으로 쪼개 분양한 오피스텔이나 도시형 생활주택은 나중에 어떻게 관리할지 걱정이 앞선다.

고령화와 이른 은퇴로 이런 상품을 몇 채씩 매입한 분들이 필자 주위에도 있다. 입주하기 전까지는 월세를 받는다는 꿈에 부풀겠지만, 입주 이후에는 이런 꿈들이 악몽으로 바뀔 수도 있다. 주택임대관리업을 하는 지인들의 말을 들으면, 원룸형 주거시설의 세입자들은 일반 아파트의 전세 세입자와는 다르게 작은 불만거리가 생겨도 주인에게 전화를 한다고 한다. 이런 전화가 특히 주말에 집중되다 보니 임대사업과 함께 다른 일을 하는 투잡족들은 견디기 힘들어한다는 것이다.

원룸형 주거시설도 하나의 주체가 전체를 보유하면서 체계적으로 관리한다면 입주자들이 쾌적한 환경에서 안락한 생활을 영위할 수 있을 것이다. 하지만 소유주가 분리되어 있다면 관리비를 걷는 문제에서부터 주차까지 의견 일치를 보기가 쉽지 않다. 나아가 시설들을 관리하는 데에도 문제가 생겨 다시는 방문하고 싶지 않은 건물로 전락할 가능성이 크다. 이를 가볍게 여기는 사람이 많지만, 시설관리는 건물의 쾌적성을 좌우하는 핵심 경쟁력이며 부동산 자산관리의 기본이다.

필자는 이전에 부동산컨설팅을 꽤 많이 수행했었다. 부동산컨설팅은 대부분 개발사업을 지원하기 위해 수행하는데 여기에는 다수의 이해관계자가 참여한다. 외국과 달리 우리나라에서는 이해관계자들 각각에게 먼저 물어서 대략 의견의 일치를 본 후에 전체 회의를 진행하는 경우가 많다. 그렇지 않고 이해관계가 대립되는 문제를 회의석상에 갑자기 올려놓으면 싸움이 벌어지는 경우가 흔하다. 합리적인 토론을 통해 합일점을 찾아가는 능력이 우리에게는 부족한 듯하다. 이해관계자들이 많으면 많을수록 의견 합치를 보기가 더 어렵다.

분양은 수많은 이해관계자를 만들어내는 행위다. 개별적 공간에서 생활을 영위하는 아파트와 달리, 서로 협조하지 않으면 영업이 어려워지는 상업용 부동산을 개발할 때는 초기에 이해관계인을 최소한으로 유지해야 한다. 그래야만 단순화된 의사결정 구조를 갖출 수 있고, 급변하는 경영 환경에 빠르게 응할 수 있기 때문이다.

2015년 10월 '주택임대관리업협회'가 출범해서 이를 축하하기 위해 P 회장에게 전화를 했다. 이야길 나누던 중 그가 말하길 협회를 빨리 출범시키기 위해 의도적으로 10개사만을 창립 멤버로 확보했다고 한다. 아마 국토교통부에서 요구하는 출범 시 회원 기준이 최소 10개사였던 것 같다. 그 외 관련 회사가 가입하려고 해도 허락하지 않았다고 한다. 왜냐하면 이해관계인이 늘어나면 늘어날수록 이견을 조율하는 데 시간이 많이 걸려 협회 출범이 어려울 것 같았기 때문이란다. 이 협회는 2016년 1월에 정부의 인가를 받아 정식 출범했다.

늘어나는 이해관계인은 시간과 비용을 추가시킨다. 단군 이래 최대의 개발사업이라고 평가하던 '용산국제업무지구' 사업이 무산된 가장 큰 원인도 그것이다. 애초에는 포함되지 않았던 서부이촌동 아파트 단지를 포함하여 이해관계자를 수천 명으로 대폭 늘린 것 때문이었다고 한다.

외국에서는 대형 쇼핑몰을 분양하는 경우가 거의 없다. 우리나라에 프리미엄 아울렛을 소개한 '첼시'도 매장을 분양한 일이 없다. 오랫동안 운영해 상권을 활성화한 후 펀드fund나 리츠REITs에 판다. 상권이 활성화되어 임대료가 2배로 상승하면 쇼핑몰의 가격 역시 2배가 되므로, 굳이 처음부터 무리하게 분양을 고집할 이유가 없는 것이다.

쇼핑몰뿐만이 아니다. 예전에 아파트형 공장으로 불리던 지식산업센터 중 가산디지털단지역에 인접한 '제이플라츠JEI Platz'가 있다. 이름만으로도 알 수 있겠지만 재능교육그룹에서 개발한 사업지다. 건물 이름이 그대로인 걸 보면 전체 건물을 여전히 재능교육에서 보유하고 있는 것으로 파악된다. 지식산업센터 대부분은 개별 분양되는데, 중소기업이 많다 보니 경매로 나오는 물건 때문에 시세 형성이

건물을 단일 주체가 관리함으로써 가치를 착실히 높여가고 있다.

엉망이다. 하지만 전체 건물을 단일 주체에서 보유한 제이플라츠는 안정적인 임대료를 유지하면서 건물의 가치를 착실히 올려가고 있다. 개발 당시에 비해 운영수익과 함께 자산 가치도 엄청나게 높아진 것으로 평가된다.

경제 여건과 소비자의 니즈가 시시각각으로 변하는 지금, 업종을 지정하여 지분등기하는 현재의 분양 방식을 유지하는 것은 자살행위와도 같다. 하루 앞도 내다보기 힘든 현대 사회에서 몇 년 후 어떤 업종이 뜰 것인지를 누가 정확히 예측할 수 있겠는가. 상업용 부동산의 개발 방식에 근본적인 변화가 필요하다.

수익형 부동산의 그늘

필로티의 명암

아파트에 살면서 자녀를 키우는 사람들의 가장 큰 고민은 층간소음이다. 위층 집의 자녀가 남자애들일 경우 아래층은 소음으로 거의 히스테리성 정신장애에 걸릴 지경이 된다. 당사자인 위층 집 부모 역시 스트레스를 받기는 마찬가지다. 이러다 경비실에서 인터폰이 오지 않을까, 아래층에서 쫓아오지 않을까 노심초사다. 필자가 사는 아파트는 13층인데 조금 넓은 편이어서 층간소음 때문에 괴로울 정도는 아니다. 주말이 되면 가끔 아들 내외가 방문하는지 손주들로 보이는 아이들의 소음이 들린다. 자주 있는 일도 아니고, 주말이라 늦게 자면 되니 큰 불편은 없다.

이런 이유도 한몫해서 성장기 자녀가 있는 부모 중 1층을 선호하는 세대가 꽤 된다. 하지만 소음을 일으키는 주범에서 벗어난다고 해도 1층은 불편함이 많다. 내체로 습하고 채광도 좋지 않은 데다 사생활 보호에도 문제가 있다. 사람이란 게 참 묘해서 아파트를 산책하다 보면 본의 아니게 1층이 눈에 들어온다. 그래서는 안 되는 줄 알면서도 거기 사는 사람들이 뭘 하는지 궁금해서 자꾸 곁눈질을 하게 된다. 보안도 문제가 된다. 그래서 대부분 유리창마다 방범창을 덧대놓는다. 한마디로, 살기에 그리 좋은 환경은 아니라는 말이다. 그래서인지 1층은 마지막까지 미분양으로 남는 경우가 많아 건설사 입장에서는 애물단지나 다름없다.

이런 점을 극복하기 위해 아예 1층 물량을 없앤 아파트들도 많이 나온다. 바로 필로티pilotis 설계다. 건물 1층을 거의 기둥만으로 지어 1층을 개방하는 것이다. 얼마나 높게 짓느냐에 따라 다르지만 필로티를 적용한 아파트는 저층도 조망이 확보되고 사생활 보호나 보안 문제도 어느 정도 해결된다. 시세차익이나 환금성 면에서 월등하게 좋아진다고 말할 순 없겠지만 기피 상품에서는 벗어날 수 있지 않을까 싶다. 수원 팔달구에 있는 한 아파트 단지는 2층 높이의 필로티 설계로 가장 저층의 높이가 일반 아파트 3층에 가깝다. 매물 정보를 보면 최저층의 표기도 3층으로 되어 있다.

현대 건축에서 주목받고 있는 필로티 방식은 스위스 태생의 건축가 르코르뷔지에Le Corbusier가 창안한 개념으로, 동양의 누각건축에서 보이는 기둥과 누마루 형식을 응용한 것이다. 자연을 끌어들이고자 했던 우리 선조들의 철학이 건축양식에 녹아든 것이다. 하지만 필로티 구조가 좋은 점만 있는 것은 아니다.

1층이 필로티 구조로 된 원룸

아파트에도 필로티가 적용되지만, 사실 가장 많이 적용하고 있는 곳은 연립 · 다세대주택이다. 필자는 서울 강서구에 거주한 지 10년이 되어간다. 강서구를 사랑하는 단계까지는 아니지만 그리 큰 불만은 없다. 한 가지, 도서관에 대해서는 할 말이 많은데 강서도서관이 너무 작고 오래되어 많이 불편하다. 그래도 대학에서 학생들을 가르치는 일을 하다 보니 시간적 여유가 많은 방학에는 도서관에 자주 간다. 이곳에 오래 살아 길을 잘 아는 필자는 도서관에 갈 때면 대로변 대신 이면도로를 이용한다. 대로변은 재미없고 번잡하지만, 이면도로는 살아 있고 볼거리가 다양해서 걷기에는 훨씬 매력적이다.

그런데 최근 전세난과 분양시장의 호황을 틈타 이면도로를 접한 곳에 연립이나 다세대주택이 새로 들어섰다. 이면도로가 깔끔해진 듯해서 큰 불만이 없었는데, 늦은 시각에 지나다 보니 다른 느낌을 받았다. 마치 죽어 있는 동네 같았다. 1층을 모두 필로티로 짓다 보니 상가는 모두 사라졌고 그 자리가 주차장이 되었다. 덩치가 큰 남자인 필자는 다니기에 그리 불편하지 않았지만 여성들은 상당히 무서울 것 같았다. 컴컴한 동네에 1층이 모두 비어 있거나 차들로 들어차 있는 광경은 어딘가 기괴하다는 느낌을 준다.

요즘 상업용 빌딩의 소유주들은 1층 임차인으로 편의점이나 커피 전문점을 선호한다. 과거에는 은행과 같은 금융회사를 최고로 쳤지만 트렌드가 바뀐 것이다. 그 이유는 밤에도 불을 밝히고 영업하기 때문이다. 밤에 불이 꺼져 있는 건물은 죽어 있는 건물로 인식되어 좋지 않은 인상을 남기지만, 늦은 밤까지 영업하는 점포가 있는 건물은 눈에도 잘 띄고 주목을 받는다. 일단 눈에 잘 띄어야 거래의 대상이 되고 가치도 올라가지 않겠는가. 글로벌 부동산컨설팅업체인 세빌스코리아가 2016년 4월 말 서울 시내 주요 16개 빌딩의 1층 점포를 조사했는데, 가장 많은 업종이 카페(35.6%)였다. 10년 전(2006년 12월 말) 이 회사가 실시한 같은 조사에서는 1층 점포 중에 은행(30.0%)이 가장 많았다고 한다.

아파트 단지는 계획하는 단계부터 단지 내 공용공간을 함께 고려한다. 그 공간의 소유권을 주민들이 가지고 공동으로 관리하기 때문에 필로티 설계를 해도 일정 수준의 우호적인 환경을 유지한다. 이에 비해 저층 주거지인 연립이나 다세대주택 밀집 지역은 계획적인 공용공간의 조성이나 주민들에 의한 환경개선, 관리가 이루어지기 힘들다. 그래서 필로티 주변 환경이 열악해지는 경우가 많다. 사례를 통해 이러한 문제점을 연구한 논문에 따르면, 필로티 공간이 사람들에게 범죄에 대한 두려움을 불러일으킨다고 한다. 특히 시각적 사각지대가 늘어나는 밤 시간대에 이러한 경향이 더하다는 점을 보여줬다.[11] 필로티가 아예 뚫려 있다면 그나마 나을 것이다. 하지만 기둥이 있어서 범죄자들이 몸을 숨기는 데 사용된다. 특히 필로티 공간은 누군가 착실히 관리하지 않으면 쓰레기장이 되기 일쑤인데, 이 역시 범죄자들이 몸을 숨길 수 있는 공간이 된다.

밀도가 높은 도시에서 빈 공간이 존재한다면 힐링healing에도 도움이 될 것이다. 하지만 이는 관리가 될 때의 이야기다. 관리가 되지 않는 빈 공간은 심각한 문제를 일으킨다. 재개발사업에서 철거가 진행 중인 건물들은 범죄자들이 범죄를 저지르거나 몸을 숨기는 공간이 된다. 일본에서는 '공가(빈집)' 문제가 심각해서 주인이 철거를 하고 주차장 등으로 만들면 정부에서 금전적인 지원까지 한다. 한때 울산에 주상복합아파트가 많이 지어졌는데 대부분 분양이 되지 않아 골칫거리였다. 울산광역시청에 근무하는 공무원들은 아파트보다는 상가에 대한 걱정이 컸다. 아파트에 입주가 안 되니 상가가 당연히 텅 비었고, 미관상으로도 좋지 않지만 우범지역이 될까 봐 걱정한 것이다. 필로티 공간도 관리가 되지 않으면 도심의 흉물로 남거나 범죄의 온상이 되기 십상이다.

다행히 최근에 많이 지어지는 도시형 생활주택인 원룸형은 필로티에 대한 인센티브가 없다 보니 분양세대 수를 늘리기 위해 4개 층 전체를 주택으로 짓는다. 필로티가 없으니 앞에서 지적한 여러 문제점이 발생하지는 않으나 주거지역에 주차난을 유발하는 문제점은 있다. 물론 이는 제1종 일반주거지역에 해당하는 이야기다.

상업용 빌딩에도 필로티가 적용된 사례가 꽤 있다. 필자의 부동산 재테크 마지막 로망roman은 빌딩이다. 지금도 이를 꿈꾸면서 현장을 다니는데, 가끔 조그만 근린상가 중 1층이 필로티 구조로 된 건물을 만나게 된다. 가격이 저렴해서 구미가 당기기는 하지만 이런 근린상가는 수익률이 나오지 않는다. 상가의 핵심은 1층인데 1층 공간이 비어 있거나 주차장으로 활용되면 임대수익이 현저히 떨어지기 때문이다. 이러니 가격이 저렴하게 나오는 것이다. 물론 용적률 등 건축법에 문제가 없다면 상가로 다시 만들 수 있기 때문에 오히려 투자

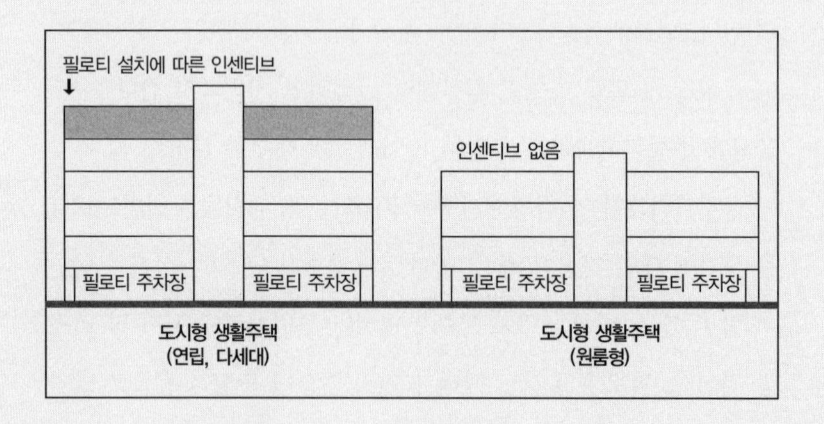

가치가 더 있을 수는 있다. 여하튼 필로티 구조를 그대로 두면 상가 건물은 수익률이 떨어질 수밖에 없다.

사람들은 필로티 구조는 무조건 좋은 것으로 인식하는 경향이 있다. 하지만 관리되지 않는 필로티 공간은 위험하다. 더 큰 문제는 주민들의 소통을 막고 커뮤니티 형성에도 악영향을 미친다는 점이다. 불 꺼진 연립주택 밀집 단지에서 어떻게 아이들이 뛰어놀고, 주민들이 서로 만나 교류할 수 있겠는가. 상권이 형성될 리 없고, 따라서 외부인이 찾지도 않는다. 필로티 구조로 1층의 공간을 비우는 것은 1층에 빈집을 둔 것과도 같다.

최근에 짓는 아파트들은 필로티 공간을 활용하려고 애쓴다. 2014년 11월 주택법 시행령이 개정되어 공동주택의 필로티 공간을 주민공동시설로 활용할 수 있게 됐기 때문이다. 용인시의 한 타운하우스는 필로티를 주차공간으로 사용하는 동시에 세대별 창고와 다용도실로 쓸 수 있도록 했다. 자연스럽게 이웃과 접촉할 수 있는 허브 역할을 하게 한 것이다. 필로티의 변신이 기대된다.

II

원룸·오피스텔, 무엇을 봐야 할까

투자 대상의 다양화는 투자자들 자신이
무슨 짓을 하고 있는지 모를 때만 필요한 것이다.

워런 버핏Warren Buffett

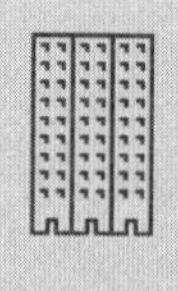

월세시장을 뒤흔드는 단기임대 바람

06

짧게는 한 달, 길게는 석 달 동안 임대하는 초단기 임대시장이 수익형 부동산의 새 트렌드로 떠오르고 있다. 저금리와 소형 주택의 공급과잉이 빚어낸 합작품이다. 사실 단기임대는 어제오늘의 이야기가 아니다. 과거에도 짧은 거주 목적의 단기임대는 있었다. 주로 사업상의 이유에서였다. 필자도 예전에 분양대행사업을 할 때 지방의 여관을 한 달 단위로 빌려서 사용한 경험이 있다. 이른바 '달月방' 이다. 국내에만 있는 현상도 아니다. 일본에 가면 아직도 주 단위로 빌리는 위클리 맨션weekly mansion과 월 단위로 빌리는 먼슬리 맨션monthly mansion이 허다하다.

국내 단기임대시장은 1990년대부터 외국인들을 대상으로 하여 강남구에서 시작됐다. 이제는 전국으로 확산되고, 목적도 다양화되고 있다. 당시 외국인들을 대상으로 했던 단기임대시장은 소위 '깔세(선납임대료)' 로 알려졌다. 매달 월세를 지급하는 것이 아니라 보증금 부담 없이 1~3개월 치 월세를 한꺼번에 내는 방식이었다. 일종의 틈새시장이었던 셈이다.

점점 더 짧아지는 임대기간

단기임대의 목적은 '학업' 의 비중이 가장 크다. 중·고등학생과 고시생을 대상으로 한 학원 수요다. 이 외에도 유흥업소 종사자, 국내외 관광객 그리고 직장인 등을 대상으로 단기임대가 다양화되고 있다. 처음에는 서울 강남 등 특정 지역에 수요가 집중됐으나 곧 홍대입구, 노량진, 이태원 등 서울 여타 지역으로 확산됐다. 이제는 지방으로도 이러한 흐름이 이어지고 있는데, 지방 또한 특정 지역에 수요가 집중되다가 서서히 주변 지역으로 확산되는 양상을 보인다. 서울과 유사한 형태라고 보면 된다. 다만 수요의 다양성이 떨어지기에 확장성에서 서울만큼의 영향력은 없는 것 같다.

부산을 예로 들면, 관광특구로 지정된 해운대 중2동 일대는 국제적인 관광도시다. 일반인들은 해운대가 최근에 주목받게 된 관광지로 알고 있지만, 사실 해운대의 유명세는 신라 때까지 거슬러 올라간다. 신라 말기 대학자인 최치운 선생께서 '해운대' 라는 명칭을 지으셨다고 한다. 이 해운대에 엄청난 규모의 오피스텔이 분양되면서

대로변에 밀집한 빌딩과 오피스텔

공급과잉에 시달리고 있다. 2011년 한 해 동안 해운대구에서 분양된 물량만 3,209세대였으니 가히 오피스텔 폭탄이라 할 만하다.

그중 일부는 생활형 숙박시설로 탈바꿈했지만[12] 대부분은 그러지 못했고, 관광지라는 지역 특성에 맞춰 자연스럽게 단기임대 쪽으로 전환됐다. 단기임대가 최근에는 서면, 내연동으로까지 확산되고 있다. 수도권의 공공기관이 이전함으로써 직장인의 수요가 증가했기 때문이다.

수요 측면과 함께 공급 측면 또한 단기임대시장의 성장을 이끌었다. 이러한 시장이 형성되고 커지는 가장 큰 원인은 공급과잉이다. 정부 정책의 변화로 도시형 생활주택과 오피스텔 등 원룸형 주거시설이 갑자기 증가한 것이 가장 큰 원인이다. 사실 대부분의 단기임대 물건은 1년 이상의 정상적인 임대차계약을 체결하기 어려워 단기임대로 전환한 경우다. 임차인을 찾기 어려워지면서 나타난 고육지책이라 할 수 있다.

다음은 주택임대관리시장의 성장이다. 2014년 2월 본격적으로 등록을 받기 시작한 주택임대관리업은 2015년 말 현재 174개 업체가 등록한 상태다. 이들 업체가 관리하는 주택(준주택[13] 포함)만 해도 1만 4,034가구다. 이 중 몇몇 업체는 단기임대시장에 주력하고 있다. 단기임대에서는 임대관리가 중요한데, 이 시장이 성장하면서 특정 지역에서는 단기임대로 공실을 해소하고 수익률을 높이려는 시도가 증가하고 있다.

이러한 시도 뒤에는 주택임대관리회사가 있다. 서울 강남에서 주택임대관리업을 하는 L사의 예를 보면, 관리 중인 원룸의 90%가 단기임대다. 실제로 강남 지역 원룸은 일반 월세보다 단기 월세가 더 흔한 상황이 되었다.

일반 월세임대차에서는 1~2년에 한 번 월세계약을 하고 잊어버리면 되지만, 단기임대에서는 1년 내내 임차인이 바뀌기 때문에 계속 관리해야 한다. 제대로 하면 수익률이 높지만 관리가 되지 않으면 오히려 더 큰 문제가 발생할 수 있다. 일반적인 월세 관리는 집주인 혼자서 하는 게 보통이지만, 단기임대는 관리가 쉽지 않아 주택임대관리회사가 전면에 나서는 경우가 많다.

부동산 앱의 확산도 이러한 단기임대시장을 키우는 강력한 요인이다. 부동산 앱은 공인중개사무소를 다니며 직접 발품을 팔지 않고 모바일 앱을 통해 원하는 방을 찾을 수 있는 온 · 오프라인 연계 서비스다. 많은 방을 빠르게 살펴볼 수 있어 월세를 구하는 임차인들에게 무척 요긴하다. 업계 1위 회사의 앱은 이미 1,000만 다운로드를 기록한 지 오래다. 단기임대 수요를 흡수할 수 있는 인프라가 본격적으로 구축된 것이다.

모호해지는 주거와 숙박의 경계

단기임대가 증가하는 현상을 이처럼 수요와 공급 측면에서 분석할 수 있지만, 필자는 주거와 숙박의 경계가 옅어지는 현상으로도 이해한다. 즉 다양한 형태의 주거가 증가하다 보니 임대차계약의 형태 또한 다양화되는 것이다. 주거를 과거와 같이 아파트, 2년 계약 등으로만 생각하는 것은 사실 단순화된 사고다. 부동산은 자산으로서의 성향도 있지만 공간을 이용한다는 운영 측면의 특성이 중요하다. 이린 공간시장에서는 이용의 개념이 중요하며 연, 월, 일 심지어 시간 단위로도 이용할 수 있다.

1년 단위로 계약을 맺는 일반 부동산의 임대 방식에서 월 단위로 계약을 맺는 벤처지원센터, 주 단위로 계약을 맺는 서비스드 레지던스serviced residence, 일 단위로 계약을 맺는 컨벤션센터 등의 분화가 이뤄지고 있다. 심지어 최근에는 시간 단위로 계약을 맺는 모임전문 공간들도 생기고 있다. 이러한 공간 이용을 새로운 비즈니스로 인식하지만, 기존 부동산 임대업과 크게 다른 점은 없다. 공간과 시간의 만남으로 임대차계약이 다양화되면서 궁극적으로 주거와 숙박이라는 경계가 허물어져서 나타나는 현상이다. 여기에는 정부의 정책도 한몫한다.

최근 부산 해운대에서 분양한 '더에이치스위트'의 예를 보면, 숙박시설임에도 주거시설과 큰 차이가 없다. 면적 또한 구 30평으로 분양하여 아파트와 똑같다. 차이점이라면 호텔식 서비스를 받을 수 있다는 정도다. 법률상으로는 숙박시설이 맞지만, 실질적으로는 숙박시설로 봐야 할지 아파트로 봐야 할지 정말 헷갈린다.

주택임대관리회사에 위탁하는 것도 대안이다

단기임대시장의 성장과 함께 유의해야 할 점도 많다. 이렇게 단기임대로 임차인을 모집하면 1년 단위의 임차인 모집은 거의 불가능해진다. 더불어 임대차 보호기간인 2년은 생각도 못 한다. 임차인이 들어오고 나가는 시기를 맞추기도 쉽지 않은 데다, 단기임대가 수익률이 높기 때문에 수익의 달콤함에 빠지게 된다. 이렇게 되면 소유한 부동산의 모든 것이 단기임대에 최적화되기에 관리의 필요성이 더욱 높아진다. 주택임대관리회사의 도움을 받는 것이 필수적이다. 특히 임대인이 다른 직업을 가진 경우 단기임대를 스스로 관리한다는 것은 거의 불가능하다. 따라서 이로 인해 발생하는 추가 비용을 생각해야 한다.

부동산과 같은 자산시장에는 영원히 적용되는 법칙이란 없다. 우리나라 부동산시장을 선도하는 강남 지역의 블루칩 아파트들도 계속 변해왔다. 압구정동에서 대치동과 도곡동으로, 다시 반포로, 서울만 보더라도 가장 고가의 아파트 단지가 소재하는 지역은 계속 바뀌어왔다. 압구정동 이전에는 강남 지역이 아니라 강북이었을 것이다. 그러므로 단기임대 역시 과거에 잘되던 지역이 계속해서 잘된다는 보장은 없다. 목적과 대상이 시대의 흐름에 따라 달라질 수 있다. 그럴 경우 단기임대에 익숙해져 있는 부동산 상품을 다시 1년 이상의 정상적인 임대차계약으로 최적화하기에는 어려움이 따를 수 있다. 단기임대는 운용하는 데 대상과 지역이 어느 정도 한정되어 있기 때문이다. 자칫하면 공실과 수익률 하락, 심지어 유동성의 어려움까지 중첩된 난제에 맞닥뜨릴 수 있다.

법적인 문제점도 있다. 우리나라는 주택임대차를 보호받는 기간이 2년이고, 여타 법들도 2년에 최적화되어 있다. 보증금이 거의 없는 단기임대의 임차인이 연체를 한다면 어떻게 해야 할까? 심지어 임차기간이 지났음에도 퇴실을 하지 않는다면? 또는 임차인이 문을 잠그고 사라져 찾을 수 없다면? 물론 이러한 문제점들은 기존의 주택임대차에서도 발생할 수 있다. 하지만 단기임대에서는 보증금이 거의 없고, 임대차기간도 짧다. 그래서 문제를 해결하는 데 시간이 걸리면 수익률에 심각한 영향이 미칠 수밖에 없다. 관리하는 업체의 경험과 능력이 더 크게 요구되는 이유다.

이와 관련하여 일본의 예에서 교훈을 얻자. 일본의 대표적인 주택임대관리회사인 레오팔레스21은 전국에 55만 6,000개의 임대주택을 관리하는데,[14] 각각을 입지나 구조 등에 따라 A에서 Z등급으로 구분한다. 각 등급의 임대주택을 이용할 수 있는 쿠폰을 1장(1개월), 3장, 6장, 12장 단위로 발급하고 많이 구입하면 높은 할인율을 제공한다. 그리고 12장을 구입했을 경우 한 달에 방 12개를 한 번에 사용할 수도 있고, 10개월을 사용하고 2장을 보유할 수도 있다. 나머지 2장은 사용하고 싶을 때 언제든지 사용할 수 있으며, 오사카에서 계약하고 중간에 도쿄로 이사할 경우 나머지 티켓만큼 도쿄의 임대주택을 사용할 수도 있다. 일종의 쿠폰제로 이해하면 된다. 이러한 시스템은 개인뿐만 아니라 법인의 수요도 흡수하게 해준다. 제대로 하려면 이렇게 완전히 사업화하는 방법이 좋지 않을까 싶다.

단기임대시장은 앞으로 계속 커질 것이다. 주거와 숙박의 경계가 모호해지면서 한 달 또는 석 달의 임대 조건을 요구하는 임차인들이 늘어날 것이기 때문이다. 임대인들 역시 공급과잉 문제를 극복하지 못해 이러한 필요가 증가할 것이다. 하지만 임대가 어렵다고 고민 없이 단기임대로 돌아서는 것은 잘못하면 돌아올 수 없는 강을 건너는 것과 같다. 아예 일본처럼 완벽하게 사업화할 수 있는 상황이 아니라면 위험스러운 요소가 더 많다. 단기임대는 월세시장에서도 골치 아픈 문제가 가장 많이 발생할 수 있는 임대차계약이다. 강을 건너는 것은 좋으나 다시 돌아올 수 있는 배는 미리 준비해두는 지혜가 필요하다.

정말 작은 고추가 매울까

07

'작은 고추가 맵다' 는 속담이 있다. 몸집이 작은 사람이 큰 사람보다 재주도 뛰어나고 야무짐을 비유적으로 이르는 말이다. 외국에도 비슷한 속담이 있는 걸로 봐서는 세계적으로 생각이 비슷한 듯하다.

서울 역세권에서 주로 이뤄지던 오피스텔 분양이 부동산 경기 호황에 따라 서울 외곽 지역으로까지 확산되고 있는데, 그 분양 광고에서 등장한 표현이다. 소형 오피스텔이지만 수익률이 뛰어나다는 의미일 것이다. 그 광고에서는 '작다고 무시하지 말라' 라는 표현도 곁들였다. 그런데 정말 작은 고추가 매울까.

오피스텔 분양물량 (단위: 세대)

구분	2011년	2012년	2013년	2014년	2015년
분양물량	34,882	46,876	38,864	42,013	63,461

* 부동산114

초소형 오피스텔의 과잉공급

초소형 오피스텔의 분양이 급격히 증가하고 있다. 2000년대 초 · 중반 주상복합아파트의 연계 상품이던 오피스텔이 단독으로 또는 도시형 생활주택과 결합하면서 분양면적이 대폭 축소됐다. 2015년에 분양한 오피스텔은 65.5%가 전용면적 40㎡ 이하였고, 그나마 소형 아파트(구 20평형대)와 유사한 전용면적 60㎡ 이상의 오피스텔 분양물량은 20.6%에 그쳤다. 대부분이 초소형 오피스텔이란 얘기다.

2015년에 분양한 오피스텔은 6만 세대가 넘는다. 2002년에 12만 세대 가까운 오피스텔을 분양한 이후 역대 최대 물량이다. 대부분이 초소형 오피스텔이기 때문에 과다한 분양물량은 더 큰 부담이 된다. 초소형 오피스텔은 기존의 가족 단위 가구가 수요층이 아니고 분화된 가구가 대상이기 때문에 임차인을 유치하기가 훨씬 더 어렵다. 생활형 임차인이 아닌 목적성 임차인을 확보해야 하기 때문이다.

2000년 초 · 중반 분양했던 오피스텔 중 상당수는 입주 후 가격이 올랐고 임차인을 유치하는 데 크게 어렵지 않았다. 2004년에는 전용면적 60㎡ 이상의 오피스텔 분양 비중이 60%였다. 구 20평형대 아파트와 유사한 면적의 오피스텔은 현재에도 전세난 등으로 인기 있는 상품이다. 신혼부부 등 가족 단위 가구들이 입주하는 데 큰 문제가 없다. 정부가 도시형 생활주택이나 오피스텔의 규제를 완화한 가장 큰 이유도 전세난이었다. 하지만 전세난에 전혀 도움이 되지 않는 초소형 오피스텔들만 과다하게 공급된 것이다.

오피스텔사업자들을 만나보면 오피스텔을 왜 이렇게 초소형으로 분양하는지 알 수 있다. 쪼개면 쪼갤수록 이익이 나기 때문이다. 특히 수익형 부동산인 오피스텔은 조금만 면적을 키우면 분양가가 높아지고 투자자를 유치하기가 어려워진다. 개인 투자자들이 투자하는 금액에는 어느 정도 상한선이 있고, 이 상한선은 그리 높지 않다. 이 상한선을 넘어서면 투자자들의 외면을 받기 쉽다. 따라서 오피스텔사업자들은 상한선 아래 가격에 분양가를 맞출 수밖에 없다. 면적을 줄이는 것이 가장 간단한 해결책이다.

쪼개면 쪼갤수록 월세는 상대적으로 높아진다. 아무리 월세가 낮아도 하한선 또한 존재한다. 물가가 오르고 소득이 높아지면서 월세의 하한선 또한 높아졌기 때문이다. 서울연구원의 자료에 따르면 전국의 월세 평균은 56만 원이라고 한다.[15] 아무리 싸더라도 이보다 엄청나게 싼 금액의 월세를 찾기는 쉽지 않을 것이다.

쪼갬으로써 이익을 얻는 건 사업자들뿐이다

오피스텔 투자자가 반드시 명심해야 하는 사실은 쪼개면 쪼갤수록 이익이지만 실제로는 손해를 볼 수도 있다는 점이다. 왜냐하면 오피스텔사업자들의 분양이익은 현재의 수익이지만, 수분양자들의 월세수익은 미래의 수익이기 때문이다. 이 미래의 수익이 수상해질 수 있다. 쪼개면 쪼갤수록 분양이익은 높아지지만, 쪼개면 쪼갤수록 월세수익은 줄어들 수도 있다는 말이다.

쪼개면, 일단 한 달에 받는 임대료는 늘어날 수 있다. 크고 비싼 것보다는 작고 상대적으로 저렴한 것이 부담이 없어 임대료를 조금 더 높게 책정해도 받아들이기가 쉽다. 하지만 주택에는 1인당 적정 주거면적이라는 것이 있다. 사는 데 큰 지장이 없을 정도의 크기를 말하는데 우리나라에서는 최저 기준을 10㎡(3평), 바람직한 수준을 16㎡(4.8평)로 보고 있다. 외국의 기준은 이보다 높다. 거주하기에 쾌적한 1인당 주거면적을 일본은 4.8~8.4평, 영국은 4.8~9.9평, 독일은 5.0~8.9평으로 본다.

기본적인 생활을 위해 갖추어야 할 시설(화장실, 싱크대 등)을 고려한다면 가족의 주거면적보다는 1인당 적정 주거면적이 더욱 넓어야 한다. '가족'의 주거면적을 고려할 때는 기본시설을 공동으로 사용하기 때문에 '1인' 기준으로 필요한 면적보다 줄어들 수 있다는 말이다. 따라서 아무리 원룸이라도 현재와 같이 쪼개놓으면 불편함을 느낄 수밖에 없다. 적정 주거면적에 미달하는 것이다. 특히 기숙사 등에서 공동으로 생활하는 학생들처럼 젊은 친구들이 아닌 경우 이 불편함은 더 가중될 수 있다.

필자는 직장이 부산이고 집이 서울이다. 방학을 제외하면 평일에는 대개 부산에 있는데 예전에는 원룸에서 생활했다. 그렇게 좁지는 않은 공간이었지만 잠을 청하려고 누워 있으면 온갖 생각이 들곤 했다. 나이가 50이 넘으니 가장 많이 드는 생각이 나 스스로를 좀 불쌍하게 여긴다는 점이다. 이 나이에 이 좁은 공간에서 뭐하는 건가 싶은, 왠지 인생의 패배자가 된 듯한 느낌이랄까. 나이가 들어갈수록 이러한 느낌이 더 강해져 기어코 방이 2개가 있는 조금 더 넓은 오피스텔을 구입했다. 관리비도 늘어나고 대출에 따른 비용도 증가했지만, 자신이 불쌍하다는 생각은 많이 줄었다. 심리적인 것이 금전적인 것을 능가한다는 점을 알려준 소중한 기회였다.

매운 것은 작아서가 아니라 품종 때문이다

오피스텔의 수요층은 학생과 사회 초년생이 대부분이다. 하지만 이런 계층은 금전적 여유가 없고 경기 변동에 매우 민감하다. 평소에는 부모님을 비롯한 주변의 도움을 받는다 하더라도, 갑자기 경기가 악화되면 학생들은 학교 앞 원룸에서 부모님 집으로 다시 들어가고 사회 초년생들은 더 저렴한 고시원 등으로 이동한다. 학생들은 자취에서 통학을 선택하고, 사회 초년생들은 월세비용을 줄인다. 당연히 오피스텔은 수요가 줄어들고 공실이 발생하게 된다. 필자가 근무하는 대학 근처에도 비슷한 현상이 발생하고 있다. 불경기가 만들어낸 안타까운 그림자다.

이에 반해 중장년층의 수요는 탄탄하다. 최근 유배우율(배우자가 있는 비율)이 1995년 77.6%에서 2010년 66.6%로 계속 감소하면서 소형 주택에 대한 수요가 더욱 증가하고 있다. 젊은층은 결혼을 안 하고, 장년층은 이혼하고, 고령층은 사별하면서 세대 분화가 일어난다. 통계청의 2005~2010년 조사 결과에 따르면 중장년층(35~49세) 1인 가구 증가율은 25.2%로 젊은층(20~34세) 1인 가구 증가율 13.4%를 압도한다. 이에 따라 초소형 원룸보다는 편의시설이 좀더 넓은 공간을 선호하게 된다. 필자 또한 오피스텔사업자라면 수요층도 넓지 않고 금전적 여유도 많지 않은 학생과 사회 초년생을 대상으로 한 초소형 원룸보다는 중장년층을 위해 방이 한두 개 있는 적정 규모의 소형 주거시설을 기획할 것이다.

수요도 많지 않고, 존재하는 수요마저 경기 변동에 민감한 초소형 오피스텔은 원하는 월세액에 임차인을 구하기도 쉽지 않고 임차인을 계속 유지하기도 만만치 않다. 오히려 중장년층을 대상으로 한, 편의시설이 비교적 넓은 공간에 대한 수요가 더 많다. 특히 이러한 주거시설은 경기 변동에 상대적으로 덜 민감하다는 장점도 있다. 따라서 공실과 적정 월세 등을 고려한다면 더 작게 쪼개는 지금의 오피스텔은 해법이 아니다. 저금리와 고령화로 분양은 잘될지 모르나 입주 후 큰 어려움에 처할 수 있다. 적정 규모의 오피스텔을 선택하는 것이 오히려 수익률을 높이는 해법이 될 수 있다. 이런 오피스텔 역시 처음부터 완전한 월세로 임차인을 찾기란 어려울 수 있다. 그러면 보증금을 다소간 올려 받아 월세 비중을 줄여주면 된다. 이후 주변 상권이 안정되면 조금씩 월세 비중을 높이는 것이다. 그렇게 하면 무리하지 않으면서 수익률도 점차 올릴 수 있다.

우리나라 고추 품종 중에 청양고추라는 게 있는데 크기는 매우 작지만 굉장히 맵다. 이 고추 때문에 작은 고추가 맵다는 말이 나온 것이 아닌가 생각된다. 하지만 고추의 매운맛은 품종에 따라 결정되지 크기에 좌우되는 것이 아니다. 어떤 고추가 매울지 안 매울지를 알려면 품종을 살펴야지 크기를 봐서는 안 된다. 주택사업자들도 명심해야 할 부분이다.

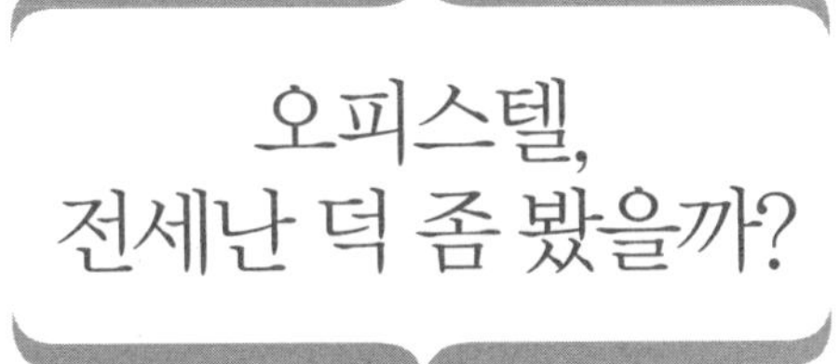

오피스텔, 전세난 덕 좀 봤을까?

08

오피스텔은 건축법상 근린생활시설로 분류되며, 주로 상업지역 주변에 지어져 업무용으로 공급되어왔다. 역세권의 편리함과 주변의 편의시설을 누릴 수 있고 가구와 가전제품까지 기본으로 설치되기에 소형 아파트의 대체 상품으로 인기를 끌고 있다. 실제 아파트 못지않은 평면설계와 고급스러움으로 전세난의 풍선 효과를 톡톡히 누리고 있다.

시장의 변화에 따라 건축 기준이 변경되면서 오피스텔은 그에 따른 수급에 대응해왔다. 주거기능을 보강하면 수요가 증가한다. 대표적으로는 바닥 난방을 허용하고 욕조가 있는 욕실을 설치할 수 있게 한 것을 들 수 있다. 이에 따라 수요가 증가하면서 공급 또한 급증했다. 주택법을 적용받는 아파트는 인허가에서 준공까지 오랜 시간이 걸리지만, 오피스텔은 건축법의 적용을 받기에 상대적으로 쉽고 빨리 공급할 수 있기 때문이다.

업무용 · 주거용을 따지는 이유, 세금

최초의 오피스텔은 1985년 사무기능과 주거기능 겸용의 건축물을 허용하면서 등장했다. 초기에는 주거기능을 최소한의 범위로 제한했다. 하지만 1990년대 초 신도시 공급이 확대된 이후, 부동산 불황기가 닥친 1995년에 시장 활성화 차원에서 오피스텔의 바닥 난방 금지 규정을 삭제함과 함께 새로운 붐이 형성됐다. 이후 규제 강화와 완화 등의 우여곡절을 겪다가 최근 욕조설치 금지 조항을 삭제하고 준주택 지정 및 매입임대주택 등록허가[16] 등 정책이 완화되면서 제2의 전성기를 맞이했다. 주거기능을 제한하던 대부분의 규제가 2010년 6월 이후 삭제된 터라, 이제는 오피스텔을 업무기능보다는 주거기능으로 많이 활용한다. 급기야 주택연금 가입 대상으로까지 언급될 정도다.

오피스텔이 업무용인지 주거용인지를 판단하는 기준은 공부公簿상의 용도 구분이나 사업자등록 여부와는 관련이 없다. 실제 어떻게 사용하는지, 즉 용도가 중요하다. 오피스텔 투자자들을 만나보면 사업자등록을 하면 업무용, 전입신고를 하면 주거용으로 알고 있는 경우가 많다. 과거에는 이렇게 단순한 기준을 가지고 업무용인지 주거용인지를 판단한 것 같은데, 현재는 판단 기준이 훨씬 더 복합적으로 바뀌었다. 어차피 주거용인지 업무용인지를 판단하는 가장 큰 목적은 세금을 얼마나 내는지의 문제이기 때문에 실질적으로 어떻게 사용하는지가 더욱 중요해진다.

최근 오피스텔은 기본적으로는 주거용으로 판단할 가능성이 커졌다. 왜냐하면 정부에서 오피스텔에 대한 규제를 완화한 가장 큰 이유가 전세난이었기 때문이다. 전세난은 백약이 무효다. 전세를 원하는 주택 수요자들은 많은데, 공급은 부족하다. 기존에 있던 전세마저 월세로 돌리니 더 부족해질 수밖에 없다. 특히 서울을 포함한 수도권에는 전세가구가 월세나 매매로 이전하는 수요마저 거의 없다. 지방은 전세가구 비중이 감소하고 있지만, 지난 10년간 서울의 전세가구 비중은 큰 변화가 없다. 집값이 높으니 월세로 전환하기에도 부담이 된다. KB국민은행에 따르면 2016년 6월 말 현재 서울의 아파트 평균 전세 가격은 4억 945만 원이다. 이를 전 · 월세 전환율 6%[17]를 적용해서 월세로 계산하면 204만 원이 된다. 중산층 가정에서 매달 이 정도의 월세를 계속 지출할 수 있겠는가? 물론 보증부 월세가 많으니 실제로 다달이 내는 월세는 이보다 훨씬 떨어질 것이다. 그렇다 하더라도 보증금 마련하랴, 월세 꼬박꼬박 내랴 쉬운 일이 아니다.

매매가격 상승률이 낮으니 집을 사기도 모호하다. 2008년 금융위기 이후부터 계산하면 2015년 말 현재까지 서울의 아파트 매매가격 상승률은 여전히 마이너스다. 용산국제업무지구 개발사업의 피해를

서울 도심의 오피스텔 전경

직접적으로 본 용산구는 10%가 넘게 하락했다. 월세 전환도 부담되고 집을 사기도 모호하니 계속 전세로 눌러앉아 있는 것이다. 전세난의 숨겨진 이유다. 전세난을 완화해보자는 취지에서 오피스텔에 대한 규제를 풀었지만 크게 도움이 되지는 못했다. 공급된 오피스텔 대부분이 초소형이었기 때문이다.

정부는 오피스텔을 주거용으로 보려 한다

최근 정부에서 정책적으로도 오피스텔을 주거용으로 보기 시작했다는 증거는 여러 곳에서 찾아볼 수 있다. 먼저, 2009년 주택법을 개정하면서 준주택이라는 것을 만들어 주택과 비슷한 시설을 포함시킨 것이다. 준주택이란 '주택 이외의 건축물과 그 부속 토지로서 주거용도로 이용할 수 있는 시설'을 말한다. 도시가 성장, 발전하면서 사람들의 주거 형태가 다양화되자 이를 제도적으로 뒷받침하기 위해 고안한 주택이다. 준주택에는 세 종류가 있는데 고시원, 오피스텔, 노인복지주택이 그것이다.[18]

다음은 주택임대사업자 등록 대상에 오피스텔을 포함시킨 것이다. 임대사업자는 일반임대사업자와 주택임대사업자로 나뉘는데, 이제는 1채만 등록해도 주택임대사업자가 될 수 있다. 이러한 주택임대사업자 등록 대상에 오피스텔을 포함한 이유는 기존 주택임대사업자의 등록률이 떨어지기 때문에 이를 높이려는 목적도 있다.

국토교통부에 따르면 2015년 현재 임대주택사업자는 13만 8,230명이며 임대 호수는 190만 7,685세대다. 2012년에는 그 숫자가 5만 4,137명이었으니 3년간 2배가 훌쩍 넘게 늘어난 셈이다. 하지만 2010년 통계청의 전 · 월세 기준으로 계산한 전국 임대가구가 727만 6,000가구인 점을 고려하면 임대사업자 등록률은 터무니없이 낮은 수준이다.

연도별 임대주택사업자 현황

(단위: 명, 세대)

구분	2010년	2011년	2012년	2013년	2014년	2015년
사업자 수	41,590	48,435	54,137	80,009	103,927	138,230
임대 호수	1,399,227	1,459,513	1,487,421	1,616,221	1,708,716	1,937,685

* 국토교통부

현행 임대주택법상 임대사업자는 1주택 이상 임대하면 누구나 해당 시 · 군 · 구에 등록할 수 있다. 하지만 의무 규정이 아닌 임의 규정이기 때문에 이같이 저조한 등록률을 보이는 것이다. 절차나 조건이 복잡하다는 점도 있지만, 소득세나 사회보험료 등의 증가분과 비교하면 세제혜택이 매우 적기 때문에 임대사업자로 등록하지 않는 게 관행처럼 되어 있다. 강제사항도 아닌 데다 임대수익이 낱낱이 드러나 과세 부담이 증가하니 누가 나서서 등록하겠는가. 더욱이 고령화 시대에는 불가능에 가까운 일이다. 따라서 등록을 강제하기는 힘들고 등록을 촉진하기 위해 오피스텔에까지 임대사업자 문호를 개방한 것이라 볼 수 있다.

고령화 시대가 다가오면서 은퇴(예정) 계층은 고민에 빠졌다. 수입은 없어지는데 가진 재산은 집 하나뿐이니 말이다. 서울연구원의 발표에 따르면 서울 지역 베이비붐 세대의 평균 자산은 5억 1,000만 원이며, 그중 주거용 부동산이 3억 8,100만 원으로 74.1%를 차지한다.[19] 투자용 부동산(4,600만 원, 8.9%)까지 합하면 부동산 관련 자산이 83%에 이른다. 상황이 이러니 쓸 돈이 없는 게 당연하지 않을까.

이때는 주택연금이 대안이 될 수 있다. 주택연금이란 자기 집에

서울 베이비붐 세대 평균 자산 규모

(단위: 만 원)

구분	전체	주거용 부동산	투자용 부동산	금융 자산	기타 자산
금액	51,400	38,100	4,600	7,000	1,700

* 서울연구원

살면서 집을 담보로 맡기고 매달 국가가 보증하는 연금을 받는 제도를 말한다. 집을 소유하고 있지만 소득이 부족한 은퇴 계층이 평생 또는 일정 기간 안정적인 수입을 얻을 수 있도록 한 연금제도다. 외국에서는 역모기지reverse mortgage라고도 하며, 단독주택 · 공동주택 · 노인복지주택만이 대상이다. 2016년 4월에는 주거용 오피스텔을 가입 대상에 포함하는 개정 법률안이 발의됐다.[20]

오피스텔이 주거시설이냐 업무시설이냐를 논하는 것은 이제 큰 의미가 없다. 정부의 정책 방향에서도 그렇지만 실사용자들도 이미 주택과 큰 차이가 없는 부동산 상품으로 활용하고 있다. 이제 오피스텔 투자자들은 주거용인지 업무용인지에 대한 고민을 할 것이 아니라, 일단 주거용이라고 판단하고 절세 전략을 고민하는 게 더 유용할 것이다.

오피스텔이 주택이라고 할 때, 제일 먼저 맞닥뜨리게 되는 세금이 양도세다. 특히 세수 부족에 시달리는 정부는 세원을 발굴하기 위해 안간힘을 쓰고 있다. 오피스텔사업자들의 안심하라는 말만 듣고 매입에 나설 것이 아니라, 1가구 2주택에 포함된다는 가정하에 절세 전략을 다시 짜보기를 바란다.

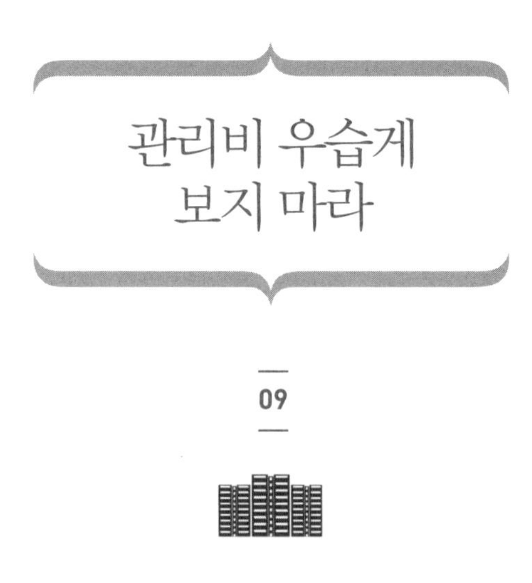

관리비 우습게 보지 마라

09

관리비는 건물이나 시설을 관리하는 데 드는 비용을 말한다. 얼마 전 한 여배우가 관리비 스캔들을 폭로하면서 관리비에 대한 관심이 높아졌다.

“원룸에도 관리비가 있나요?” 이런 질문을 하는 임대주택사업자들을 간혹가다 만나는데, 필자로선 좀 당황스럽다. 원룸도 집인데 관리비가 왜 없겠는가. 일례로, 가끔 나타나 청소를 해주는 아주머니들 월급이 어디서 나가겠는가. 임대주택사업을 처음 시작하는 사람 중에는 원룸 관리비에 무감각한 이들이 많은데, 이에 비해 세입자들은 원룸 관리비에 대해 잘 안다. 하지만 그걸로 주인들이 장난친다는 것을 아는 세입자는 많지 않다.

제각각인 관리비 산정 기준

아파트 관리비는 아파트 수만큼이나 가지각색의 기준과 천차만별의 형식으로 산정되므로, 이를 이해하는 데는 어려움이 따른다.

관리비는 일반적으로 세대 수가 많은 대규모 단지일수록, 직영관리보다는 위탁관리일수록, 여러 동을 통합하는 경비 방식일수록, 층고가 낮을수록, 개별난방 방식일수록, 준공연도가 최근일수록 적게 나온다. 하지만 이것도 일반적인 이야기일 뿐이다. 개별 건물을 보면 이런 일반화에 해당하지 않는 곳이 많다. 2016년 4월 전국의 평균 공용관리비는 제곱미터당 921원이었다. 서울이 1,098원으로 가장 높았으며, 가장 낮은 곳은 724원을 나타낸 광주였다.

원룸 관리비가 높을까, 아니면 일반 아파트 관리비가 높을까? 일반 아파트 크기의 집을 몇 개로 쪼개놓았으니 단위당 관리비는 원룸이 당연히 비쌀 것이다. 하지만 그 정도가 심하다면 이건 심각한 문제다. 2015년 12월 서울시의 실태조사 자료에 따르면, 원룸의 관리비가 아파트의 5배가 넘는 것으로 나타났다.[21] 원룸의 제곱미터당 평균 공용관리비는 4,861원으로 아파트의 평균 공용관리비인 871원의 5.58배 수준이었다. 한국감정원의 자료와 비교해봐도 4.53배가

지역별 아파트 평균 공용관리비

(단위: 원/㎡)

전국	서울	부산	대구	인천	광주	대전	울산
921	1,098	890	882	914	724	870	860

* 한국감정원(2016)

넘는다.

더 큰 문제는 원룸 계약 시에 관리비 항목을 임대차계약서에 명시하는 계약이 전체의 절반 수준(54.5%)에 그친다는 점이다. 입주 후에는 상황이 더욱 심각해진다. 계약 당시 서면이나 구두로 관리비 관련 사항에 대해 고지받았다고 하더라도(90.1%), 입주 후 영수증으로든 구두로든 관리비 부과 안내를 전혀 받지 못한 임차인이 전체의 42.4%에 달한다.

관리비가 수익률에 치명타를 줄 수 있다

부동산에 투자할 때 우리는 보통 관리에 대해서 깊이 생각하지 않는다. 하지만 지금 우리가 논하는 수익형 부동산은 관리에 엄청난 노력과 비용을 투입해야 한다. 수익형 부동산은 시세차익이 크지 않으며, 운영을 통해 수익을 창출하는 부동산 상품이다. 따라서 관리에 그만큼의 관심이 필요하다. 일본능률협회의 자료에 따르면 건물은 운영·관리 단계에서 들어가는 비용이 전체 비용의 83.2%를 차지한다고 한다. 물론 이는 건설에서 철거까지 생애주기life cycle 전체를 고려했을 때의 이야기다. 건물의 생애주기 전체에서 이렇게 큰 비중을 차지하는 운영·관리비용을 우리는 소홀하게 생각한다.

임대인들도 문제다. 관리비는 순수하게 관리에 드는 비용을 충당하는 게 목적이어야 한다. 그런데 일부 임대인은 월세를 올리기

서울 빌딩등급별 관리비

(단위: 원/3.3㎡)

평균	Prime	A	B	C
31,613	36,878	31,170	27,124	21,720

* 젠스타(2016년 5월)

가 힘드니 이를 관리비에 슬쩍 포함시켜 우회적으로 월세를 올리기도 한다. 이는 원룸과 같은 주거용 부동산뿐만 아니라 상가나 오피스 같은 수익형 부동산 전반에서 보이는 현상이다. 대부분의 상업용 빌딩은 관리비가 고정되어 있다. 이는 순수하게 관리에 드는 비용을 충당한다는 목적보다는 월세를 올리기 위한 편법일 가능성이 크다. 월세를 올렸다가는 임차인의 저항이 만만치 않을 것이기 때문이다. 특히 공실이 심한 강남 지역이 여타 지역에 비해 관리비가 높다는 점은 이러한 요인이 작용한다는 의심을 할 수밖에 없게 한다.[22]

오피스텔이나 원룸에 투자하는 사람이나 거주하는 사람들 모두 계약할 때 관리비에 대해서는 별 관심을 두지 않는다. 투자자들은 보증금과 월세를 기준으로 수익률을 따질 것이고, 대부분의 세입자는 주변 월세와 비교하여 입주를 고민할 것이다. 하지만 잘 드러나지 않는 유지 · 보수비나 발코니 유무, 주차대수, 편의시설 등이 실질적으로는 수익률에 더 큰 영향을 미칠 수 있다. 남들도 다 아는 정보, 자세히 보지 않아도 눈에 띄는 정보들은 사실 수익률을 좌우하지 않는다.

오피스텔이나 원룸의 관리비는 크지 않다. 서울시의 조사에서도 평균 5만 원대였다. 하지만 수익률이 5%냐 6%냐에 따라 투자를 할지 말지 결정하는 상황이라면, 관리비가 얼마인지도 사전에 반드시 조사해야 한다. 특히나 관리비가 일반 아파트에 비해 5.58배나 많다면 눈을 부릅뜨고 살펴봐야 하지 않겠는가.

두 마리 토끼를 쫓는 복합상가

10

오피스텔은 각 세대의 분양이 대충 정리되면 저층에 있는 상가들을 분양하기 시작한다. 아파트의 단지내상가와는 다르게 오피스텔의 상가 분양은 좀 시끌벅적하다. 광고도 많이 하고 전단도 열심히 돌린다. 아파트의 단지내상가는 언제 분양됐는지도 모를 정도로 조용히 지나가는 데 반해, 오피스텔 상가 분양을 지켜보노라면 상당히 유별나다는 느낌이 든다.

오피스텔 상가 분양이 이렇게 유별난 이유는 전체 매출에서 차지하는 비중이 크기 때문이다. 1,000세대에 이르는 대단지 아파트라 하더라도 단지내상가는 몇백 평에 불과한 경우가 대부분이다.[23] 하지만 오피스텔은 200~300세대밖에 되지 않는데도 상가 면적이 몇천 평에 이르기도 한다.

주상복합건물보다 유명한 부속상가

필자는 지인들을 만날 때 가끔 사당역을 약속 장소로 잡는다. 일단 교통이 편리하고, 주변에 먹을 곳도 많고, 젊은층도 꽤 다니는 상권이라서다. 사당역에는 S주상복합이 있는데 82세대밖에 되지 않는다. 특이한 점은 지하 1층부터 무려 지상 6층까지가 상가로 구성되어 있다는 것이다. 이름도 예쁘게 '파스텔시티' 라고 독립되게 지었다. 정확히는 방배동에 속하는 이 주상복합은 S주상복합이라는 이름보다 파스텔시티로 더 잘 알려져 있다. 파스텔시티로 검색해보면 주상복합은 나오지 않고 상가만 검색될 정도다. 20층가량 되는 이 주상복합에 7개 층이 상가이니 상가 비중이 30% 정도는 되는 것으로 보인다. 사실 이 정도면 주거시설에 붙어 있는 편의시설이라는 개념을 넘어서는 엄청난 비중이다.

주상복합이나 오피스텔의 저층에 있는 상가를 현장에서는 '복합상가' 라고 부른다. 아마도 주상복합건물에 딸린 상가라는 의미에서 그렇게 부르는 것 같다. 상가는 예전에는 근린상가가 대부분이었다. 근린近隣이란 가깝다는 말이므로 주택에 가까이 있다는 의미일 것이다. 근린상가는 여전히 가장 많은 상가의 형태로, 크지 않은 3~5층짜리 건물의 조그만 상가들을 의미한다. 업종도 주로 생활형 업종인 미용실, 편의점, 병원, 학원 등이 입점해 있다. 공동주택이 생기면서 단지내상가와 앞서거니 뒤서거니 함께 탄생했다. 그리고 2000년대 중반 부동산 대세 상승기 때 개발이익이 많이 발생하는 쇼핑몰, 테마상가 등이 지어졌다. 현장에서는 상가를 대략 다음과 같이 분류한다.

상가 구분

구분	내용	유의점
단지내상가	아파트 단지 내 부속된 상가	700세대 이상, 예정가의 130~150%, 분산 상가 유의, 주 출입구 중요
복합상가	주상복합건물이나 오피스텔의 저층부에 있는 상가	전용면적 확인, 역세권의 집객력 파악, 주거 부문 분양률 파악
테마상가	테마 중심으로 업종을 배치한 상가	테마와 관련된 업종 중요, 시행사와 관리사 확인, 상권 형성 파악
근린상가	주거시설에 인접한 근린형 상가	업종 유의, 상업용지 비율 파악(3%대), 입지 중요

복합상가는 복합적 성격을 띤다

앞서 말했듯이 오피스텔 저층에 있는 상가를 복합상가라고 부른다. 그런데 이 복합상가는 이름처럼 참 복합적인 성격을 띤다. 근린상가의 특징과 단지내상가의 특성을 함께 가지기 때문이다. 오피스텔이 보통 역세권에 지어지므로, 복합상가에는 근린상가처럼 외부인이 많이 방문한다. 따라서 업종도 단지내상가처럼 필수 생활형 업종이 아니라 다소 광역 생활형 업종이 자리 잡는다. 오피스텔과 붙어 있어서 단지내상가의 특성도 강하다. 실제 복합상가에 입점하는 영업주들은 대부분 위층에 거주하는 입주자들을 1차 마케팅 대상으로 고려한다. 기본적인 수요가 뒷받침되어야 안정적인 영업이 가능하므로 오피스텔 세대가 어느 정도 되는지, 입주율은 괜찮은지를 따진다.

이렇게 오피스텔 저층의 복합상가는 근린상가와 단지내상가의 특징을 모두 가지고 있어 양쪽의 수요층을 흡수할 수 있다는 장점이 있다. 하지만 자칫하면 이것이 단점으로 작용할 수도 있다. 근린상가와 단지내상가 고객 모두를 잃어버릴 가능성도 있다는 말이다. 근린상가와 단지내상가 모두 그들만의 특성이 있는데 이도 저도 아니면 두 부류의 고객을 모두 놓칠 수 있기 때문이다. 이를테면 오피스텔은 상업지역에 분포하므로 주변 상권이 이미 발달했을 수도 있다. 그럴 경우 근린상가로서의 장점을 발휘하기도 어렵고, 더욱이 세대수마저 적다면 단지내상가로서의 장점도 유지하기 힘들다.

필자가 재직하고 있는 대학의 본교는 양산에 있다. 7번 국도를 타면 부산이나 울산에서 모두 수월하게 접근할 수 있다. 대학의 자원인 고등학교 졸업생들이 많을 때는 지금의 위치가 장점으로 작용했지만, 현재와 같이 졸업생들이 급감하자 그 반대가 됐다. 부산의 학생과 울산의 학생 어느 쪽도 전적으로 유치하지 못하는 어정쩡한 위치이기 때문이다. 이처럼 위치가 가진 장단점은 주변 환경과 경제 상황에 따라 계속해서 변하는 것이지 고정된 것은 아니다.

복합상가의 분양가가 주변 상가와 비슷하다면 세밀하게 검토해야 한다. 복합상가는 전용률이 떨어지기 때문에 주변 상가와 같은 분양가가 매겨졌다면 단위당 분양가가 월등히 높은 것이다. 전용면적이 높은 것이 무조건 좋지는 않지만, 구조 때문에 전용률이 낮게 나오는 상품은 그에 걸맞게 가격이 책정되어야 한다. 특히 상권이 형성되지도 않았는데 시세가 비슷하다면 고가 분양임에 틀림없다. 분양가가 높으면 임대료를 높게 책정해야 하고, 이는 다시금 공실의 위험과 임차인 관리의 어려움을 초래한다. 망가진 상가 대부분이 높은 분양가에서 출발했다는 점을 명심해야 한다.

진화하는 복합상가

이야기를 하고 보니 복합상가는 좋은 점이 별로 없는 것 같다. 하지만 최근에는 저층부의 상가를 별개의 동으로 분리하여 건축하는 추세여서 달리 볼 수 있다. 물론 세대 수가 많아야 한다는 건 기본이다. 저층부를 일반 아파트와 같이 상가가 아닌 필로티 구조로 하고, 상가 동은 따로 기획하는 경우다. 그리고 지상은 차가 없는 공원이나 녹지로 구성한다. 상업지역이라서 주상복합만 허용되지만, 일반 아파트의 장점과 주상복합이나 오피스텔의 장점을 결합해서 짓기 때문에 경쟁력이 있다. 법적으로는 주상복합이나 오피스텔이지만 실제적으로는 하이브리드 아파트인 셈이다. 인천 송도에 가면 이렇게 지은 단지들이 많다. 대부분의 동棟이 아파트나 오피스텔이고, 상가를 저층의 건물에 하나로 몰아 지어 단지내상가 비슷하게 활용한다.

복합상가가 분리되어 있으면 복합이라는 명칭을 붙이기에는 적절하지 않지만 더 좋은 방향으로의 전환이니 축하할 만하다. 그렇다고 해서 주거시설 아래에 상업시설이 있는 것이 나쁘기만 한 것도 아니다. 거동이 불편한 노인들 입장에서는 집 바로 밑에 상가가 있다면 훨씬 더 편리할 것이고, 고령화 시대이니만큼 갈수록 필요성이 더해질 것이다.

이런 측면에서 최근 서울시의회에서 제시한 아이디어는 고려해볼 만하다. 서울시의 노후학교를 증축 또는 재건축할 때 그 비용을 충당하기 위해 학교 위에 아파트를 짓겠다는 아이디어다. 서울 시내 학교 건축물 중 30년 이상 된 노후 건물이 42%에 이른다고 한다. 이는 해를 거듭할수록 재정적자를 심화시키는 주 요인이 될 수밖에 없다. 학교와 아파트를 겸한 '주학복합형 아파트' 또한 고령화 시대의 대안이 될 수 있다.

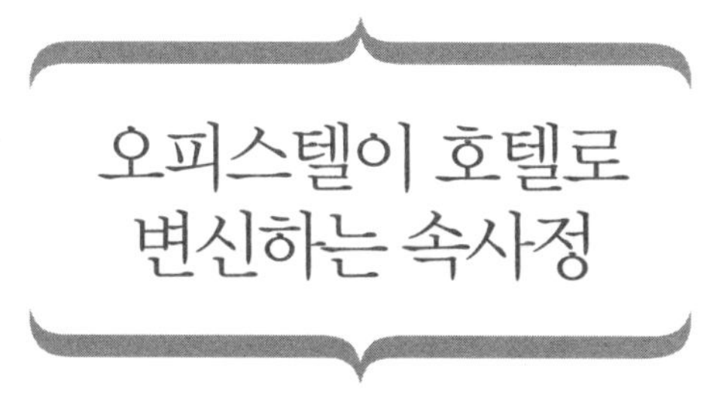

오피스텔이 호텔로 변신하는 속사정

11

오피스텔 공급이 급격히 증가하고 있다. 고령화와 이른 은퇴로 불안해하는 베이비부머들이 손에 손을 잡고 오피스텔 분양시장을 기웃거린다. '물 들어올 때 노 젓는다' 고 오피스텔사업자들은 이 틈을 타 신규 상품들을 쏟아내고 있다. 2002년(11만 7,378세대) 이후 가장 많은 6만 세대 이상의 분양물량이 2015년 한 해 동안 공급됐다.

더 큰 문제는 지역 집중 현상이다. 오피스텔 분양은 뚜렷한 지역 쏠림 현상을 보인다. 서울을 예로 들면 2014년 단 세 군데 구(강서구, 마포구, 용산구)에서 분양된 물량이 1만 세대를 훌쩍 넘어섰으며, 이는 전체 분양물량(1만 7,234세대)의 67.3%에 이른다. 2015년에도 이런 지역 집중 현상은 계속됐다. 네 군데 구(강서구, 은평구, 마포구, 송파구)에서 분양된 오피스텔이 8,800세대였고, 이는 전체 분양물량의 62.5%였

서울 지역별 오피스텔 분양 현황

(단위: 호)

구분	2014년					2015년					
	전체	분양물량 상위 지역				전체	분양물량 상위 지역				
		강서구	마포구	용산구	소계		강서구	은평구	마포구	송파구	소계
세대	17,234	9,350	1,014	1,237	11,601	14,069	1,302	1,404	2,733	3,355	8,794

* 부동산114

다. 참고로 서울에는 25개 구가 있다. 2014년에는 단 한 군데인 강서구에서 분양한 물량이 서울 전체 분양물량의 54.3%를 차지했다. 극단적인 지역 집중 현상이다.

곡소리 나는 오피스텔 입주 현장

서울 역세권에서 지방광역시까지 진출한 오피스텔이 이제는 전국으로 확산되고 있다. 역세권이냐 아니냐를 구분하지 않는다. 소형 아파트가 대세인 현재, 한 해 6만 세대에 이르는 오피스텔 공급물량은 부동산시장에 큰 부담으로 작용할 수밖에 없다. 대부분의 오피스텔이 초소형 투자 상품이어서 대체 수요보다는 신규 수요를 확보해야 한다. 투자자들로서는 상황이 여의치 않으면 입주하겠다는 생각으로 투자하는 것이 아니라 처음부터 입주할 생각이 없기 때문이다. 오피스텔을 몇 채씩 구입했는데 어디로 입주한단 말인가. 급기야 분양대행사들이 길거리로까지 쏟아져 나와 투자자들을 유혹한다. 오피스텔이 한정된 지역에 집중되어 있다 보니 입주 시점이 되면 곡소리가 날 것이 분명하다. 마이너스 프리미엄에다 임차인 유치 전쟁이 벌어질 것이다. 어떻게든 대책이 필요한 상황이다.

가장 먼저 구원의 손길을 보낸 곳은 뜻밖에도 관광업계였다. 오피스텔의 분양물량이 급격히 증가한 시점이 2011년인데 당시 가장 호황을 누리던 업종 중 하나가 관광산업이었다. 중국 관광객의 급증과 동일본 대지진 이후 일본 관광산업 침체의 영향으로 2012년 최초로 외래 관광객 1,000만 명을 돌파(1,114만 명)했다. 이후로도 연간 10%를 넘는 빠른 성장세를 보였다. 이에 따라 국내 숙박시설 수요가 계속 증가 추세를 보였다. 하지만 늘어나는 외래 관광객을 수용하기에는 숙박시설이 한참 부족했다. 한 연구에 따르면, 아시아의 주요 경쟁국과 비교한 인구 100명당 호텔 객실 수가 중국(0.1) 다음으로 낮은 0.2에 불과했다.[24] 당시 서울에 온 중국인 관광객을 인천의 모텔에 숙박시키는 촌극이 벌어지기도 했다.

상황이 이렇다 보니 오피스텔을 서비스드 레지던스로 편법 운영하는 일이 생겨났다. 건축법상 업무시설 혹은 주거시설로 인허가를 받았음에도 숙박시설로 영업을 해온 점 등이 사회적 문제로 대두하기도 했다. 이런 불법 숙박시설들에서는 영어를 사용하는 데에도 어려움이 따르고, 서비스 품질에도 문제가 많다. 그 때문에 외래 관광객들의 만족도가 현저히 떨어질 뿐만 아니라 관광 · 숙박시설에 대한 국민의 인식을 악화시킬 수 있다.

이런 문제를 해결하고자 2012년 4월 숙박시설 공급 확대 정책의

부산 해운대구의 오피스텔형 콘도

하나로 '생활형 숙박업'이 신설돼 공중위생관리법의 적용을 받게 됐다. 이미 공급과잉의 적신호가 켜진 오피스텔은 기존과 신규를 막론하고 생활형 숙박업으로 용도변경을 함으로써 합법적으로 영업할 수 있는 길이 열린 것이다. 대도시 내 용도 제한으로 불가피하게 오피스텔로 개발해야 하는 경우에도 생활형 숙박업으로의 용도 변경이 사업의 수익성이나 분양성 제고를 위한 해결책이 될 것으로 기대됐다.

하지만 오피스텔을 호텔로 전환하는 것 또한 만만치 않다. 우리가 이야기하는 호텔은 법률적으로는 건축법과 공중위생관리법상 생활

주요 경쟁국과의 외래 관광객 및 호텔 객실 수 비교

(단위: 천 명, 개)

구분	한국	일본	태국	중국	대만	홍콩	싱가포르
외래 관광객 수	12,176	10,364	26,547	55,686	8,016	25,661	11,898
인구 100명당 호텔 객실 수	0.2	1.1	0.6	0.1	0.6	1.1	1.0

* WEF(World Economic Forum), The Travel & Tourism Competitiveness Report 2015

형 숙박시설에 해당한다. 결론적으로는 숙박시설이다. 이를 충족시키기 위해서는 몇 가지 기준에 적합해야 한다. 서울시 도시계획조례를 기준으로 상업지역이라도 주거지역의 경계로부터 50미터 이내면 불허 대상이고, 50~200미터면 심의를 통과해야 한다. 학교보건법상 학교 환경위생정화구역에 속하는 경우 학교 출입문으로부터 50미터 이내는 원천적으로 불허 대상이고, 50~200미터면 학교 환경위생정화위원회의 심의를 통과해야 한다.[25] 건축법상 주로 소방 분야와 관련하여 피난계단 등의 요구 수준이 오피스텔보다 높을 수가 있다. 이때도 현재의 오피스텔 건물이 기준을 충족시킬 수 있는지 살펴야 한다.

이러한 조건들을 모두 갖추고도 숙박시설로 전환된 사례들이 희귀한 것을 보면, 현실적으로 전환 자체가 상당히 힘들다는 말이다. 필자가 있는 부산의 예를 보더라도 이러한 조건을 모두 충족해서 생활형 숙박시설로 전환한 오피스텔이 단 1개에 불과하다. 해운대에서 분양한 P오피스텔이 C호텔로 전환하여 최근 부산본부세관과 MOU를 체결하는 등 활발히 영업하고 있다.

호텔로 바꾸기만 하면 해결될까?

오피스텔이 생활형 숙박시설(호텔)로 용도전환했다고 해서 모든 것이 해결되는 건 아니다. 이제부터 본격적인 영업이 시작되어야 한다. 용도전환한 호텔 대부분이 서울 시내에 있지 않다는 게 가장 큰 취약점이다. 외래 관광객의 주요 방문지가 서울(80.4%)이며, 주요 활동이 쇼핑(74%)[26]인 만큼 호텔의 입지가 중요하다. 서울에서 숙박시설에 대한 수요가 높은 곳은 중구, 종로구, 용산구 일대로 모두 도심이다. 하지만 이곳에서 신규 호텔 부지를 확보한다는 것은 불가능하며, 특히 학교 환경위생정화구역에 대한 제한이 커다란 제약이 될 수 있다. 교육청에서 주관하는 학교정화위원회 심의를 통과하기란 하늘의 별 따기다. 서울에는 외래 관광객을 위한 숙박시설이 부족하기 때문에 인천 · 경기 지역에서 관광객을 수용하고 있는데, 주요 방문지인 서울 도심과 거리가 멀어 만족도가 떨어질 수밖에 없다. 안정적인 영업이 쉽지 않다는 얘기다.

지방은 처음부터 생활형 숙박시설로 인허가를 받아 분양이나 영업을 시작한 곳도 꽤 있다. 규제가 많지 않고 수익률 측면에서 오피스텔보다 경쟁력이 있다고 판단되기 때문이다. 하지만 서울 외곽에 있는 숙박시설은 이동 거리가 멀고 품질이 떨어져 불만이 높아질 수 있고, 제주와 부산을 제외한 지방은 호텔 객실 이용률이 현저히 낮아 외래 관광객이 증가하더라도 경제적 이득을 누리지 못하는 경우가 많다. 철저한 사업성 분석과 신중한 판단이 필요하다.

또한, 현재 늘어나는 외래 관광객이 호텔의 수요층인지도 고민해 봐야 한다. 사실 서울에서도 특1~1급 등 중고가 호텔의 이용률은 높지만, 2~3급 호텔의 이용률은 상대적으로 저조하다. 이는 저가 숙박시설을 원하는 관광객이 많아 주로 게스트하우스 등 대체 숙박시설을 이용하기 때문인 것으로 분석된다. 저가 숙박시설을 원하는 수요를 흡수하기 위해 각 지자체도 적극적으로 나서고 있다. 일례로, 거주 중인 주택의 빈방을 외국인 관광객들에게 제공하는 '외국인 관광 도시 민박업'을 활성화하기 위해 창업설명회를 개최하기도 했다. 전 세계 숙박공유 중개업체인 '에어비엔비AIRBNB' 도 2013년 1월 우리나라에 공식 진출했다. 이후 2015년에는 5,600명의 집주인이 1만 1,000여 곳의 숙소를 외래 관광객에게 제공했다. 이렇게 눈에 보이지 않는 경쟁자들이 한국 문화를 체험하려는 외래 관광객들에게 맞춤형 서비스를 제공하고 있기에, 이들과의 경쟁도 심각한 고려사항이다.

과잉 공급된 오피스텔을 생활형 숙박시설로 용도변경하는 것이 완전한 해결 방안은 될 수 없다. 오피스텔은 오피스텔이 가진 상품의 특성으로 승부해야 한다. 자체 용도에 맞는 방향으로 경쟁력을 갖추는 것이 최선의 대안이 될 것이다. 필자는 초소형 오피스텔은 별로 좋아하지 않는다. 부동산시장의 대안을 찾기 위해 일본을 자주 방문하는데, 거기서도 초소형 원룸은 공실률도 높고 인기가 별로 없다. 단독가구[27]라 하더라도 오히려 방 하나짜리 소형 아파트를 선호한다. 따라서 아파텔apartel과 같이 규모가 있고 아파트와 유사한 오피스텔이 경쟁력이 있지 않을까 조심스럽게 예측한다. 아파텔은 전세난에 투자하는 상품이기 때문에 임차인을 확보하기가 크게 어렵지 않을 것으로 보인다.

수익률 높이려면 관리를 전문가에게 맡겨라

이미 분양했고, 심지어 입주까지 마무리한 오피스텔은 어떻게 할 것인가. 대안은 오피스텔의 임대관리를 주택임대관리회사에 맡기는 것이라는 게 필자의 주장이다. 필자가 만약 생활형 숙박시설에 투자한다면 가장 우선하여 고려할 사항은 이를 짓는 건설회사도 아니고 시행사는 더더욱 아니다. 입주 후 관리하는 회사가 누구인지를 가장 중시할 것이다. 수익형 부동산은 입주 후 어떻게 관리하느냐에 따라 수익률이 달라진다. 아무리 좋은 입지에 있더라도, 아무리 멋진 외관을 보유하더라도 이것이 수익률에 미치는 영향은 극히 미미하다. 궁극적으로 공실을 줄여야 하고 좋은 임차인을 확보해야 한다. 이렇게 할 수 있는 주체가 바로 주택임대관리회사다.

필자가 자문을 제공하는 부산의 S임대관리라는 회사는 우리나라에서 처음으로 자기관리형 주택임대관리업을 등록한 회사다. 이 회사가 최근에 수주한 원도심의 한 원룸은 수주 당시 공실률이 무려 90%였다. 이를 1개월 만에 입주율 90%로 바꿔놓았다. 아주 극적인 변화라고 볼 수 있다. 이처럼 수익형 부동산은 누가 관리하느냐에 따라 엄청나게 달라진다. 지금이라도 빨리 우량한 주택임대관리회사를 사업 파트너로 삼기를 바란다. 입주 후 고민하지 말고 입주 전부터 사업을 함께 기획하고 추진해나가자. 처음부터 함께한다면 대상 주택에 대한 이해도가 높아져 더 질 높은 관리를 할 수 있을 것이다. 오피스텔에 대해서는 누가 관리할 것인지가 투자 판단의 최우선 순위가 되어야 한다.

오피스텔 매입, 부지런할 필요 없다

12

2015년 말 미국이 기준금리를 인상했지만 우리나라는 여전히 초저금리 상황이 지속되고 있다. 브렉시트Brexit(영국의 EU 탈퇴) 등 세계 경제 여건이 불안하여 2016년에는 금리 인상이 최소한에 그칠 것이라는 전망이 많다. 초저금리 시대를 살아가는 지금의 은퇴(예정) 계층은 지금까지 한 번도 경험하지 못한 불안에 휩싸여 있다.

요즘 은행에 가서 예금하러 왔다고 하면 은행 직원들이 별로 좋아하지 않는다. 예전에는 거액의 돈을 들고 가면 지점장이 버선발로 뛰어 나오고 커피도 내오는 등 참 친절했는데, 이제는 시큰둥하다. 10억 원을 은행 정기예금에 넣어둔다고 가정해보자. 매월 이자로 얼마를 받을 수 있을까? 은행에 따라 다르겠지만 100만 원대에 그칠 것이다. 그러니 10억 원을 현찰로 가지고 있다 하더라도 이를 투자하여 수익을 내지 않는다면 노후에 기본적 생활이 불가능할 수 있다. 우스갯소리로 들릴지 모르지만, 10억 자산가도 폐지 줍는 신세로 전락할 수 있다. 엄청난 금리 스트레스다. 고만고만한 금융 상품들을 비교해보다 포기하고, 조금 위험이 따르더라도 수익률이 높다고 하는 금융 상품이나 수익형 부동산을 찾게 된다. 그중 그나마 저렴하게 투자할 수 있는 오피스텔이 주목받는 것은 어쩌면 당연한 현상이다. 필자 주변의 지인들도 오피스텔을 몇 채씩 보유하고 있다.

오피스텔은 입주 시점에 분양받아라

실질적으로 선분양제도가 유지되어온 우리나라에서 오피스텔에 투자할 때, 언제가 적기인가 하는 문제는 심각하게 고려해야 하는 투자의 중요한 요소다. 결론부터 말하자면 오피스텔 분양은 입주 때 받는 것이 가장 좋다. 오피스텔사업자나 분양대행사 입장에서는 입주 때까지 분양이 제대로 되지 않으면 심각한 문제가 발생하겠지만, 수분양자 입장에서는 굳이 사업 초기에 오피스텔을 분양받을 필요가 없다.

더욱이 오피스텔은 분양대금을 보호해주는 장치도 없다. 아파트는 선분양 시 주택법상 분양보증이 의무화되어 있어 계약자의 분양대금이 안전하게 보호된다. 하지만 오피스텔은 분양보증 없이 '건축물의 분양에 관한 법률' 에 따라 신탁회사와의 신탁계약을 통해 사업을 진행하는 것이 보통이다. 따라서 건설사가 부도 나면 어떻게 해볼 도리가 없다. 2014년 8월 이후 오피스텔도 주택도시보증공사로부터 분양보증을 받을 수는 있게 됐다. 하지만 제도 시행 이후 2014년 12월이 되어서야 석촌동 오피스텔에 분양보증 1호가 발급됐다. 대부분의 오피스텔이 여전히 분양보증 없이 분양계약자를 모집하고 있다는 말이다.[28]

초기에 오피스텔을 분양받는 것은 이처럼 수분양자의 재산권 보호 측면에서 문제가 있다. 그런데 더 큰 문제는 입주 때까지 기다린다고 해도 자산 가치가 크게 달라지지 않는다는 것이다. 아파트는 정상적인 상황이라면 입주 때 프리미엄이 형성되는 경우가 대부분이고, 입주 시점에는 좋은 물건을 찾기가 쉽지 않다. 회사 보유분이라는 명목으로 매물이 나오기도 하지만, 층과 향이 그리 좋지 않다. 이에 반해 오피스텔은 입주 시점에 프리미엄이 형성되는 경우가 드물고, 오히려 매물이 많이 나오는 편이다. 이런 이유로 대부분의 오피스텔이 입주 시 분양가 이하에 거래되는 경우가 많다. 사정이 이러하니 굳이 분양 초기에 계약할 필요가 있겠는가.

아파트와 오피스텔은 시간이 지나면서 나타나는 계약률의 변화 양상도 다르다. 아파트는 초기 계약률이 낮았다고 하더라도 경기 상황이나 교통 여건과 같이 외부의 변수들이 우호적으로 변하면 계약률이 다시 높아지기도 한다. 실제로 청약률이나 초기 계약률이 낮았던 김포한강신도시는 최근 분양시장의 호황에 따라 미분양이 급격히 해소됐다. 특정 단지는 높진 않더라도 프리미엄까지 형성됐다.

전국 미분양 현황

(단위: 세대, %)

구분	2015년 5월	2016년 5월	전월 대비	
			증감	증감률
미분양 주택	28,142	55,456	27,314	97.1
준공 후 미분양 주택	12,502	10,837	−1,665	−13.3

* 국토교통부

이와 같이 아파트는 주변 여건에 따라 계약률이 단기간 또는 꾸준히 올라가는 경우가 많다. 아파트 모델하우스 현장에 가면 분양이 끝나고 난 후에도 미분양 물건이 있는지를 확인하러 오는 사람이 더러 있다. 그래서 아파트는 입주기간이 다가올수록 미분양이 꾸준히 해소되는 경우가 많다.

오피스텔로 돌아오면 이야기가 달라진다. 수익형 부동산은 아파트와 비교하면 초기 분양률이 높지 않을뿐더러 시간이 지나도 미분양이 해소되기가 쉽지 않다. 입주 때가 되면 미분양이 거의 없어지는 아파트와 달리 입주 때까지 미분양이 다수 남아 있으며, 심지어 기존 분양분마저 대거 쏟아지기도 한다. 입주 때까지 남아 있는 미분양을 '준공 후 미분양'이라고 하는데 아파트의 경우 이를 '악성 미분양'이라고 부른다. 그만큼 입주하는 아파트에서 미분양을 찾기가 쉽지 않고, 만약 있다면 매우 부정적인 영향을 미치기 때문에 상당히 강한 단어를 사용하는 것이다.

2016년 5월 말 현재 전국의 미분양 아파트는 5만 5,456세대다. 1년 전인 2015년 5월 2만 8,142세대에 비하면 무려 2배 가까이 증가한 수치다. 언론과 방송에서는 이를 부동산 경기 침체의 신호탄이나 되는 듯 앞다투어 기사화했지만, 사실 통계는 그 추이를 살펴보는 것이 가장 중요하지 한두 달의 특이사항은 큰 의미가 없다. 오히려 같은 기간에 준공 후 미분양이 1,665세대나 줄어들었다는 점을 봐야 한다. 이는 아파트에서는 입주 후까지 남아 있는 미분양물량을 찾기가 쉽지 않다는 말이다.

오피스텔 초기 분양률이 높지 않은 이유

대구시에서 분양한 6건의 오피스텔 사례를 분석한 한 연구[29]에서는 분양 후 1개월 정도의 기간에 대부분 분양계약이 이루어지며, 6개월 이후에는 거의 계약이 이루어지지 않음을 보여주었다. 이를 시기적으로 자세히 살펴보면 분양 개시 후 청약 전환에 따른 붐이 조성되어 1개월까지 계약률이 급상승하다가 5개월까지는 그런대로 상승곡선을 그렸다. 하지만 그 이후로는 거의 변화가 나타나지 않았다. 단 하나의 사례에서 분양 개시 6개월 이후 분양률 곡선이 급상승하는 기이한 현상을 보였으나, 이는 특별한 경우다. 특히 초기 계약률이 낮았던 곳에서는 이후 계약률이 더욱 정체되는 현상을 보였다. 필자도 예전에 분양대행사업을 한 적이 있는데 오피스텔사업자들이 분양대행사와 계약할 때 6개월을 기준으로 분양계약률에 따른 성과급을 지급한다. 6개월 이후에는 통상적으로 분양이 거의 안 되기 때문에 이 시기에 분양을 독려하기 위해 성과급을 많이 지급하는 것이다.

오피스텔의 초기 분양률이 이렇듯 높지 않은 이유는 수익형 부동산 상품이 가지는 특성 때문이다. 수익형 부동산은 시세차익을 바라고 투자하는 상품이 아니다. 운영수익, 즉 입주 후 관리에 의해 수익률이 좌우되는 상품이다. 시세차익을 노리는 투자자라면 일반인보다 먼저 분양을 받고 입주 전에 처분해서 프리미엄을 챙겨야 하지만, 운영수익을 바라는 투자자라면 시세차익이 많지 않은 상품을 굳이 초기에 분양받을 필요가 없다. 오히려 입주 때가 되면 오피스텔의 민낯을 정확히 볼 수 있으므로 그 후에 계약 여부를 고민하는 것이 적절하다.

계속 이야기하지만 필자는 초소형 오피스텔을 좋은 상품이라고 생각하지 않는다. 하지만 끝까지 이를 구입하고자 한다면, 매입하는 시기만이라도 늦추라고 조언하고 싶다. 선분양은 입주 후의 상황을 정확히 그리기가 쉽지 않은 계약 방식이다. 이 때문에 오판이나 잘못된 투자를 하기 쉽다. 진짜 입주가 이루어지고 난 다음에 주변 상황이나 사업자가 이야기한 개발계획들이 제대로 구현되는지를 보고 투자해도 절대 늦지 않다. 가끔 모델하우스에서 완판됐다고 이야기하는 오피스텔이 있다. 그러면 주변의 개업공인중개사 사무실을 방문해보라. 프리미엄이 전혀 붙지 않고 분양가 그대로 매물로 나와 있는 물량이 즐비할 것이다.

필자는 가장 무서운 마케팅 방법이 '결핍'을 조장하는 것이라 생각한다. '딱 하나 남았다'든지 '좋은 물건은 다 나갔다'라고 하는 마케팅 방법 말이다. 수만 년, 수천 년 동안 우리의 조상이 결핍 속에 살았기 때문에 파충류의 뇌를 가진 현재의 우리도 이러한 마케팅 방법에서 벗어나기가 쉽지 않다. 현대 사회에서는 상품이 없어 못 사는 경우는 거의 없다. 만약 상품이 희소한 경우라면 회사의 마케팅 전략이 '디마케팅demarketing'[30]을 활용한 것은 아닌지 의심할 필요가 있다. 따라서 너무 덤비지 말고 차분히 투자하시라. 투자에 인내심이 필요한 건 주식만이 아니다.

갈수록 먹고살기가 팍팍해진다. 이렇게 힘든 시기를 살고 있는 서민들에게 가장 큰 어려움은 어쩌면 미래가 불확실하다는 사실일 것이다. 지금은 힘들지만 조금만 참으면 좋은 세상이 오리라는 기대감이 있다면 아무리 큰 어려움도 극복할 수 있을 것이다. 그러나 그 반대라면 현재의 어려움이 크지 않아도 그 무게를 버티기 힘들 것이다. 지금의 생활 형편은 미래의 희망에 좌우되는 상대적인 가치이기 때문이다.

수익형 부동산을 운영하는 일도 마찬가지다. 계속해서 임대수익을 확보하기를 바라지만, 쉬운 일이 아니다. 지역의 경제 상황이 악화되거나 주변에 새로운 오피스텔이 입주하면 세입자들이 썰물 빠지듯 빠져나갈 수 있기 때문이다. 원하는 수준의 임대수익이 단기간

가능할 수는 있지만, 이를 장기간 확보하기는 쉽지 않다. 이러한 틈을 파고든 오피스텔사업자의 전략이 '임대수익 보장제' 다.

사업자가 왜 수익률을 보장할까

'영원한 것은 없다Nothing Lasts Forever.' 베스트셀러 작가 시드니 셸던Sidney Sheldon의 소설 제목이기도 한 이 말은 투자의 세계에서도 정확히 적용된다. 영원한 상품도 없고 영원한 수익률도 없다. 필자보다 조금 어린(?) 친구들의 시대적 상황을 그린 드라마 〈응답하라 1988〉을 보면 은행금리를 언급하는 대목이 나온다. 극중에서 한일은행의 적금 최고 이자율이 17%라고 나오는데, 당시에는 현재와 비교도 되지 않을 만큼 은행금리가 높았음을 알 수 있다. 다 지나간 일이며 다시는 돌아오지 않을 꿈같은 세월이다. 참고로 당시 한일은행은 한국상업은행과 합병하여 한빛은행으로 재탄생한 후, 2001년 평화은행을 흡수하면서 상호를 현재의 우리은행으로 변경했다.

영원한 수익률이란 존재할 수 없다는 걸 알기에 오피스텔을 분양받고자 하는 사람들 역시 망설이기 마련이다. 이를 간파한 사업자들이 내거는 전략이 바로 임대수익 보장제다. 임대수익 보장제란 입주 초기 특정 기간(1~2년간) 동안 시행사의 책임하에 주변 임대시세 또는 그 이상의 수익률을 지급하는 것을 말한다. 이를 확실히 하기 위해 임대수익 보장 확약서를 발행해주기도 한다. 2015년 초에 분양한 천

한 상가 분양에서 '임대보장제'를 내걸고 있다.

안의 한 오피스텔은 연 수익률 17%로 2년간 임대수익을 보장하여 주변을 깜짝 놀라게 하기도 했다. 17%라면 1988년 당시 특판된 은행의 정기예금 이자 수준이다. 오피스텔 투자자 입장에서는 안정적인 수익을 보장받으니 임차인 모집에 신경을 쓰지 않아도 된다는 생각에 마음이 놓일 것이다. 하지만 여기에 함정이 있다!

임대수익 보장제를 적용하는 오피스텔 대부분은 좋은 상품이 아니다. 분양이 안 되어 자금 압박에 시달리는 오피스텔사업자들이 자구책으로 마련한 마케팅 전략이 임대수익 보장제다. 상품성이 떨어지는 오피스텔을 마케팅 측면에서 보강하여 분양률을 높이려는 전략이다. 한마디로 신뢰 마케팅, 안심 마케팅이다. 이러한 마케팅 기법이 먹혀드는 이유는 현대 사회가 너무 불안하고 변화가 급격하기 때문이다.

만약 당신이 오피스텔사업자이고 상품성과 경기 상황을 고려할 때 분양이 잘 되지 않으리라 예상한다면 어떻게 하겠는가. 무조건 임대수익 보장제를 적용하겠는가? 절대 그렇지 않을 것이다. 그 전에 보장하는 수익만큼 분양가를 미리 올려놓을 게 분명하다. 오죽하면 장사꾼의 "밑지고 파는 겁니다"라는 말이 3대 거짓말로 회자되겠는가. '합리적인 분양가'와 '임대수익 보장제'는 함께 갈 수 없는 운명이다. 그럼에도 임대수익을 보장하는 오피스텔은 대부분 합리적인 분양가를 함께 강조한다. 분양가의 일정 금액으로 임대수익을 보장하는 게 아니라는 것을 주장하기 위함이다. 윗돌을 빼서 아랫돌을 맞추면, 그냥 똑같아진다. 원래 분양가를 낮춰서 고객을 확보하는 정공법을 써야 하지만, 여의치 않기 때문에 이런 전략을 사용하는 것이다.

임대수익 보장제는 사기다

임대수익을 보장하는 주체도 문제다. 대부분이 시행사인데, 시행사가 오피스텔사업의 주체인 것은 맞지만 원래 그리 안정적인 조직이 아니다. 오피스텔사업을 위해 갑자기 만들어졌고, 자본도 거의 없고, 사업을 계속할 생각도 별로 없다. 이 사업이 끝나면 다른 법인을 만들어서 다른 사업을 시작하는 곳이 대부분으로, 연속성을 가지면서 신뢰를 이어가는 시행사를 찾기는 쉽지 않다. 본인들도 가진 것이 없어 분양이 안 되면 자금 압박으로 쩔쩔매는데 무슨 수로 남까지 챙기겠는가. 시공사나 금융기관 또는 신탁회사가 임대수익을 보장한다면 그나마 조금은 더 신뢰할 수 있을 것이다.

이런 점을 모두 고려한다고 해도 임대수익을 보장하는 기간은 길어야 2년이다. 따라서 그 이후에는 어떻게 할지 고민해야 한다. 사업자들은 임대 수요가 충분하다고 걱정하지 말라고 말할 것이다. 하지만 수익형 부동산 투자에서 임차인 유치가 핵심 고려사항인 만큼 투자 기획 단계에서 확실히 검토하는 것이 좋다. 1~2년의 임대수익 보장기간에 임차인 유치 등의 업무를 수행해보지 못한 임대인은 이후 이런 일을 하기가 더 힘들다. 그러니 입주 초에 임차인 유치나 월세 협상 등을 경험해두어야 한다. 이런 경험은 추후 공실을 예측하거나 우량 임차인을 유치하는 데 도움이 된다.

2010년경에는 프리미엄을 보장하는 아파트가 유행이었다. 당시 수도권 외곽에서 분양 중인 아파트 미계약분에 대해 프리미엄 보장제를 시행한 사례가 있다. 공공기관인 SH공사도 은평 뉴타운의 미분양 아파트를 20%나 할인해서 분양하던 때이니 민간 건설사, 그것도 수도권 외곽에서 분양하는 아파트는 오죽했겠는가. 프리미엄이 붙었는지 어떤지를 판단하기가 쉽지 않아 분쟁이 잦았지만, 오죽했으면 프리미엄 보장제를 내걸었겠나 싶다.

지금 오피스텔에 널리 퍼져 있는 임대수익 보장세가 바로 그것이다. 당시 분양가 원금 보장제를 실시한 건설사가 소송에 휘말린 적이 있다. 일정 기간이 지나 시세가 입주 전 최초 분양가보다 낮게 형성된 경우 계약자가 원하면 조건 없이 해약을 해준다는 내용이었다. 하지만 입주 후 시세가 낮아지자 건설사는 입주 초기여서 시세가 정확하지 않고 해약 기준이 되는 국민은행 시세가 나오지 않았다면서 계약 해지를 거부했다. 결국 재판부가 수분양자의 손을 들어주는 것으로 문제가 일단락됐다.

임대수익 보장제는 허구일 따름이다. 심하게 이야기하면 사기에 가깝다. 여기에 현혹되어서 오피스텔을 구입하는 투자자가 여전히 많은 걸 보면 안타깝기 그지없다. 노후자금은 유동성 있는 자산으로 보유해야 한다. 그럼에도 팔리지도 않을 오피스텔을 몇 채씩이나 매입하는 사람이 있다. 단지 임대수익 보장제를 이유로 말이다. 이는 자산관리 실패의 대표적인 사례다.

그러면 안정적인 임대수익을 얻기 위해서는 어떻게 하는 것이 바람직할까. 앞서도 말했듯이, 주택임대관리회사를 활용할 것을 필자는 강력히 추천한다.

본인이 직장을 가진 투자자라면 직장생활을 제대로 하면서 임대주택을 관리하기는 쉽지 않다. 전세시장에서는 가능할 수도 있지만 월세시장에서는 직접 관리한다는 생각을 하지 않는 것이 낫다. 월세 임차인과 전세 임차인은 하늘과 땅 차이다. 월세 임차인이 훨씬 더 손이 많이 간다. 임차인들이 집에 오래 있는 시간은 주말이나 공휴 일이다. 간만에 집에 있다 보니 손볼 데도 많고, 보이지 않던 하자도 눈에 들어온다. 그런데 가능한 한 본인이 고치면서 살아가는 전세 임차인과는 다르게 월세 임차인들은 문고리 하나 고치는 것도 싫어해서 주인에게 전화한다. 주말에 이들의 전화를 몇 차례 받고 나면 집주인은 월요일에 출근하기가 싫어질 정도로 짜증이 난다. 그러니 이런 일을 전문적으로 수행하는 믿을 만한 주택임대관리회사와 계약을 맺는 것이 효율적이다. 이런 회사와 개별적으로 계약을 맺기는 쉽지 않으니 주택임대관리회사와 계약을 맺은 오피스텔을 매입할 것을 권한다.

주택임대관리업에는 '위탁관리형'과 '자기관리형'이 있다. 자기관리형은 매월 임대인이 받는 월세를 보장해주는 보장형 상품이다. 시행사가 제시하는 모호한 임대수익 보장제가 아니라 법적으로 보장된다. 장기적으로 계약을 한다면 월세 수입의 안정성을 확보함은 물론 임차인과 직접 마주치는 불편함까지 모두 해결할 수 있다. 주택임대관리회사를 어떻게 믿느냐고? 그렇기 때문에 정부에서도 다양한 보증 상품으로 이를 보장해주고 있다. 혹시라도 주택임대관리회사가 야반도주하면 한국주택금융공사에서 임대료를 지급해준다. 무늬만 보장제인 상품을 살 것인지 진짜 보장 상품을 살 것인지는 투자자인 당신의 선택에 달렸다.

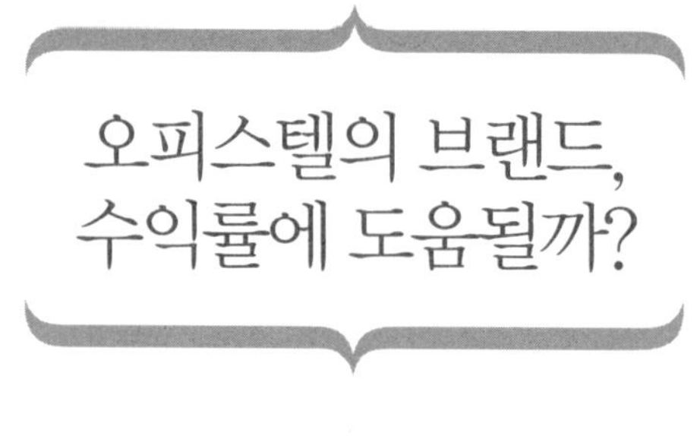

오피스텔의 브랜드, 수익률에 도움될까?

14

브랜드란 판매자가 재화와 서비스를 특징짓고, 이것을 경쟁자와 차별화할 목적으로 만든 이름이다. 따라서 브랜드에는 경쟁자의 존재가 중요하다. 사실 경쟁자가 없다면 브랜드를 만들어서 알릴 필요가 뭐 있겠는가, 나만 열심히 하면 되지. 브랜드의 중요성은 경쟁이 치열해지고 상품이 기능적으로 차이가 없을수록 더 커진다. 비슷비슷한데 무언가 달라야 한다면 이름표를 더 크게 붙이는 것이 가장 좋은 방법일 것이다.

아파트로는 널리 알려진 브랜드일지라도 오피스텔에서는 그리 흔히 보이지 않는다. 과거 강남역에서 분양한 M오피스텔은 G건설사가 처음으로 오피스텔 시공사로 참여했다고 하여 화제가 된 적이 있다. 좋은 아파트 브랜드를 가진 대형 건설사들이 단독으로 소규모

단지의 오피스텔을 시공하는 걸 그만큼 꺼린다는 의미다. 필자가 멀티해비테이션multi-habitation을 하고 있는 부산 해운대구에는 오피스텔만으로 대단지를 이룬 주상복합이 있는데, 여기에 유명 아파트의 브랜드가 붙어 있다. 예외적인 경우다.

브랜드 오피스텔의 등장

오피스텔이 과잉 공급되면서 브랜드 오피스텔이 하나둘씩 분양 대열에 나서고 있다. 경쟁이 치열해지니 큰 이름표를 붙이는 것이다. 브랜드 오피스텔이 가진 가장 큰 장점은 '안정성' 이다. 대형 건설사들은 수주 조건이 까다롭기 때문에 좋은 입지가 아니면 시공에 참여하지 않는다. 입지가 좋으니 분양에 큰 어려움이 없을 것이고 ,공사가 지연되거나 중단될 가능성도 거의 없다. 오피스텔은 가끔 시공사에 문제가 생겨 공사가 중단되는 경우가 있는데, 대형 건설사는 중견 건설사에 비해 재무상태가 좋으니 회사의 부도 가능성도 낮다. 실제로 2015년 초 분양한 광교의 한 브랜드 오피스텔은 평균 422.3:1이라는 경이적인 청약경쟁률을 기록했다. 이는 2012년 8월 세종특별자치시에서 분양한 비非브랜드 오피스텔의 75.9:1이라는 기록을 5배 이상 넘긴 수치다.

브랜드 오피스텔은 분명 가치가 있다. 모든 브랜드 상품이 비브랜드 상품에 비해 좋은 평가와 높은 가격을 인정받듯이 브랜드 오피스텔 또한 마찬가지다. 그런데 여기서 간과하지 말아야 할 점이 있다. 오피스텔에 내재된 브랜드 가치는 시세차익 같은 수익을 발생시키는 측면에서는 의미가 있지만, 수익형 부동산의 운영수익에는 큰 영향을 미치지 못한다는 것이다. 당신이 오피스텔을 구하는 임차인이라고 가정하면, 조건이 비슷한 오피스텔 중 브랜드가 있다고 해서 높은 월세를 내면서 살고 싶겠는가? 브랜드 오피스텔은 분양가가 높을 수밖에 없다. 대형 건설사들이 중견 건설사들에 비해 시공비가 많이 들기 때문이다. 입지도 좋으니 토지비도 높았을 것이고, 따라서 모든 원가가 비싸게 먹힌다. 분양가가 높으면, 수분양자도 월세를 높게 받아야 분양에 투자한 비용을 충당할 수 있다.

오피스텔은 월세로 판단하라

물론 브랜드 오피스텔은 전철역에서 좀더 가깝고 내부의 집기나 비품도 조금은 좋을 것이다. 하지만 그런 점을 고려하더라도, 월세를 5~10만 원 더 받는다는 게 생각만큼 쉽진 않다. 현재 분양된 대부분 오피스텔이 초소형이기 때문이다. 초소형 오피스텔에 입주하는 임차인들은 가격에 민감한 소비자들이다. 가격이 조금만 높아도 선택하지 않을 가능성이 크다. 혹시 브랜드 오피스텔을 선택해서 입주했다 하더라도 월세를 올리는 데는 저항할 것이다. 필자도 고향의 부름(?)을 받아 다시 부산으로 갔을 때 처음에는 초소형 오피스텔에 거주했다. 하지만 얼마 안 가 그곳을 나와 호텔에 거처를 마련했다. 그 이유는 불편하다는 점도 있었지만, 임대인이 월세를 올렸기 때문이다. 대체로 오피스텔에 대해서는 싸야 한다는 편견 같은 것이 있다. 실평수 10평은 10만 원 올리기가 쉬울 수 있어도, 5평은 5만 원 올리기도 쉽지 않다. 이런 상황이라면 운영수익이 좋을 수가 없다. 임차인을 구하기도 쉽지 않고, 사정에 따라 월세를 올리기도 만만치 않다. 즉, 브랜드 오피스텔은 수익률이 제대로 나오지 않을뿐더러 항상 공실에 대한 걱정을 안고 살아야 한다.

부동산114에 따르면 2016년 들어서도 오피스텔 분양가는 수도권과 각종 호재가 있는 대구 등 지방광역시를 중심으로 상승했다. 하지만 2016년 6월 현재 서울 오피스텔 평균 임대수익률은 5.14%를 기록 중이다. 5%밖에 안 되는 임대수익률의 주범은 분양가 상승이다. 전국 오피스텔 임대수익률을 보더라도 이 점이 확실히 드러난다. 강남과 같이 분양가가 높은 지역의 오피스텔은 수익률이 급격히 떨어지고 있지만, 입지 여건이 좋지 않아 분양가가 낮은 금천구 등에서는 수익률의 하락폭이 크지 않다.

필자가 그나마 긍정적으로 보는 오피스텔은 주상복합아파트와 함께 공급되는 상품이다. 아파트와 오피스텔, 상가가 독립성을 가지면서도 하나의 공통된 커뮤니티 공간으로서의 기능과 역할을 하는 단지형 주거시설이라고 할 수 있다. 이런 곳에서는 오피스텔도 단독 오피스텔과 달리 대단지 안에 만들어지는 공원 산책로와 피트니스 센터 등 아파트 내 생활 인프라를 공유할 수 있다. 서울에서도 마포구나 종로구 같은 도심에서 이런 오피스텔이 공급되는데 편리해서 만족도가 높다. 다만 안타까운 점은 가격이 높다는 것이다. 마포구 합정동에서 분양한 한 오피스텔은 3.3㎡당(전용면적) 분양가가 3,500만 원이었는데, 이는 주변 평균 분양가와 비교할 때 과다하게 높은 금액이었다. 2016년 8월 입주한 이 매물은 분양가 수준 또는 그 이하로 거래되고 있다. 브랜드 오피스텔이 시세차익도 내지 못한다면 투자 가치는 거의 없다고 봐야 한다.

부동산 상품은 브랜드보다는 지역과 위치가 중요하기 때문에 브랜드에 대한 충성도가 높지 않다. 이런 이유로 건설사들조차 자사 브랜드 아파트에 거주하는 고객들에게 사후관리를 거의 하지 않는다. 따라서 부동산 투자에서는 브랜드를 보고 프리미엄을 지불하는 투자 행위는 그리 좋은 선택이 아니다. 부동산 상품은 구매주기가 길고 재구매 가능성이 낮다는 특성이 있다. 여기에 수익형 부동산 상품은 브랜드의 가치가 더더욱 적용되기 힘들다는 특성을 추가로 가진다. 이런 사항을 고려할 때 수익형 부동산에서 브랜드 상품을 선택하는 데에는 신중에 신중을 기해야 한다.

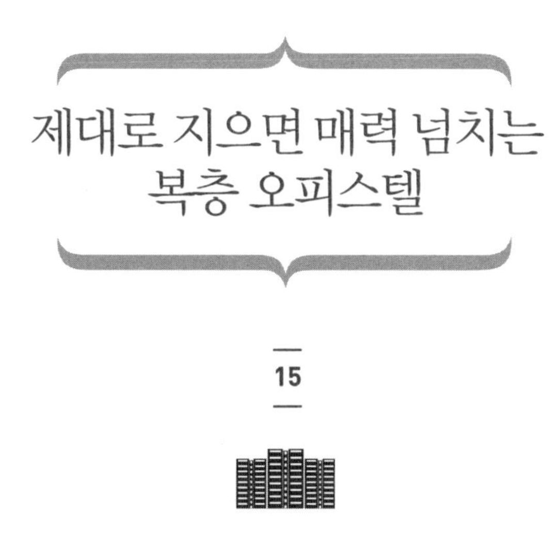

제대로 지으면 매력 넘치는 복층 오피스텔

15

대학에 재직하고 있는 필자는 학생들을 데리고 현장실습을 나가는 경우가 많다. 부동산은 정보의 비대칭성이 큰 상품이라서 현장답사가 중요하기 때문이다.

현장에서는 이를 '임장활동臨場活動'이라고 한다. 요즘 부동산 쪽에서는 자산관리 분야가 새롭게 부각되다 보니 분양 현장보다는 임대관리 현장을 자주 찾는다. 아파트를 분양하는 현장이 크고 화려한 데 비해 초소형 원룸을 임대관리하는 현장은 작고 번잡스럽다. 한편으로는 분양을 통해 수익을 얻는 상품과 임대를 통해 수익을 얻는 상품의 차이를 보는 듯하다.

진짜 복층을 만나다

부산 광안동에 있는 한 복층 원룸을 학생들과 방문한 적이 있는데 층고가 상당히 높아서 깜짝 놀랐다. 복층이라 해도 대부분은 위층에 올라가면 똑바로 서기가 힘들 정도의 높이인데, 이 원룸의 위층은 키가 180센티미터가 넘는 필자가 서도 여유가 있었다. 임대관리하는 회사가 시공관리CM, Construction Management[31]까지 한 건물이어서 자세히 물어보니, 우리가 일반적으로 알고 있는 복층은 불법이라고 한다.

합법적이고 정상적인 복층을 방문하고 나니 필자의 인식이 많이 달라졌다. 복층에 대한 인식뿐만 아니라 정확하게는 공간에 대한 견해다. 그동안 공간에 대한 필자의 인식은 평면적이었다. 고등학교를 졸업하고는 단독주택에서 생활해본 적이 없어서 공간이 넓은지 여유로운지를 판단하는 기준이 단순히 '면적'이었다. 흔히 이야기하는 30평, 40평 하는 식이다. 한마디로 수평적인 공간 개념이었고, 공간 인식에서 또 다른 중요한 요소인 수직공간에 대한 개념은 거의 없었다. 획일화된 아파트 평면에서만 살다 보니 디자인 감각이 없어진 것이다. 하지만 합법적인 복층을 방문하고 나니 수직공간을 새로이 인식하게 됐다.

천장을 높이면 창의성도 올라간다. 2007년 미국 라이스대학교에서 학생 100명을 대상으로 추상적 사고에 대한 실험이 이루어졌다. 참가자들을 둘로 나누어 한 그룹은 천장 높이가 약 3미터인 방에서 시험을 보게 하고, 다른 한 그룹은 우리 아파트 천장 높이와 비슷한

2.4미터인 방에서 시험을 보게 했다. 다른 조건은 모두 같고 천장 높이만 달랐다. 실험 결과 천장이 높은 방에서 시험을 치른 학생들이 더 높은 점수를 기록했다.[32] 높은 천장이 생각을 더 넓게 하도록 작용한 것으로 추정되며, 수직공간의 여유로움이 사고에도 영향을 미치는 것으로 보인다.

사람들은 공간에 의해 생각이나 행동에 제약을 받는다. 그 공간의 개념이 꼭 수평적일 필요는 없다. 평면이 좁더라도 수직공간을 많이 확보하면 넓은 공간에 있는 듯이 아주 편안한 기분이 든다. 어찌 보면 이동의 대상인 수평공간보다는 느낌의 대상인 수직공간이 인간의 감각에 더 큰 영향을 미치는 듯하다. 앞서 잠깐 얘기한 건축가 르코르뷔지에가 이야기한 공간 개념이다. 공간은 무한하며 어떠한 구속 없이 팔방으로 뻗어 나가는 것이다.

다락으로 승인받아 추가로 공사하는 불법 복층

제대로 된 복층은 매력적인 주거공간이 될 수 있다. 하지만 안타깝게도 복층이라고 홍보하는 대부분의 오피스텔이 법적 기준에 맞지 않는 구조로 되어 있다. 개인 주거공간은 함부로 들어갈 수 없다는 점을 악용하여 불법 복층이 판을 치고 있다.

불법 복층은 대부분 다락으로 승인을 받은 후, 복층으로 설계를 변경하는 편법으로 시공된다. 다락은 난방배관을 설치할 수 없음에도 전기, 온돌 등을 설치해 난방이 되는 복층인 것처럼 분양하는 경우가 많다. 실제로 분양 중인 서울 송파구의 한 오피스텔에 대해 송파구청에 확인해보았더니 복층이 아닌 다락으로 승인을 받았음이 드러났다. 그러고서도 광고에는 전 실이 복층설계라는 점을 강조한 것이다. 복층 오피스텔이 수요자에게 인기가 있고 임대료도 더 받을 수 있으니 이런 꼼수를 동원하는 것이다.

더 놀라운 점은 이것이다. 불법 복층 오피스텔은 오피스텔사업자나 건설사가 아니라 소유주가 처벌을 받는다는 것. 따라서 분양을 받거나 매입할 때 이를 제대로 확인해야 한다. 건축법에 위배되는 사항은 적발 시 원상 복구 명령이 내려진다. 이를 어기면 이행강제금(제곱미터당 10만 원 내외)을 물어야 한다. 또 사법당국에 고발되면 3년 이하 징역이나 5,000만 원 이하 벌금을 내야 한다.

합법적인 복층 오피스텔은 복층까지 모두 전용면적으로 등기에 올려야 한다. 이렇게 되면 더 많은 세금을 부담해야 하고 분양가 또한 오를 수밖에 없다. 분양가가 높으면 분양이 잘 되지 않으리라는 것은 충분히 예상할 수 있는 일이다. 또 한 가지, 건물의 용적률이 이미 정해져 있기 때문에 복층으로 등기를 하면 세대 수가 적게 나온다. 이런저런 이유로 오피스텔사업자가 복층을 등기에 포함하는 경우는 거의 없다. 일단 다락방으로 신고하여 준공허가를 받고 나서 슬그머니 복층 공사를 한다.

이런 복층 오피스텔이 성행하는 이유는 공급자도 원하고 수요자도 원하기 때문이다. 공급자인 오피스텔사업자 입장에서는 약간의 투자를 더 하면 분양가를 훨씬 더 높게 받을 수 있고 분양도 더 잘되니 좋아할 수밖에 없다. 수요자 입장에서도 상대적으로 적은 돈으로 더 넓은 집을 사용할 수 있다는 매력이 있다. 원래 시장에서는 이렇게 수요자와 공급자의 이해관계가 일치하면 합법이든 불법이든 그 방향으로 흘러가게 되어 있다.

특히 불법 개조한 부분이 외부에 있는 것이 아니라 내부에 있기 때문에 누군가 민원을 넣지 않는 한 적발될 확률은 거의 없다. 그 누군가는 집을 방문한 사람일 텐데, 사실 요즘 친하지 않은 사람을 집에 들이는 경우는 많지 않다. 친구들한테 어지간히 미움을 받지 않는 한 불법 개조가 적발될 일은 없다. 필자도 20년 가까이 부동산 관련 분야에 종사하고 있지만 불법으로 개조한 것 때문에 복층 오피스텔이 적발됐다는 소리를 들어본 적이 없다. 하지만 이웃과 사이가 안 좋아질 경우 나쁜 마음을 먹고 구청에 신고하는 일은 있다고 한다. 이웃과 사이가 안 좋아지는 이유는 다양하다. 가장 흔한 것이 층간소음일 것이다.

불법 개조가 들키지 않더라도 불편한 점은 꽤 있다. 가장 큰 문제는 여름에 덥고 겨울에 춥다는 것이다. 합법적인 복층은 처음부터 복층을 전제로 설계가 이루어져 외벽부터 천장까지 마감공사가 제대로 되지만, 불법 복층은 준공 이후에 확장과 난방공사를 하게 되므로 마감공사가 어설플 수밖에 없다. 필자가 방문한 복층 오피스텔에서는 방들이 똑바르지 않고 조금씩 기울어져 있는 경우도 있었다. 아마도 준공 이후에 추가공사를 하면서 발생한 하자로 보인다. 불법 복층은 준공 후에 확장한 것이어서 하자 발생 가능성이 크다. 따라서 하자보수증권을 반드시 확인하고 하자 발생 시 대처 방안을 고민해야 한다.

많지는 않지만 인허가 단계에서부터 복층으로 허가받은 합법적인 복층 오피스텔들도 있다. 철강기업으로 유명한 P건설사가 문래역 인근에 분양한 오피스텔이 한 예다. 이 오피스텔은 층고가 3.9미터로 지어진 진짜 복층으로 활용도나 개방감이 뛰어나다. 찾으면 이런 오피스텔도 꽤 있다. 우리나라 사람들은 일본 사람들과는 다르게 공간이 좁으면 답답함을 심하게 느낀다. 아마 자연을 마당으로 끌어들이면서 자연과 동화되기를 원했던 선조들의 DNA를 받아서인 듯하다. 불법적으로 지어진 복층 오피스텔의 위층은 일반적으로 침실로 쓰인다. 그 침실에 한번 누워보시라. 수직공간의 답답함을 온몸으로 느낄 수 있다. 침대를 놓기도 어려워 매트리스만 깔아야 할 정도로 수직공간이 거의 없다. 이런 공간은 사실상 생활을 할 수가 없어 거의 필요가 없는 공간으로 전락한다.

외국의 대도시는 물가가 비싸고 임대료가 엄청나기 때문에 조그만 원룸에서 둘이서 생활하는 경우가 많다. 이럴 때 복층형 임대주택이 인기가 있단다. 층을 달리해서 공간을 분할하고 생활을 나누면, 사생활을 중시하는 외국인들에게는 금상첨화다. 하지만 우리 주변에서 볼 수 있는 불법 복층은 위층에서 생활한다는 것이 거의 불가능하다. 그나마 이를 사선으로 지으면 1.8미터 높이의 다락이 나오지만 오피스텔에서는 이렇게 시공할 수가 없다. 그래서 대부분이

1.5미터가 채 안 된다. 고개도 들 수 없는 곳에서 업무도 보고 잠도 잔다는 것은 거의 고문이라 할 수 있을 것이다. 필자가 방문한 몇 군데 불법 복층 오피스텔에서도 위층을 창고로 사용하는 곳이 많았다. 활용도가 크게 떨어진다는 말이다.

수익형 부동산의 그늘

마을버스 유감

연구년을 일본에서 보내면서 무진장 걸어야 했는데, 필자로서는 상당히 불편했다. 일본도 우리나라처럼 대중교통이 발달했지만, 넓은 도쿄를 지하철이 모두 감당하지는 못했다. 지하철과 연계된 버스가 있긴 했지만 노선을 잘 모르니 어떤 걸 타야 할지 알 수 없었다. 그래서 지하철 외에는 걸어서 이동했다. 일본에서 공부를 오래 한 학생들과 이야길 나누다 이런 불만을 털어놨더니 그들도 비슷한 불편을 겪는다고 했다. 교통비도 비싸고 지리를 잘 모르니 튼튼한 두 다리로 때운다는 것이다. 그런데 학생들 말로는 일본 사람들도 우리처럼 많이 걷는다고 한다. 일본에서는 특히 지하철을 환승하면 교통비가 급격히 높아지니 어지간하면 걷는다는 것이다. 그때 생각난 것이 '마을버스'였다. 우리처럼 마을버스가 있다면 정말 편리할 것 같았다.

마을버스 현황

구분	차량 대수	노선 수	수송 분담률	하루 이용객
서울	1,484대	237개	11%	121만 명
부산	571대	134개	3.8%	25만 8,000명

* 언론사 보도자료 참조(부산 2014년, 서울 2015년 기준)

마을버스는 일반버스가 운행하는 노선에서 거리가 먼 지역, 오르내리기 힘든 고지대, 일반버스가 다니지 않는 지역 등 일반버스 노선의 틈새구역을 운행하는 버스다. 마을버스가 도입되면서 직행·좌석버스 등을 주축으로 하는 간선幹線과 마을·순환버스 등 지선支線으로 시내버스의 기능이 나누어졌다. 1981년 시작된 서울시 마을버스는 처음에는 '자가용 자동차 공동사용 허가'라는 이름 아래 민간에서 자생적으로 출발했다. 그 후 1990년 처음으로 '마을버스'란 명칭을 달고 제도권 교통수단에 편입됐다. 2015년 기준으로 서울에만 대략 1,500대의 마을버스가 있다. 마을버스의 수송 분담률이 11% 수준이니 적지 않은 비중이다.

우리나라에도 지하철역에서 내려 걸어서 가기에는 좀 먼 거리의 아파트가 많다. 분양할 때는 역세권이라고, 지하철역에서 10분 이내 거리라고 홍보하지만 실제로는 젊은 남자가 빨리 걸어야 10분 이내에 겨우 도착할 수 있는 아파트다. 신체적으로 약한 사람들은 자연스럽게 마을버스를 이용하게 된다.

그런데 여기서부터 문제가 발생한다. 보통 마을버스 주차장은 지하철역 바로 앞에 있다. 여기서 출발해 개별 아파트 단지를 돌며 승객을 실어 나른다. 아파트 승객이 가장 많기 때문이다. 운행 구간이 이렇게 되어 있기 때문에 지하철역에서 아파트 단지까지는 상권이 활성화되기가 쉽지 않다. 사람들이 마을버스를 타고 그냥 지나쳐버리니 말이다. 또 아파트마다 단지내상가가 있고 여기에 편의점도 입점해 있으니 물건을 사기 위해 굳이 멀리까지 나가지도 않는다. 이미 3만 개를 넘어선 편의점은 PB 상품의 숫자만 해도 3,600여 종에 이른다. 아파트 단지를 벗어나 발품을 팔 이유가 없다. 단지화된 아파트 공화국의 그늘이다.

일본을 보면, 돈은 있는데 거동이 불편해 필수품을 제때 사지 못하는 고령자들이 많다. 대중교통이 갖춰지지 않은 지역에서는 신체적 능력이 떨어지는 노인이 생필품을 구입하지 못해 생명의 위협을 받는 상황까지 발생한다. 이를 구매난민購買亂民이라고 부르는데, 2012년 6월 일본 농림수산성 조사에서 전국에 약 910만 명이 있는 것으로 추산됐다. 구매난민의 약 40%는 65세 이상 고령자다. 구매난민이 발생하는 가장 큰 원인은 중소형 가게의 소멸과 고령화다. 1980년과 비교할 때 현재 일본의 음식료품 점포 수는 50% 이상 감소했다.

일본의 사례가 남의 일만은 아닌 것이, 우리나라에는 일본보다 더 급격하게 상권을 소멸시키는 '마을버스'가 있기 때문이다. 물론 마을버스는 여러 면에서 편리함을 제공한다. 하지만 지하철역과 아파트 단지를 연결하여 운행하다 보니 그 중간에 있는 중소형 가게를 어렵게 한다. 이런 상황이 계속되면 지하철역과 아파트 단지 주변에만 상권이 형성되고 나머지 상권은 죽어버린다. 유동 인구가 없어지면 중소형 가게도 없어지고, 이런 상황이 서로 상승작용을 일으켜 더 극심한 상권 소멸을 초래한다.

1970~80년대 미국과 영국의 교외 지역에서도 대형 쇼핑센터가 건설되면서 골목상권이 몰락했다. 그런데 이와 함께 사람들의 심장병 발생이 증가했다고 한다. 걷지 않아 골목상권이 어려워지고, 골목이 살아 있지 않으니 더 걷지 않게 되는 악순환이 계속되면서 궁극적으로는 인간의 건강에까지 영향을 미친 것이다. 우리나라는 일본보다 훨씬 더 빠르게 고령화가 진행되고 있으며 골목상권도 이미 힘을 잃어가고 있다. 여기에 마을버스가 골목상권 몰락을 가속화할 것이다. 특히 우리나라는 대부분의 주택이 아파트다. 그래서 단독주택이 많은 일본보다 이러한 현상이 훨씬 더 뚜렷하게 나타날 것이다.

현행 마을버스는 등록제다.[33] 시내버스와 택시는 면허제다. 마을버스는 등록제에 묶여 버스처럼 법적인 뒷받침이나 제도적인 혜택을 받지 못한다. 더 심각한 문제는 안전이다. 시내버스에 취업하기 위해서는 3년 이상의 버스 운전 경력이 필요하고 사고 경력도 없어야 한다. 하지만 언론의 보도에 따르면 마을버스는 버스 운전 경력도 없는 기사들이 하루 1시간씩 5일 동안 모두 5시간을 연수하고 바로 핸들을 잡는다고 한다. 똑같이 시민을 태우고 달리는 대중교통인데, 마을버스는 매우 부실하게 관리되고 있다.

마을버스와 시내버스는 처우와 임금에서도 격차가 크다. 서울시 시내버스는 2004년 준공영제로 전환하며 근로 여건이 크게 좋아졌다. 주 5일, 8시간 근무를 기준으로 연봉이 4,200~4,800만 원에 이른다. 마을버스는 2,400만 원으로 연봉이 절반 수준이다. 전국버스운송사업조합연합회와 사회공공연구소가 2014년에 발표한 자료에 따르면 서울시 버스 1대당 기사 수의 비율은 시내버스가 2.6명이며 마을버스는 2.1명이다.

관리와 근로 여건 측면에서 열악한 환경은 안전에 큰 영향을 미친다. 서울시에서 운행하는 마을버스는 1,500대로 시내버스의 20%에 불과하다. 하지만 2014년 마을버스 사고로 숨진 사람은 9명으로 시내버스 사망자 수와 비슷하다. 외부에 노출된 사고보다 은폐되어 숨겨진 사고가 더 많다는 목소리도 들린다.

마을버스의 도입취지는 좋다. 사회적 약자에게 혜택이 있고 타보면 편리하기도 하다. 하지만 편리하고 좋은 것이 사회에 반드시 이득이 되는 것은 아니다. 앞으로 극심한 고령화를 겪게 될 우리에게 주변에 중소규모의 점포가 없어진다는 것은 작은 문제가 아니다. 지하철역과 아파트 단지만 살아 있고 나머지가 다 죽은 공간이라면, 이런 지역에서 살고 싶은 마음이 생길까. 더더구나 제대로 관리도 되지 않는다면 말이다. 마을버스 문제, 조금 심각히 생각해봐야 하지 않을까.

또 다른 연구에 따르면[34] 마을버스가 걷기 좋은 동네를 저해하는 요소로서만 작용하는 것은 아니라고 한다. 걷겠다는 것은 일종의 선택과 결심인데, 마을버스가 있다면 힘들 때 활용할 수 있으니 오히려 걷고자 하는 결심을 더 쉽게 해준다는 것이다. 30~40대 전업주부 50명을 선정해 이들이 7일간 움직인 걷기 데이터를 GPS로 수집한 정보이니 상당히 의미가 있다. 하지만 이 연구에서도 마을버스가 시민들의 걷기에 도움이 되기 위해서는 더 정교한 도시설계가 뒷받침되어야 한다고 강조한다. 어떻게 배치하고 엮어내느냐에 따라 동네 걷기와 지역 공동체 문화가 전혀 다른 방식으로 나타날 수 있기 때문이다. 즉 정교한 도시설계가 뒷받침되지 않는다면 마을버스는 지역 커뮤니티 형성에 부정적인 영향을 끼친다.

마을버스를 보면 쳇바퀴 돌듯 똑같은 장소를 왔다 갔다 하는 우리네 인생이 생각난다. 그런데 유럽 한복판을 달리는 마을버스가 있다! 종로12번, 서울 혜화역 근처에서 쉽게 볼 수 있는 녹색 마을버스다. 50대 중반인 임모 씨가 이 노선의 중고버스를 구입해 개조한 후 세계여행을 하고 있단다. 마을버스 유감이 아니다. '마을버스 힘내라' 다.

III

상가 투자, 이것 모르고는 뛰어들지 마라

사업에서 경쟁은
독점력보다 절대 강할 수 없다.

피터 린치 Peter Lynch

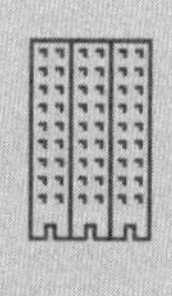

상가는 입지가 아니다

16

필자가 처음 부동산에 입문했을 때 업계 선배들이 한 가지 가르침을 주었다. 상가를 선택할 때 가장 중요한 세 가지는 첫째도 입지, 둘째도 입지, 셋째도 입지라는 것이다. 지금도 상업용 부동산을 이야기할 때는 입지가 가장 중요하다고, 다른 요소들은 부차적이라는 이야기를 많이 듣는다. 어디 상업용 부동산뿐이겠는가, 주거용 부동산 또한 비슷한 논리가 적용되지 않을까 싶다.

점포영업에서 입지가 중요하다는 것은 이미 많은 연구에서 밝혀진 바다. 현대 마케팅의 아버지라 일컬어지는 필립 코틀러Philip Kotler 또한 소매업에서 가장 중요한 성공 요소로 입지를 꼽았다. 소매업에서 이렇게 입지가 중요한 것은 경쟁업체가 절대로 흉내 내지 못하는 배타적인 경쟁력을 제공해주기 때문이다. 점포를 새로 내는 유통업체들이 입지 선정에 엄청나게 많은 시간과 노력을 들이는 것도 이 때문이다. 그럼 소매업은 입지산업일까.

입지보다 중요한 것이 있다

용산민자역사를 예로 들어보자. 거기에는 아이파크몰이라는 복합상업시설이 있는데 신라아이파크 면세점까지 개장해 주가를 올리고 있다. 아이파크몰의 전신은 스페이스나인이라는 쇼핑몰이었다. 스페이스나인 당시에는 영업이 되지 않아 관리비를 체납하는 영업주들이 너무 많았다. 쓰레기가 굴러다니는 쇼핑몰을 걸으면서 필자 또한 '정말이지 이렇게 큰 시설을 어떻게 해야 하나?' 하고 고민한 적이 있다. 이 골칫덩이인 스페이스나인이 아이파크몰로 바뀌면서 대박을 터뜨렸다. 아이파크몰의 성공으로 모회사인 현대산업개발 또한 어닝 서프라이즈를 기록 중이다. 업계에서는 이 회사가 아이파크몰의 성장과 함께 면세점이라는 신사업에 진출함으로써 성장세를 지속해나갈 것으로 예상한다. 앞서도 이야기했듯이, 운영 주체가 바뀌면서 매출과 영업이익이 월등히 향상된 사례다. 그런데 이 사례에서 우리가 주목해야 할 점은, 입지에는 전혀 변화가 없었다는 것이다.

이러한 현상은 우리 주변에서 얼마든지 찾을 수 있다. 예컨대 소문난 맛집들이 주로 어디에 있는가를 생각해보라. 언론이나 방송에서 홍보성으로 띄워주는 맛집이 아니라 오랜 세월 본인만의 맛을 간직하면서 꾸준히 영업하는 곳은 모두 대로변이 아닌 이면도로에 자리 잡고 있다. 허름한 골목길을 몇 번씩 꺾어 들어가야 겨우겨우 눈에 띄는 다 쓰러져가는 음식점. 이런 곳들을 누가 좋은 입지라고 이야기할 수 있겠는가.

필자는 상가를 부동산 상품이라고 보지 않는다. 특별한 사례라고 말하기도 민망할 만큼, 망해가는 상가에 새로운 영업주가 들어오자 장사가 대박 나는 일이 얼마나 많은가. 그러고 나면 자연스럽게 상가 가치도 올라간다. 입지는 그대로인데 사장의 손맛에 의해 상가의 가치가 올라가는 것이다. 열심히 상권분석하고 사업성을 판단한 점포개발자로서는 황당하기 이를 데 없겠지만 말이다. 장사가 잘되는 상가는 임대료를 올려도 크게 부담스러워하지 않는다. 상가는 임대료에 의해 가치가 결정되므로, 이렇게 하여 자산 가치가 올라가는 것이다.

만약 입지 조건이 같음에도 점포를 누가 운영하느냐에 따라 매출이 달라진다면, 입지를 성공에 결정적인 요소로 단정 지을 수 있을까? 그보다는, 입지가 떨어지더라도 점포에 적합한 상품이나 서비스로 경쟁하는 것이 더 중요한 요인 아닐까? 점포의 입지보다는 점포를 운영하는 영업주의 능력이 더 중요하다고 보는 것이 설득력이 있다. 최근 늘어나는 점포 대부분이 기존 영업주가 추가로 창업하는 경우라고 한다. 영업주의 노하우를 바탕으로 한 확장 전략이다.

입지만 강조해서는 할 수 있는 게 없다

물론 필자 또한 입지가 상가의 가치를 결정하는 데 중요한 요소라고는 생각한다. 다른 조건이 같다면 소비자는 가깝고 교통이 편리한 점포를 선택할 것이다. 하지만 점포마다 처한 상황이 같지 않다면 이야기는 달라진다. 비록 입지는 불리할지라도 점포 이미지와 상품 구성, 서비스에 뛰어난 경쟁력을 보유하고 있다면 만족스러운 쇼핑 경험을 원하는 소비자들을 끌어들일 수 있다. 특히 요즘은 소셜 네트워크 서비스SNS가 발달하여 소비자들이 원하는 점포를 찾아다니는 경향도 짙어졌다. 점포영업에서 입지가 중요한 것은 사실이다. 하지만 그렇다고 모든 요인을 능가하는 무소불위의 독불장군은 아니다. 본인이 가진 경쟁력이 입지가 가진 단점을 이겨낼 수만 있다면 소매영업에서 입지가 차지하는 비중은 더욱 줄일 수 있다.

그럼 왜 우리는 입지가 상업용 부동산의 성공에 결정적인 요소라고 판단하게 됐을까? 필자는 조심스럽게 부동산 개발업자에게 시선을 돌리고 싶다. 부동산을 개발하는 입장에서는 입지가 가장 중요하다는 점을 강조하지 않을 수가 없다. 아직 영업도 시작되지 않은 시점이기에 부동산의 위치 말고는 점포의 성공을 이야기할 수 있는 것이 아무것도 없다. 그러니 입지라도 강조해야 분양 희망자들을 끌어모을 수 있고, 나아가 입지를 강조해야 자신이 개발한 부동산을 성공적으로 분양할 수 있다. 상가 분양을 대행하는 직원들은 입지가 좋다면서 장사가 잘될 것이라는 말을 입에 달고 산다. 그들의 말을

서울 강남의 핫플레이스 중 한곳

곧이곧대로 믿는 것은, 주가가 오를 거라며 종목을 찍어주는 증권사 영업사원의 말을 믿는 것과 별반 다르지 않다. 분양대행사 직원들은 장사를 한 번도 해본 적이 없는 사람들이다. 그러니 그가 하는 말을 어떻게 신뢰할 수 있겠는가.

영업이 안될 때 업체의 점포개발팀에서 이유라고 내놓는 것도 열악한 입지 조건이다. 물론 점포가 처한 입지 조건이 영업부진의 한 가지 이유가 될 수는 있다. 그리고 입지 조건의 어려움을 극복하는 것이 얼마나 어려운 일인지 필자도 잘 알고 있다. 하지만 모든 문제를 입지 조건의 탓으로 돌리는 것은 제대로 된 점포개발자의 자세가 아니다. 입지가 잘못됐다고 결론을 내리면 할 수 있는 게 아무것도 없다. 점포가 망해가는 것을 가만히 지켜볼 수밖에 없다. 얼마나 무책임한 처사인가. 영업주는 평생 모은 자금을 투입해서 본인의 말을 믿고 장사를 시작했다. 그런데 담당자란 사람이 입지가 안 좋으니 어쩔 수 없다며 팔짱을 끼고 바라본다면 어떤 심정이겠는가. 억장이 무너질 것이다. 현업에서 점포영업과 운영을 책임지는 점포개발 및 관리자들이 반성해야 할 점이다.

상가는 콘텐츠다

앞에서, 점포들이 처한 여건이 같다면 입지가 결정적인 요소로 작용한다고 이야기했다. 맞는 말이다. 고객을 자신의 점포로 끌어들일 수 있는 마땅한 경쟁력이 없다면 입지는 절대적인 요소로 부각된다. 대표적인 업종이 편의점이다. 편의점에서 판매하는 상품은 어느 브랜드이건 어느 장소이건 대부분 비슷하다. 최근 특정 편의점이 차별화된 상품과 서비스로 승부하고자 시도했는데 경쟁사들이 금방 따라 하는 바람에 힘을 잃었다. 편의점 운영에서 중요한 것은 이용하는 고객들의 입장이다. 편의점을 방문하여 차별화된 상품이나 서비스를 제공받기를 원하는 고객은 거의 없다. 즉, 편의점은 오로지 입지로 승부해야 하는 업종이다.

하지만 좋은 입지라면 경쟁이 치열해질 수밖에 없으니 안타까운 일이다. 입지가 계속적인 차별점을 제공해주지 못한다는 뜻이다. 사람이 변하듯 상권도 변한다. 그래서 뛰어난 영업주들은 신규로 분양하는 상가에는 입점하지 않으려 한다. 상권이 어떻게 될지 판단하기가 쉽지 않기 때문이다. 굳이 위험을 감수할 필요가 없다는 말이다.

자본력이 있고 역량이 된다면 좋은 입지를 선정하는 것도 나쁘진 않다. 하지만 입지는 곧 돈이라는 점 또한 명심해야 한다. 좋은 자리일수록 비싸다. 비용을 생각하지 않고 무조건 좋은 입지를 선정하는 것은 자살행위다. 수많은 점포영업자가 어려움에 처해 있다. 이런 상황에서 비용까지 높아진다면 언젠가는 한계 상황으로 내몰릴 수 있다. 경제학에는 '기회비용'이라는 용어가 있다. 내가 어떤 것을 선택했을 때, 선택하지 않고 포기한 쪽에서 얻을 수 있었을 이익을 말한다. 예를 들어 내가 장사를 선택했다고 해보자. 그것은 장사 외에 다른 길을 포기했다는 뜻이다. 일테면 장사 밑천을 금융 상품에 투자할 수도 있고, 장사 대신 취직을 해서 월급을 받을 수도 있었을 것이다. 이때의 투자이익이나 근로소득이 기회비용이 된다. 기회비용을 생각하면, 투자이익이나 근로소득보다 높은 수익을 장사에서 확보해야 한다. 이런 기준으로 본다면 우리나라 자영업자 중에 수익을 내고 있는 사람은 거의 없을 것이다.

이렇게 한계 상황에 몰리고 있는 자영업자들이 아직도 목 좋은 자리를 찾아다닌다면, 그건 건물주만 좋은 일 시켜주는 것이다. 입지를 강조하는 사람들 대부분은 부동산 업종에 종사하는 이들이고, 그 대다수는 점포영업을 한 번도 해보지 않은 이들이다. 콘텐츠가 없기 때문에 자신들이 내세울 수 있는 유일한 강점인 위치를 강조하는 것이다. 좋은 입지를 논하기 이전에, 자신이 창업하려는 분야에서 경쟁력과 차별점을 얼마만큼이나 보유하고 있는지를 따져야 한다. 소매업을 이해하지 못하고 부동산 종사자들을 만나다 보면 '장사는 입지다' 를 반복하게 될 뿐이다. 하지만 '진짜 장사는 콘텐츠다.'

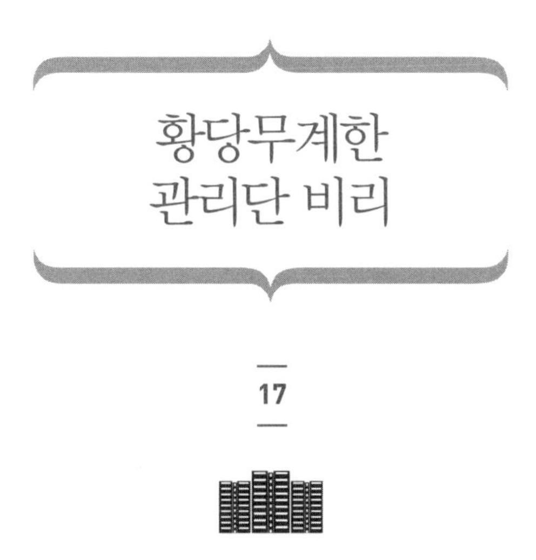

황당무계한 관리단 비리

17

아파트에 입주자대표회의가 있다면, 상가에서는 관리단이 그와 같은 역할을 한다. 필자도 몇 년 전에 경기도 광명시에 있는 한 쇼핑몰의 관리단에서 활동한 적이 있다. 사람들이 정말 다양한 이유로 다툴 수 있다는 것을 알게 해준 곳이다. 입주자대표회의를 참관할 때면 정말 고생한다는 우호적인 생각이 드는데, 관리단회의는 일정이 잡혔다는 소식을 듣자마자 머리부터 아프다. 아파트와 달리 상가는 층별로 영업 여건이나 상황이 제각각이어서 사사건건 부딪히게 된다. 보통 관리단은 층별로 대표를 두기 때문에 층별로 이해관계가 얽히고, 그래서 다툼이 일어나는 경우가 많다. 심지어는 층 내에서도 싸움이 일어나곤 한다.

밝혀내기가 쉽지 않은 관리단 비리

우리나라는 상가와 같은 비주거용 부동산의 관리에 대한 법적 제도가 매우 미약한 수준이다. 아파트와 같은 공동주택은 주택법에서 관리에 관한 사항을 규정하고 있으나, 비주거용 부동산에 대해서는 단일화된 법 규정이 없다. 공동주택은 지방자치단체의 관리·감독을 받고 회계자료 보관 의무, 외부 회계감사 의무, 자료공개 의무, 공개경쟁 입찰 의무 등을 부과받는다. 지방자치단체의 관리·감독을 거부하면 형사 처벌에 처해지고, 관리사무소장이 손해배상책임을 지기도 한다. 이에 반해 주택법이 아닌 '집합건물의 소유 및 관리에 관한 법률(집합건물법)'의 적용을 받는 오피스텔이나 대형 상가 건물, 주상복합아파트의 상가 부분 등에는 위와 같은 법률상 의무가 부과되지 않는다.

생활형 부동산인 아파트와는 달리, 목적성 부동산인 상가 등은 그 '목적'에 돈이 걸려 있기 때문에 비리 문제가 끊이지 않고 발생한다. 특히 상가는 아파트와 비교할 때 공유면적이 넓기 때문에 실제 사용면적에 비해 관리비가 높다. 쇼핑몰과 같은 대형 상가는 평당 관리비가 3~5만 원에 달한다. 분양면적 구 20평의 쇼핑몰은 실평수가 20~30%밖에 되지 않지만 관리비는 월 100만 원에 달한다. 이 관리비 대부분이 공용면적에 대한 사용료인데, 공용면적을 어떻게 구분하느냐에 따라 천차만별이다.

필자의 제자 중에 상업용 부동산의 자산관리PM를 하는 분이 계신

데 최근 호상(호텔과 상업)복합건물을 수주했다고 한다(부동산 부문은 사회교육의 성격이 짙어 부동산대학원이나 박사 과정에 연세가 꽤 드신 분들이 많이 진학한다. 필자의 제자 중에는 일흔이 넘는 분들도 계신다. 말이 제자지 실무에서는 도리어 스승이시다). 그분 얘기로는 각 층이나 호별로 관리비를 부과하는데, 예를 들어 고층은 엘리베이터가 작동하는 시간이 많기 때문에 관리비를 많이 부과하는 식으로 책정한다는 것이다. 이렇게까지 관리비 부과가 세분화되면 수기로 계산하기 힘들 테니 IT의 도움을 받아야 하지 않을까 하는 생각도 들었다.

상가는 관리비가 높고, 그 부과 방식 또한 다양하기 때문에 분쟁이 발생할 소지가 대단히 많다. 하지만 아파트에 비하면 상가 관리비의 비리가 드러나는 경우는 많지 않다. 앞에서 언급한 것처럼 주택법의 적용을 받는 아파트와 달리 상가는 법률상의 의무가 거의 없기 때문이다. 비리가 더 발생할 것으로 예상되는데도 비리를 발견하기가 쉽지 않다는 뜻이다.

관리비는 임차상인이 내고 사용은 소유주가 하고

상가와 같은 집합건물에서 분쟁이 발생하면, 이를 근본적으로 해결하기 위해서는 소송 절차를 밟아야 한다.[35] 하지만 소송을 진행하는 일도 그리 쉬운 것은 아니다. 소송은 증거가 가장 중요한데, 관리단이 제대로 일을 하지 않는다는 증거자료를 확보하기가 어렵기 때문이다. 주택법은 입주민이 회계서류의 열람 · 등사를 신청하면 이에 응해야 한다고 규정하고 있다. 반면에 집합건물법은 규약이나 연간 보고서 등에 대한 열람 · 등사 청구권만 인정하고 회계장부에 대한 열람 · 등사에 대해서는 규정하고 있지 않다. 관리규약에 회계장부 열람에 대한 규정이 없으므로 그 자료를 열람한 법적 근거가 없는 것이다. 심지어 관리규약 자체가 없는 상가도 부지기수다.

2008년 준공된 서울 동남권 유통단지 '가든파이브'에서 기대 이하의 입점률 때문에 다툼이 발생했다. 그러더니 이제는 관리단과 일부 임차상인 간 분쟁이 심화되는 모양새다. 관리단 비리는 대부분 비슷한 양상으로 일어난다. 입주상인들이 내는 관리비를 관리단이 유용하는 것이다. 심하면 관리단 대표들이 착복하기도 한다. 참 이해할 수 없는 게, 관리비를 내는 주체는 임차상인인데 그 돈을 쓰는 관리단은 상가 소유주의 모임이라는 것이다. 상가 소유주가 직접 영업하는 매장도 있으나 이런 경우는 흔하지 않다. 필자가 관여하던 광명 쇼핑몰도 80% 이상이 임차상인이었다. 관리비를 내는 주체와 관리비를 사용하는 주체가 다르다 보니 이런 일도 벌어지는 것이다.

가든파이브에서 발생한 일은 양반이다. 서울 율현동 강남자동차 매매단지의 상가 관리단 비리는 황당무계하다고 할 정도였다. 내막이 주간지에 공개된 적이 있는데 입주상인들을 갈취했다는 정황까지 나와 경악하게 했다. 강북의 장안동과 더불어 중고차 거래의 메카로 불리면서 월 5,000대에 육박하는 중고차 거래가 이뤄지던 곳이

관리단이 분할상가들을 관리하는 동대문종합시장

었으나, 사건 발생과 함께 내리막길을 걷기 시작했다. 최근에는 1,300대 수준까지 떨어졌다고 하니 상가관리의 부정이 영업에 미치는 영향을 톡톡히 보여준 사례라 하겠다.

이렇게 관리단의 비리가 드러날 수 있는 것은 관리단에서 근무했던 직원들이 제보를 해주기 때문이다. 내부인의 고발이 없다면 이런 비리는 드러나기 어렵다. 앞에서 이야기한 대로 회계장부를 증거자료로 확보하기가 거의 불가능하기 때문이다. 강남자동차매매단지의 예에서도 관리단 직원으로 근무했던 양모 씨가 증거물을 수사기관에 제출하면서 세상에 밝혀졌다. 양모 씨는 부당해고를 당했다.

관리단 구성 단계부터 관심 가져야

사람들이 상가의 관리단과 가장 헷갈려 하는 조직이 번영회다. 오래된 상가에는 상가관리단과 상가번영회가 남아 있는 경우도 있다. 상가관리단은 구분소유자로 구성된, 집합건물법상 인정된 단체로 특별히 요란을 떨지 않아도 당연히 구성된다. 이에 비해 상가번영회는 상가 세입자들로 구성된, 영업주들의 이익단체 성향을 띤다. 따라서 상가관리단이 상가 전체에 대한 의사결정권을 가지고, 직접 관리하든지 위탁관리회사에 위임하든지 관리의 주체가 된다.

그런데 재래시장과 같이 오래된 상가에서는 번영회가 관리단의 역할을 하기도 한다. 이 경우 번영회가 관리단의 지위도 겸한다고 볼 수 있다.[36] 하지만 여러 이해관계 때문에 구분소유자들이 관리단을 새로 만들고 나서면, 번영회와 관리단이 대립하게 된다. 궁극적으로는 구분소유자들이 많이 가담한 단체가 관리단으로 인정받을 가능성이 크다.

주상복합건물이 생기면서 한 건물에 아파트와 상가가 같이 있다 보니 관리단이 각각 생기는 이상한 경우도 발생한다. 상가와 아파트가 함께 있는 주상복합건물에서는 상가만 분리해서 관리단을 구성할 수 있다. 구체적 상황에 따라 이야기가 달라지지만, 집합건물법에 따르면 '일부 공용부분의 관리에 관한 사업 시행을 목적으로' 관리단을 별도로 구성할 수 있다. 이때의 공용부분은 상가 소유자들만의 공용부분이어야 한다. 이런 문제로 주상복합건물의 관리를 둘러

싼 잡음이 끊이지 않는다. 일부에선 입주민들 간 갈등이 소송전으로 번지기도 한다.

주택법의 적용을 받는 아파트 관리와는 달리 느슨한 집합건물법의 관리를 받는 상가는 다양한 분쟁과 비리가 다양한 부문에서 발생한다. 이런 문제점을 바로잡기 위해 집합건물법 개정안이 발의되기도 했으나 아직 개정됐다는 이야기는 듣지 못했다. 상가에 투자하고자 하는 사람은 이 관리단 구성에 관심을 가져야 한다. 상가가 입주를 시작하면 상가를 방문하는 고객도 일시적으로 늘고 장사도 잘된다. 이벤트 효과다. 이즈음에 관리단이 구성되는데, 입주자들이 희망에 차 있고 마음이 느슨한 틈을 타 '좋은 게 좋은 거' 라는 식으로 구성되기도 한다. 하지만 허술하게 구성된 관리단은 상권 활성화는커녕 상가 '폭망' 을 부른다.

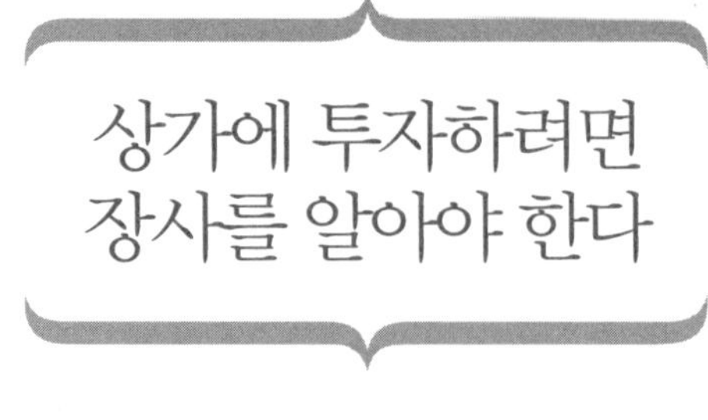

상가에 투자하려면 장사를 알아야 한다

18

수익형 부동산의 대표 주자로 상가와 오피스텔을 꼽는다. 최근 은퇴(예정) 연령의 수익형 부동산 투자가 급증하고 있는데, 비교적 적은 금액으로 투자가 가능한 오피스텔과 달리 상가는 투자금액이 크다. 따라서 신중에 신중을 기해야 한다. 일례로 마포 합정역 인근에서 분양한 주상복합아파트는 상가 지하 1층의 평당 가격이 4,000만 원을 넘었다. 지하 1층이 지하철 합정역과 연결되어 있어서 지상 1층과 유사한 분양가가 책정됐다. 전용률이 채 50%도 되지 않는 이 상가를 10평(계약면적) 분양받는다고 하면 4억 원이 넘는다. 실제 사용면적이 5평도 안 되는 공간에서 무엇을 할 수 있을지, 수익은 낼 수 있을지 등을 생각하면 아찔하기만 하다.

상가에 투자하려면 부동산과 장사를 모두 알아야 한다

필자는 부동산 상품 중에서 가장 어렵고 공부를 많이 해야 하는 상품이 상가라고 생각한다. 부동산을 아는 데 그치지 않고, 장사까지 알아야 하기 때문이다. 오히려 현장에서는 부동산에 대한 지식보다는 점포영업에 대한 지식이 더 중요하다. 사업도 여러 가지가 있는데 점포를 가지고 영업을 하는 점포영업에 대한 노하우가 필수적이다. 외국에서 상가를 개발하는 디벨로퍼들은 대부분 관리까지 함께 하기 때문에 점포영업에 대해서 잘 안다. 점포영업을 잘 모르고 상가를 관리한다는 것은 아이젠도 없이 눈 덮인 겨울 산을 오르는 것과 같다. 겨울 등산을 좋아하는 사람들은 무슨 말인지 잘 알 것이다. 상권분석에서부터 고객 동선에 이르기까지, 점포를 가지고 장사를 해본 적이 없는 사람은 아무리 많이 듣고 많이 봐도 감이 잡히지 않는다. 상가는 장사를 해본 사람이 제일 잘 안다.

예전에 상가를 분양하는 일을 한 적이 있다. 우리 딴에는 엄청나게 고민해서 업종을 선정하고, 구획을 정리해놓는다. 그렇다고 아무 생각 없이 하는 것은 아니고 업종별 트렌드가 있으니 그런 정보를 많이 참고한다. 그런데 가끔, 오래 장사를 해온 사람이 본인의 상가를 분양받으려고 분양사무소를 방문하는 일이 있다. 이런 사람을 만나면 들려주는 의견을 열심히 듣고 상가의 조닝zoning[37]을 완전히 새로 하기도 한다. 고객 동선과 업종 지정까지 확실히 장사를 해본 이들의 감각은 남다르다는 걸 느끼게 된다.

상가에서 공실이 발생하면 수익률에 치명적이다.

상가를 지어 분양하는 사업자들의 가장 큰 문제점은 분양가를 주변 시세에 맞춘다는 것이다. 현장에서 이건 정말 난센스다. 이미 상권이 형성되어 장사가 잘되는 상가와 신규로 분양하는 상가의 가격을 동일하게 결정하는 것은, 몇십 년을 한 우물을 판 전문가와 신입사원을 동일하게 대우하는 것이나 마찬가지다. 신규로 분양하는 상가는 기존에 상권이 형성되어 있는 상가 가격의 60%대에서 분양가를 정하는 것이 적절하다. 심하게 이야기하면 60%의 가치도 없다고 보는 것이 맞다.

'상권 형성'은 상가를 이야기할 때 가장 중요한 요소로 지적된다.

상가가 입점하고 나면 상권이 형성되는데, 이 상권이 어떤 범위까지 그리고 얼마나 충성도 있는 고객에게 미칠 수 있느냐로 그 상가의 생존이 결정된다. 이는 상가에 소속된 업종에 따라 다르고, 지역의 특성에 따라서도 다르며, 전체 경제 상황에 의해서 변하기도 한다. 이처럼 많은 변수가 있기 때문에 이를 만들고 유지하는 데 온 힘을 쏟아야 한다. 그런데 신규 상가의 분양가를 이미 상권이 잘 형성되어 있고 확장 가능성도 큰 좋은 빌딩의 매매가격에 맞춰 책정하는 것은 정말 어처구니가 없는 일이다.

상권은 하나의 빌딩에만 적용되는 것은 아니다. 지역에도 존재하고 도시에도 존재한다. 사실 국가에도 존재하는데 국가의 상권은 좀 더 멋져 보이게 '경쟁력'이란 표현을 쓴다. 완전히 똑같지는 않지만, 필자가 생각하기에 국가 경쟁력이나 국가 차원의 상권이나 크게 다른 개념도 아니다.

미국 맨해튼에 가면 한인상가가 밀접한 'K타운'이 있다. 맨해튼 미드타운 32번가의 5, 6번 애비뉴avenue 사이 한국 점포들이 밀집된 곳이다. 1970년대 후반부터 형성됐다고 하는 이곳 K타운에는 최신 인테리어를 한 가게들도 들어서고 있지만, 거리 전체 분위기는 허름한 모습을 간직하고 있다. 점포의 월세는 주변의 밝고 세련된 지역 점포보다 오히려 비싸다. K타운 북쪽으로 10블록 거리에 있는 브라이언트공원Bryant Park 인근 지역과 비교하면 K타운이 4배나 된다고 한다. 임대료가 높으니 부동산 가격이 오르는 것은 당연하고, 매매 거래도 활발하다. 이에 대해 거리가 비좁아 고객 집중도가 높다는 이론이 적용되기도 한다. 사람들은 기본적으로 허름하고 인간미 넘치는 거리를 좋아하지 깨끗하고 반듯한 거리를 좋아하지 않는다. 대로변보다 이면도로에 지나다니는 사람이 더 많은 것도 그 때문이다. 오래된 상가가 좋다는 말은 단일 빌딩만이 아니라 이처럼 지역에도 적용되는 개념이다.

상가는 아파트와 달라서 새것이 좋은 게 아니다

상권이 형성되기 위해서는 짧게는 5년, 길면 10년의 기간이 필요하다. 상권은 '상세권商勢圈, trading area'의 준말로 상가의 힘이 미치는 권역을 말한다. 자신의 상가가 어느 정도 권역까지 고객을 흡입하는 힘이 있는가 정도로 이해하면 된다. 따라서 상가에 투자할 때는 신규 상가를 분양받는 것은 위험하다. 기존의 상가를 프리미엄을 주고 사는 것이 안정성 면에서는 오히려 낫다. 특히 유망 프랜차이즈 업종이 이미 입점해서 장사를 잘 하고 있는 상가라면 금상첨화다. 상권도 형성되어 있을 뿐 아니라 유망 프랜차이즈는 오랜 기간 떠나지 않기 때문에 수익성과 안정성 모두를 충족한다. 참고로 예전에 필자가 현장에 있을 때는 세 가지 프랜차이즈가 모두 입점해 있으면 가장 좋은 상권이라고 했다. 아이스크림 전문인 B사, 베이커리 전문인 P사, 도넛 전문인 D사 등이다. 이니셜로만 표현해도 다 알 수 있을 정도의 브랜드들이다.

그럼에도 상가 분양에 투자자들이 관심을 가지는 이유는 기존 상가보다는 어쨌거나 저렴하고 새것이 좋다는 착각에 사로잡혀 있기 때문이 아닌가 싶다. 규모가 있는 상가는 자체적으로 업종을 제한하니 업종에 걸려 입점하지 못하는 경우도 있다. 그리고 좋은 상가는 매물로 잘 나오지 않는다. 좋은 상가는 임대료를 올려도 세입자가 떠나지 않는 상가를 말한다. 금융 상품에 비해 엄청나게 높은 임대료가 꼬박꼬박 나오는 상가를 가지고 있다면 무엇 때문에 팔려고 하겠는가. 시중은행 예금금리가 1%대에 머물러 있는 지금, 그 돈을 어디에 투자한들 그만큼의 수익을 얻을 수 있겠나. 갑작스러운 상속이나 불미스러운 일이 발생하지 않는 한 좋은 상가는 시중에 잘 나오지 않는다.

간혹 기존 상가가 매물로 나오는 일이 있는데 주의를 기울여야 한다. 필자도 지인이 기존 상가를 매입하려고 하면 철저히 분석하라고 조언한다. 안타깝게도 계약금을 지불하고 연락하는 경우가 더 많아서 필자가 해줄 게 별로 없지만.

상가는 아파트와 달리 절대 새것이 좋은 게 아니다. 상가를 분양하는 사업자들에게는 미안하지만, 내 주변에서 신규 상가를 분양받겠다는 사람이 있으면 도시락 싸 들고 다니면서 말리겠다. 물론 여기서 말하는 상가는 주로 근린상가나 복합상가를 가리킨다. 단지내 상가에는 주택법이 적용되니 또 다른 요인을 가지고 판단해보아야 한다.

상가를 분양하면, 즉 쪼개서 팔면 상권이 형성되기 어렵다. 개발업자들이 워낙에 영세한 데다 은행에서는 담보가 없으면 대출을 해주지 않으니, 개발업자 입장에서는 분양을 할 수밖에 없다. 하지만 상가를 업종을 지정하여 개별등기해서 분양하면 상권이 형성되기가 쉽지 않다. 상권 형성은 소유주가 하나인 대형 마트나 백화점처럼 일관된 사업 전략을 가지고 마케팅을 펼쳐야 겨우 가능성이 보인다. 소유주가 수십 명에서 많게는 수백 명이나 된다면 의사결정이 원활하지도 않을뿐더러 제대로 된 상가관리를 할 수가 없다. 상가 건물이라는 것이 묘해서 한두 집이 장사를 잘한다고 하더라도 계속해서 잘된다는 보장이 없다. 상가 전체가 같은 목표를 가지고 일사불란하게 움직여야 상권 형성에도 도움이 되고, 그 긍정적인 영향이 개별 상가들에도 미친다.

아이파크몰의 다이나믹한 회생기

필자가 수업 중에 학생들에게 이런 설명을 하면 잘 이해하지 못한다. 그럴 때 '용산민자역사' 사례를 설명해주면 그나마 조금 이해하겠다는 표정들이 된다. 상가 분양이 왜 잘못된 일인지, 분양을 하지 않으면 상가가 어떻게 발전할 수 있는지를 보여주는 좋은 사례다. 앞서도 간단히 언급했지만, 좀더 자세히 이야기해보겠다.

구분소유의 집단상가 형태로 개발된 스페이스나인은 국내 대형 쇼핑몰의 문제점을 고스란히 안고 있었다. 100% 분양은 됐지만 입점률은 형편없었으며 입점해 있는 점포들마저 경쟁력을 잃어갔다. CGV를 포함한 몇 개의 주요 임차인들만 영업을 이어가고 있었다. 개장 2개월째부터 스페이스나인은 상인과 계약자들의 '6개월 임대료 면제' 요구로 위기를 맞이했다. 용산민자역사 관리사인 현대역사와 상우회, 계약자들이 임대료 면제를 놓고 협의를 벌였다. 하지만 양측의 견해차를 좁히지 못해 결렬됐고, 상가 경기가 계속 침체되면서 구분소유 집단상가의 문제점을 드러내기 시작했다.

2005년 초, 현대역사가 대규모 이벤트를 실시하면서 그간의 분쟁을 해결하기 위해 월 임대료 30% 인하안을 제시했다. 이로써 서로의 신뢰가 회복되어갔다. 하지만 대규모 이벤트를 벌였음에도 상가는 되살아나지 못했고 낮은 입점률과 고객 부족, 임대료 분쟁 등 삼중고는 지속됐다.

2005년 11월 현대역사는 전자상가를 고급 브랜드 매장으로 전환하는 한편, 2006년 3월에 오픈하는 패션상가를 백화점식 쇼핑몰로 위탁경영하기로 발표했다. 현대역사는 이를 통해 아이파크몰을 백화점식 전자전문점과 패션전문점이 어우러지는 프리미엄 복합쇼핑몰로 탈바꿈시킨다는 계획을 세웠다. 백화점식 쇼핑몰이란 백화점처럼 수수료 매장으로 바꾸고, 점포들이 수익을 올리면 임대료를 제외하고 남는 부분을 상인들과 나눠 갖는 유통 모델이다.

현대산업개발은 부동산 개발자이기에 상가 활성화에 대한 의무나 법적인 책임은 없다. 하지만 대기업으로서 사회적 책임을 지고자 했고, '부동산 임대관리업'에서 '쇼핑몰 개발 · 운영 · 관리 및 백화점

망해가던 쇼핑몰에서 극적으로 회생한 서울 용산의 아이파크몰

사업' 으로 사업의 일대 전환을 꾀했다. 이런 결정에 따라 2005년 10월, 브랜드명을 '현대아이파크몰' 로 변경하고 현대백화점에서 오랜 경험을 쌓은 전문경영인인 최모 대표를 영입했다. 본격적인 선진국형 복합쇼핑몰 개발에 돌입한 것이다. 경영 방식도 바꿨다. 임대 계약자 3,000명에게 경영권을 위임받아 유통 전문 인력을 구성하여 기획 · 브랜드 유치 · 마케팅 등 전반적인 업무를 총괄하게 하고, 운영에 따른 수익금은 계약자들에게 'n분의 1' 로 돌려주기로 했다.

현대아이파크몰의 위임경영 방식은 선진국에서는 보편화된 쇼핑몰 운영 방식이다. 체계적인 마케팅과 통일된 운영정책으로 쇼핑몰을 운영함으로써 유통시장을 안정화하고 시장경제도 활성화하는 것으로 평가받고 있다. 일반 투자자나 영세 영업주들에게도 좋은 대안이 될 수 있으며, 운영 노하우 없이 마구잡이로 개발된 쇼핑몰들이 살아남는 방안으로 주목되기도 한다. 2006년 8월 오픈한 '아이파크백화점'과 그 이전에 오픈된 '패션스트리트'도 이러한 방식을 통해 성공적으로 운영되고 있다. 이를 기반으로 2006년 내 '아이파크 리빙백화점', '아이파크 레포츠백화점'도 차례대로 완성됐다.

아이파크몰의 탄생으로 국내 유통업계에도 정통 복합쇼핑몰의 시대가 열렸다. 쇼핑몰은 개발자에 의해 계획·개발·운영·관리되는 소매점포의 집합체로 점포 규모가 크고 상권이 넓으며, 개발자와 운영자가 같아서 통일된 유통·운영관리가 가능해야 한다. 쇼핑몰은 백화점, 할인점, 전문점 등 다양한 유통 장르의 쇼핑시설과 문화, 엔터테인먼트 시설이 결합된 대규모 복합생활문화공간으로 선진국에서는 이미 유통산업의 중심에 서 있다. 아이파크몰에도 CGV 복합상영관과 이마트가 함께 있어 쇼핑의 재미를 더할 수 있을 것이다.

언뜻 생각하기에는 쇼핑몰에 대형 마트, 심지어 백화점까지 함께 있으면 충돌이 일어나지 않을까 싶을 수도 있다. 하지만 미국의 유명한 'Mall of America'란 쇼핑몰에는 백화점이 하나도 아니고 네 곳이나 들어와 있다. 이런 상품기획merchandising이 가능한 이유는 기획 주체가 하나이기 때문이다. 상품기획 주체가 하나이면 서로가 가진 경쟁관계를 줄이고 보완관계를 늘려 시너지를 창출하는 방향으로 기획할 수 있다. 그러면 매출도 높일 뿐 아니라 높은 입점 효과도

얻을 수 있다.

아이파크몰이 성공을 거둔 배경에서 가장 특징적인 점은 구분소유 상가를 위탁경영 형태로 전환하여 경영 주체를 하나로 만들었다는 점이다. 이로써 경쟁업종인 할인점, 백화점과 경쟁할 수 있게 됐다.

필자가 용산민자역사를 이렇게 자세히 이야기한 이유는 분양형 상가가 그만큼 위험하다는 점을 강조하기 위해서다. 용산민자역사가 망한 가장 큰 이유는 상권이 나빠서도 아니고 경제가 어려워서도 아니었다. 그런 이유라면 단일 주체로 상가를 운영함으로써 성공한 이유를 설명할 수 없다. 구분소유 업종지정이라는 구태의연한 상가 분양 방식에서 그 문제점을 찾아야 한다.

참고로 세계 최고의 부동산 기업인 중국의 완다그룹은 상업용 부동산을 분양하지 않는다. 완다그룹도 사업 초기에는 분양을 통해 투자금을 회수하는 방법을 사용했다. 하지만 많은 문제가 생기자 임대 위주의 사업으로 전략을 선회했고, 현재까지 고수하고 있다. 심지어 초기에 분양한 '선양 프로젝트'에 대해서도 분양주들에게 점포대금 전액에 이자까지 포함한 10억 위안을 주고 계약을 해지했다. 점포 해약을 원하지 않는 업주들에게는 새로 개발한 근처의 점포로 이전할 기회를 무상으로 제공했다.[38] 세계 최고의 상업용 부동산 기업으로 성장한 이유를 알 수 있게 해주는 사례다.

상가의 이러한 특성을 고려한다면 새로 분양하는 상가를 매수하는 것은 정말 조심해야 한다. 앞으로 이 상가가 어떻게 발전해나갈지를 알 수 있는 사람은 없다. 심지어 개발해서 분양하는 사업자 입장에서도 알지 못한다. 필자는 상가를 부동산 상품으로 보지 않는다. 아무리 목이 좋고 유동 인구가 많은 곳에 있는 상가라 하더라도 입점하여 영업하는 영업주의 능력에 따라 가격이 몇 배나 차이 날 수 있기 때문이다. 상가의 가격은 월세가 어느 정도인지로 결정된다. 장사를 잘하는 영업주는 월세를 올려도 감당할 수 있지만, 장사가 안되는 곳은 조금만 월세를 올려도 폐업을 하거나 다른 곳으로 이전할 수밖에 없다. 상가의 가치는 부동산이 가진 특성과 함께 영업주의 능력에도 좌우된다. 따라서 상가를 부동산 상품으로만 여겨서는 많은 것을 놓치게 될 것이다.

상가는 1층이 얼굴이다

19

스카이라운지sky lounge란 말을 들으면 어떤 생각이 드는가. 필자는 어릴 때 부모님의 손을 잡고 전망 엘리베이터를 타고 올라가서 식사했던 일이 기억난다. 뷔페였던 듯하다. 사실 스카이라운지는 고층 빌딩의 맨 위층에 자리한 휴게실을 말한다. 우리말로는 '전망쉼터', '하늘쉼터' 등으로 표현하면 맞다. 요즘에는 이런 진짜(?) 용도로 활용하는 곳이 많아졌지만 예전에는 스카이라운지에 대부분 식당이나 술집이 자리했다. 야경이 멋있어서 데이트를 즐기는 젊은이들이 낮보다는 밤에 많이 방문했는데 지금은 좀 시들한 것 같다. 이미 일반 아파트도 30층 가까운 곳이 많으니 굳이 비싼 돈을 내면서까지 빌딩 꼭대기 층에 가서 밥을 먹을 이유가 없어서일 것이다.

상가의 핵심은 고객을 만나는 것

상가 건물은 대개 높게 짓지 않는다. 상업이라는 특성상 고객들을 만나고 접촉을 자주 해야 하는데 높은 곳에 있으면 접근성이 떨어지기 때문이다. 고객들도 높은 층의 점포는 방문하기가 번거롭고 불편해 가능하면 저층이나 편리하게 이용할 수 있는 곳을 찾는다. 그래서 상가는 1층이 가장 비싼 가격에 팔린다. 아파트 같은 주거 상품과는 정반대다. 아파트는 고층의 가격이 가장 높고 저층은 입주할 때까지도 잘 팔리지 않는다. 그래서 회사 보유분이라는 명분으로 나오는 미분양물량 대부분이 저층이다.

아주 높은 빌딩의 꼭대기 층은 예외적인 경우이고, 일반적으로 상가는 저층이 가치 있다. 필자가 부동산 현장에서 일할 때는 근린상가의 경우 1층이 다 분양되면 손익분기점break even point을 넘어선다는 말이 있었다. 상가라는 부동산 상품 자체가 이문利文이 높다는 측면도 있지만, 1층이 그만큼 가격이 높다는 방증이기도 하다. 상가 분양사무소에 들러 1층이 남아 있는지 물어보라. 만약 남아 있다면 그 상가는 별 볼 일 없는 상가다. 분양을 시작한 지 꽤 됐음에도 1층이 다 분양되지 않았다면 경쟁력 없는 상가가 틀림없다. 물론 코너 자리와 같이 아주 비싼 상가들이 남아 있을 수는 있다. 투자금이 너무 커서 망설이는 것이다.

필자는 1층만 상가이고, 나머지 층은 사무실이라고 생각한다. 실제로 1층을 제외한 나머지 층은 사무실로 활용하는 경우가 많다.

층별 업종의 차이를 한눈에 알 수 있다.

1층에도 있는 업종의 점포를 뭐하러 2, 3층까지 찾아가겠는가. 이 때문에 1층과 2층의 가격 차이가 3배인 경우도 흔하다. 이는 '제품 형태별 차별가격 정책'[39] 중 하나로, 지상에서 얼마나 떨어져 있느냐로 가격을 결정하는 정책이다. 아파트와 같은 주거 상품은 지면에서 멀어질수록, 상가와 같은 상업용 부동산은 지면에 가까울수록 가격이 올라간다. 부동산별로 이용하는 목적이나 행태가 다르다 보니 발생하는 현상이다. 하나는 사람을 많이 들여야 하는 상품이고 다른 하나는 사람이 되도록 방문하지 않아야 하는 상품이다. 번잡스러움을 즐기는 상품과 사생활 보장이 필요한 상품의 차이다.

상가 1층과 2층은 가격도 다르고 성격도 다르다

그럼 1층과 2층의 가격 차이가 어느 정도 벌어지는 것이 적당한가? 필자는 입점 후 영업 상황 등을 고려하면 1층과 2층은 3배 이상 차이가 나는 것이 적당하다고 본다. 만약 1층이 1억이라면 2층은 3,000만 원 정도가 되지 않을까 싶다. 하지만 분양하는 상가를 방문해보면 차이가 그리 크지 않다. 대략 50~60% 정도인 듯싶다. 한 연구에 따르면[40] 전국 상가 1층 평균 분양가 대비 2층의 평균 분양가는 46% 수준이었다. 거의 8,000개에 가까운 샘플을 조사한 연구에 따르면 1층의 3.3㎡당 분양가는 2,449만 원이었고, 2층의 분양가는 1,125만 원이었다고 한다. 최근의 분양가를 보면 1, 2층의 차이가 더 줄어들었다. 부동산114가 조사한 2016년 6월 현재 서울 지역 상가의 평균 분양가는 1층이 2,812만 원이고 2층은 2,500만 원이다. 거의 차이가 없다.

지상 1층과 지상 2층은 분양하는 단위면적이 다르다. 일반적으로 1층은 2층에 비해 분양하는 면적이 좁다. 1층을 좁게 구획하는 것은 2층과 동일하게 구획하면 분양가가 높아져서이기도 하지만, 입점하는 업종이 다르기 때문에 크게 구획할 필요가 없어서다. 1층 매장은 가시성과 접근성이 큰 영향을 받는 업종, 고객이 방문하여 머무는 시간이 비교적 짧은 업종이 대부분이다. 따라서 굳이 넓은 면적을 두고 영업할 필요가 없다. 이에 반해 2층 이상의 매장은 입점비용을 적게 들이고도 넓은 공간을 확보할 수 있는 업종, 고객회전율이 낮

전국 분양형 상가 층별 평균 면적 및 분양가

구분	조사 대상 총면적(㎡)	조사 대상 점포 수(개)	3.3㎡당 평균 분양가(만 원)	1점포 평균 면적(㎡)	1점포 평균 분양가(만 원)
지상 1층	509,785.45	7,772	2,449	65.45	48,596
지상 2층	465,528.93	5,646	1,125	82.31	28,070

* 상가뉴스레이다(2007)

은 업종이 주로 입점한다. 전국 평균 면적을 보더라도 1층 매장에 비해 2층 매장이 16.86㎡ 더 넓다. 2층 매장이 더 크기 때문에 3.3㎡당 분양가에 비해 1점포당 분양가는 2층이 상대적으로 높아진다. 연구에 따르면 3.3㎡당 분양가는 2층이 1층의 46% 수준이었으나, 1점포당 분양가는 58% 수준이었다.

2층 이상 매장은 지상층에 비해 접근성이 취약하다는 치명적인 약점이 있다. 물론 임대료가 1층 매장에 비해 저렴하기 때문에 경제성은 높을 수 있으나 이 역시 객관적으로 예상되는 수익분석 등을 통해 종합적으로 판단해야 한다.

또 하나 유의할 점은 상가는 층별로 전용률이 조금 다르다는 것이다.[41] 지상 2층에 비해 지상 1층의 전용률이 높은 경우도 있고, 낮은 경우도 있다. 앞에서 언급한 연구에 따르면 근린상가는 2층에 비해 1층이 조금 낮고, 단지내상가는 높았다. 이처럼 층별 전용률도 꼼꼼히 살펴야 한다.

전국 분양형 상가 유형별 전용률 현황

구분	전체 조사 면적(평)	전용률(%)			
		지하 1층	지상 1층	지상 2층	지상 3층
근린상가	279,365.4	57.22	57.63	58.50	58.36
단지내상가	43,034.69	65.71	71.43	67.20	69.06

* 상가뉴스레이다(2006)

층별 특성에 맞춘 입점 전략이 필요하다

상가 빌딩 중에 사업자가 직접 사용하는 면적과 일반인에게 분양하는 면적을 구분한 상가가 간혹 있다. 이런 상가는 전용률 등을 더욱 유심히 살펴야 한다. 분양하지 않는 상가의 전용률이 월등히 높을 수 있기 때문이다. 이렇게 되면 분양하는 상가는 전용률이 낮은 동시에 관리비 부담은 높아진다. 쉽게 말해 사업자는 엘리베이터를 공짜로 타지만, 분양받은 상가 주인들은 엘리베이터를 더 비싼 비용에 이용하는 셈이다.

층별로 분양가가 낮아지는데도 미분양물량은 층이 높아질수록 증가한다. 실제 가치를 고려할 때 분양가가 합리적이지 않기 때문이다. 의정부 지역의 5개 상가를 분석한 자료에 따르면 평균적으로 층별 1.2개의 미분양점포가 있었는데, 1층은 0개이고 4층이 2.7개로 가장 많았다. 이 자료는 점포 수를 기준으로 조사한 것으로, 점포 면적으로 따지면 상당히 큰 면적이 미분양됐음을 알 수 있다. 왜냐하면 위층으로 올라갈수록 점포당 면적이 늘어나기 때문이다. 기본적으로 접근성 측면에서 1층보다 떨어진다는 점과 입점 가능한 업종의 특성에 기인한 것으로 보인다. 한편, 최고층 역시 미분양이 없었는데 이는 입점 가능성이 1층을 제외한 다른 층보다 상대적으로 높기 때문으로 분석된다. 스카이라운지나 대형 피트니스센터 등 확실한 업종이 입점할 수 있어서다.

상가의 층별 특성을 조금 과장되게 이야기한 측면이 있지만 2층 이상의 매장에는 사무실과 유사한 업종이 입점하는 경우가 많다. 학원, 병원 등과 같이 전문 서비스업 위주의 업종이 많이 입점하는데 사실 이러한 업종은 사무실에 가깝다. 2층 이상은 구획해서 분양하는 면적도 넓고, 분양가도 실제 영업 상황보다는 비싸며, 심한 경우 전용률 또한 떨어질 수 있다. 분양이 1층에 비해 어려운 것처럼 분양받은 이후 공실이 생길 여지도 있다. 2층 이상의 매장이 가지는 한계를 인식하고, 상가를 선택할 때 층을 다시 한 번 따져보는 세심함이 필요하다. 필자라면 상가의 높은 층을 투자 목적으로는 분양받지 않겠다.

전용률 높은 상가가 무조건 좋을까?

20

우리나라 사람들은 소유욕이 강한 편이다. 외국에서는 빌려 쓰거나 공유하는 물건들조차 우리는 소유하는 비중이 높다. 자동차가 공유경제의 대표적인 대상으로 꼽히고 있음에도 우리나라에서 카쉐어링 car sharing[42]의 성공을 낙관하는 사람은 그리 많지 않다. 불편함을 감수해야 하는 일반 렌터카나 카쉐어링 서비스와는 달리 장기렌터카는 소유 욕구에서 자유로울 수 있다. 이런 장기렌터카도 가까운 선진국인 일본의 이용 비중이 11%인 데 반해 국내는 3%에 불과하다.[43] 모바일 환경이 급속하게 발전하면서 신차를 구매하고 싶어 하는 소비자들은 일단 검색을 통해 신차 구매뿐만 아니라 장기렌트, 심지어 리스까지 알아보는 경향이 생겨났다. 하지만 결과적으로 장기렌터카 점유율은 고작 3%에 그친다.

전용률이 높은 상가에 투자하라?

같은 돈을 지불하고 구입한 상가를 나만 넓게 쓸 수 있다면 더할 나위 없이 좋을 것이다. 하지만 모든 면적을 나 혼자 쓸 수 있는 단독상가와는 다르게, 이웃과 공동으로 상업을 영위하는 집합건물에는 나 혼자만 쓰는 공간과 공동으로 사용하는 공간이 따로 있다. 나 혼자 사용하는 공간을 전용면적이라고 하고, 이웃들과 공동으로 사용하는 공간을 공용면적이라고 한다. 전용면적이 넓으면 전용률이 높은 것이다. 예전 상가는 전용률이 대략 60% 수준이었다. 그런데 공급되는 상가의 규모가 커지면서 엘리베이터 · 화장실 · 에스컬레이터 등 부대시설이 늘어났고, 여기 할애되는 면적이 증가하여 전용률은 다소 떨어졌다.

이러한 현상은 앞으로도 계속될 것으로 보이며, 이는 구매자들의 소비 형태가 목적형에서 체류형으로 바뀐다는 점을 보여주는 것이기도 하다. 쇼핑을 편하게 하고 고객들을 오래 머무르게 하기 위해 편의공간을 늘리다 보니 전용률이 계속 떨어지는 것이다. 현재는 전용률이 대략 45~50%다. 예전에 비해 전용률이 계속 떨어지다 보니 소유 욕구가 강한 우리나라 사람들은 분양정보에서 전용률을 눈여겨본다. 이런 세태를 반영하듯 전용률이 높은 상가도 속속 분양되고 있다. 부산 암남동의 한 아파트는 단지내상가의 전용률이 90%대에 이른다. 이 정도면 상가를 방문하는 고객이 복도를 걸어 다닐 수나 있을지 궁금하다.

전용률이란 공급면적에서 전용면적이 차지하는 비율이다. 공급면적이 50평이고 전용면적이 25평이라면 전용률은 50%다. '전용률이 높은 상가에 투자하라'는 조언이나 광고문구를 많이 접해봤을 것이다. 전용률이 높은 상가라면 내가 사용하는 면적이 넓은 상가라는 뜻이다. 일단 내 것이 넓으니 당연히 좋지 않겠는가 생각된다. 그래서 같은 조건이면 전용률이 높은 상가를 선택하는 것이 투자에 유리하다는 생각을 하게 된다. 하지만 전용률이 높다고 모든 면에서 좋은 것은 아니다. 바꿔 말하면, 전용률이 낮다고 해서 무조건 나쁘다고 이야기할 수도 없다. 전용률이 낮다는 말은 전용면적에 비해 공용면적이 넓다는 말이다. 공용면적이 넓다는 것은 나만의 공간을 벗어난 후의 생활이 쾌적해진다는 말이다. 내 것을 떼어내 이웃과 공동으로 사용하는 공간을 늘렸으니 내 점포를 나서면서 만나는 복도나 계단, 화장실, 엘리베이터가 널찍하고 이용하기 편하게 되어 있다. 전용률에 대한 생각은 사람마다 다르겠지만, 필자는 전용률이 너무 높아서 내 점포를 나서는 순간부터 스트레스를 받는 상가보다는 전용률을 적당히 조정하여 공동으로 사용하는 공간을 늘린 상가를 선호한다.

전용률 욕심에 놓치게 되는 것

필자가 거주하는 마곡지구에도 상가가 많이 분양되고 있다. 대부분

복합상가인데 오피스텔과 함께 저층에 상가가 자리한다. 필자가 거주하는 7단지 바로 앞에는 조금 특이한 상가가 하나 있는데, 저층(1~2층)과 꼭대기 층(8층)은 상가이고 상층(3~7층)은 주차공간으로 되어 있다.

소위 '주차장 상가'다. 총면적이 4만 4,297㎡에 이르는 이 상가는 강서구청, 강서세무서, 출입국관리소 등 행정시설이 근처에 있어 공공기관을 출입하는 안정적인 수요를 확보할 수 있기에 이런 기획이 가능했던 것 같다. 준공이 2017년 1월인데 전용률은 80%대다. 상가 종류별로 전용률을 살펴보면 근린상가가 60%대, 단지내 상가는 70%대, 복합상가는 50%대, 테마상가는 30%대다. 총면적이 4만 제곱미터가 넘는 대형 상가인데 전용률이 80%대면 상당히 높은 것이다. 이 상가의 홍보 전략 중 가장 중요한 것이 '전용률 높은 상가'라는 점이다.

전용률이 높으면 투자 가치가 있는 것으로 보인다. 분양가는 전용면적이 아닌 공급면적을 기준으로 하니 같은 분양가라도 전용률에 따라 실질 가격이 달라지는 셈이다. 같은 분양면적에서 전용률 50%인 A상가와 80%인 B상가가 있다고 해보자. 3.3㎡당 분양가가 2,000만 원이라고 할 때 A상가는 실제 분양가가 4,000만 원(2,000만 원/50%)에 이르는 데 반해 B상가는 2,500만 원(2,000만 원/80%)에 그친다. 결국 전용률을 이용해서 실제 사용면적 대비 분양가를 따져보면, 같은 분양가라고 하더라도 전용률이 높은 상가가 실속형인 것처럼 보인다.

그렇지만 앞에서 언급했듯이 전용률이 높다고 해서 무조건 좋은 것만은 아니다. 전용률이 높을수록 내부통로나 주차공간, 휴게공간 등이 미흡해 상가 이용객들의 동선이 외부에 의존할 가능성이 크다. 고객의 동선을 내부화하여 체류시간을 늘리는 것은 상가 활성화에 아주 중요한 사항이다. 그런데 높은 전용률을 욕심내느라 동선을 외부로 돌리는 것은, 고객들에게 상가를 어서 떠나라고 부추기는 것이나 마찬가지다.

한 번 떠난 고객은 다시 돌아오지 않는다. 다른 상가에도 유사한 업종과 점포가 즐비한데 실망하고 떠난 상가에 무엇하러 되돌아오겠는가. 떠난 고객을 다시 불러들이는 데에는, 기존 고객을 계속 잡아두는 데 드는 비용의 몇 배가 필요하다.

아파트 같은 주거용 부동산에서는 공용면적이 적더라도 생활하는 데 약간 불편함을 감수하면 그뿐이다. 하지만 상가에서 공용면적이 적으면 치명적인 결과를 가져온다. 동선이 불편하고, 쇼핑 중간중간 쉴 수 있는 공간도 부족해 그 상가에 오래 있고 싶어지지 않는다. 특히 대형 상가는 집객력과 함께 고객들의 체류시간이 중요한데, 방문한 고객들이 목적성 구매만 하고 떠나버린다면 여타 상가와의 시너지는 거의 없다고 봐야 한다. 영화를 관람한 고객이 밑에서 식사도 하고 옷도 구입해야 상권이 활성화되지, 영화 고객 따로 음식점 고객 따로인 상가는 절대로 성공할 수 없다. 최근 대형 상가의 마케팅 트렌드가 '원스톱 쇼핑'에서 '원데이 쇼핑'으로 바뀐 것도 이와 같은 체류 고객의 중요성을 인식했기 때문이다.

공용공간에 대한 배려는 공동체에 대한 배려다

아파트의 발코니와 같이 상가에도 서비스면적이 존재한다. 서비스면적은 공급면적이나 전용면적과 별개로 제공되는 면적이기에 전용률과는 상관이 없다. 서비스면적은 해당 상가의 전용면적으로 사용할 수 있으므로 이 면적이 클수록 이용면적이 늘어나는 효과가 있다. 하지만 상가의 서비스면적은 불법인 경우도 많다. 1층 상가의 야외 데크가 대표적인데 대부분이 불법이다. 기존 도심지와는 다르게 신도시에 가보면 건물 전면에 공지가 넓게 확보된 곳이 많다. 이런 곳에 특화 거리가 조성되기도 하는데, 1층 인도에 폭 1~3미터의 데크를 불법으로 설치해 영업하는 곳이 흔하다. 관광특구나 호텔에서는 데크를 설치해 영업하는 것을 허용하지만 신도시나 도심에 있는 야외 데크는 대부분 불법이다. 따라서 서비스면적이라고 좋아하지만 말고 법에 저촉되는지 어떤지를 항상 확인해야 한다.

좁은 공간을 넓게 쓰려다 보니 공간에 대한 이야기가 많다. 구 1평을 늘리는 데 추가되는 비용만 몇천만 원이니 전용률에 관심이 많고 서비스면적에 목을 매기도 한다. 하지만 전용률이 높고 서비스면적이 넓으면 공용공간에 대한 배려는 덜할 수밖에 없다. 상업시설에서는 내 것만 챙기려고 무리하는 것보다 이웃과 함께할 수 있는 공간을 늘리고자 하는 배려가 필요하다.

필자는 우리나라 사람들의 소유 욕구가 높은 이유 중 하나는 신뢰가 부족하기 때문이라고 생각한다. 사회에 신뢰 인프라가 형성되어 있지 않기 때문에 무조건 내부화하려고 하는 것이다. 전용공간에 대한 욕심을 버리는 데에도 이웃과의 신뢰 회복이 우선되어야 하지 않을까 싶다.

쪼개는 추세와 거꾸로 가는 상가 분양면적

21

소형 아파트가 대세다. 1~2인 가구가 꾸준히 증가하고, 발코니 확장이 합법화되면서 구 30평 아파트도 이제는 중대형 취급을 받는다. 아파트 설계도 혁신적으로 변모하고 있다. 건설사들이 신기술과 최신 설계를 도입하면서 답답한 소형 아파트를 실속 있는 꽉 찬 공간으로 바꿔놓고 있다. 얼마 전까지만 해도 필자는 구 60평대에 살았다. 실거주가 목적이다 보니 여유롭게 살고 싶어 넓은 공간을 선택했다. 지인 중에서는 필자가 대형 아파트에 산다는 걸 알고는 곧 대형 아파트의 시대가 오는 건가 싶어 대형 아파트 투자를 진지하게 문의하는 이들도 있었다. 절대로 아니다. 아마도 우리 살아생전에 대형 아파트 시대는 다시 오기 힘들 것이다. 참고로 필자는 1년 전에 이사해서 지금 마곡지구 구 40평대에 살고 있다.

점점 넓어지는 상가 분양면적

아파트와 다르게 상가는 분양하는 면적이 조금씩 커지고 있다. 본인이 직접 경영하는 상가라면 업종에 따라 적당한 면적을 고르라고 조언하겠지만, 투자 목적이고 예산이 맞는다면 면적이 넓은 상가를 추천한다. 직접 경영하는 영업주가 상가를 분양받는 경우가 많지 않기 때문에, 여기서는 대부분이 투자자라는 가정하에 당연히 넓은 면적을 추천한다. 상가의 적정 면적은 지역에 따라 다르고 업종에 따라서도 다르다. 개략적인 추정치와 경험칙은 있지만 표준화된 모델을 만들기는 어렵다. 필자가 한창 상가 분양을 하러 다닐 때 대한주택공사에서 상가 적정 배치 기준의 표준모형을 연구한 게 있었다. 이 자료를 보면 매년 택지지구의 규모에 따라 세대 수에 근거한 단지내 상가의 업종별 적정 규모가 산정되어 있다. 부동산은 구 9평, 미용실과 세탁소는 11평 등이다.

상가의 분양면적이 넓어지는 이유에는 여러 가지가 있는데 일단 임차인을 유치하는 데 유리하기 때문이다. 대형 상가는 과거와 달리 고객들의 쇼핑 편의에 초점을 맞추고 있다. 동대문에 많았던, 쇼핑몰로 알려진 과거의 대형 상가는 아주 적은 면적으로 점포를 나누었다. 이 점포를 또 칸막이로 나눠 영업을 했는데 상가를 분양하는 사업자 입장에서는 돈이 되지만 쇼핑하는 고객들로서는 불편함을 느낀다. 모든 점포가 100% 분양된다는 것을 가정하면 쪼개면 쪼갤수록 돈이 된다. 상가, 오피스텔 같은 수익형 부동산 상품에서 이는 가장 기본이 되는 원칙이라 할 수 있다.

하지만 고객의 쇼핑 편의를 고려한다면 공간을 트고 복도를 넓히는 것이 바람직하다. 에스컬레이터를 타고 내려가면서 그 층 전체가 대략 눈에 들어오지 않는다면 고객을 끄는 데는 실패한 쇼핑공간이 될 수 있다. 아이파크몰로 재탄생한 용산민자역사도 제일 먼저 리모델링에 손을 댄 것이 쪼개놓은 점포를 합치는 일이었다. 복도도 넓어야 한다. 예전에는 어깨를 부딪히면서 쇼핑하는 것을 즐겼던 적도 있다. 왠지 사람들이 많은 곳이 좋아 보였던 시절의 얘기다. 하지만 이제는 그런 쇼핑공간을 고객들은 좋아하지 않는다. 한가롭게 쇼핑하고 힐링도 할 수 있는 공간을 원한다. 그러려면 기본적으로 여유 있는 공간이 필요하다.

공실의 위험을 줄여줄 수 있다는 점도 상가의 분양면적이 넓어지는 또 다른 이유다. 공용면적이 넓은 상가는 관리비가 비싸기 때문에 공실이 발생하면 수익에 치명타를 입는다. 따라서 상가는 공실을 줄이는 것이 최선의 재테크다. 최근에 늘어나는 업종들을 살펴보면 넓은 면적이 필요한 유형이다. 이른바 '편집숍' 들이다. 한 매장에 2개 이상의 브랜드 제품을 모아 판매하는 유통 형태다. 멀티숍multi shop 또는 셀렉트숍select shop이라고도 한다. 제품이 실제 생활 속에 있는 형태로 전시를 하다 보니 면적도 넓어지고 움직이는 데에도 불편함이 없도록 공간을 여유 있게 배치한다. SPASpecialty store retailer of Private label Apparel Brand 또한 마찬가지다. SPA는 의류의 기획부터 디자인, 생산, 유통까지 전 과정을 일괄 담당하는 전문 브랜드를 말한

서울 명동의 유니클로 매장

다. 대표적인 SPA 브랜드인 유니클로 매장을 방문해보자. 한 층을 거의 통째로 사용한다. 필자는 도쿄를 방문하면 대부분 이케부쿠로 池袋에 있는 호텔에서 체류하는데 근처에 도부백화점 東武百貨店이 있다. 여기에 유니클로 매장이 입점해 있는데 무려 3개 층을 사용한다.

SPA매장들이 대부분 넓은 면적을 사용하니 대형 상가들은 구획을 점점 더 넓게 하게 된다. 그래야 입점률을 높일 수 있기 때문이다.

잘되는 곳은 더 커지고, 안되는 곳은 사라진다

점포영업을 하는 업체들도 양극화되다 보니 잘되는 곳은 더 커지되, 안되는 곳은 줄이는 것이 아니라 아예 없어진다. 필자의 제자 중에는 프랜차이즈 업체의 점포개발팀에 근무하는 직원들이 꽤 있다. 공식, 비공식 모임에서 이들에게 요즘 프랜차이즈 개업 트렌드를 물어보면 기존에 점포를 가진 영업주가 추가 점포를 개점하는 사례가 늘고 있단다. 처음으로 시장에 진입하는 신규 영업주는 거의 없다고 한다. 그만큼의 자본력도 없고, 자본력이 있다고 하더라도 실패의 위험 때문에 선뜻 개점을 하지 않는다. 이에 비해 이미 매장을 가지고 영업을 하고 있는 사업주에게는 다른 이야기가 적용된다. 기존 매장에서 안정적인 매출이 발생하기 때문에 신규 매장이 초기에 어려움을 겪더라도 버틸 수가 있다. 시간이 지날수록 지역에서 알려지고 단골도 늘어나니 그만큼 실패의 위험이 줄어드는 것이다. 그래서 잘되는 매장은 커지고 안되는 매장은 없어진다. 궁극적으로 큰 매장만 살아남는 것이다.

이러다 보니 주요 임차인이 전체 상가 빌딩에서 차지하는 비중 또한 늘어난다. 과거에는 주요 임차인이 30% 내외의 비중을 차지했는데 이제는 50%를 넘어서는 것으로 보인다. 중소규모의 임차인이 줄어들면서 매장들이 큼지막하게 변해간다. 우량 임차인이 많다 보니 과거에 비해 퇴점률 또한 낮아져 상가 빌딩 전체를 운영하는 운용사들도 큰 걱정은 하지 않는다. 쪼개면 쪼갤수록 임대료 또한 높아진다지만, 이는 어디까지나 이론에 불과하다. 임차인의 손바뀜이 빈번한 매장은 임대료를 높게 받을 수가 없다. 임대료를 적정 수준에서 유지하면서 입점기간을 늘리는 것이 상권 활성화에도 도움이 된다.

분양하는 상가에서는 협상의 여지도 있다. 넓은 면적을 분양받는다고 하면 좀 할인해주는 것은 당연하다. 넓은 면적은 대부분 2층 이상이니 분양에 어려움을 겪을 것이다. 상가사업자와 최대한 협의해서 분양가를 할인받고 여기에 분할 납부 등 지급 조건도 좋게 만들자. 특약 조항도 최대한 넣자. 업종 제한이라든지, 렌트프리 기간 등을 최대한 우호적으로 확보할 수 있을 것이다.

개별 상가의 분양면적은 늘어나고 있지만 투자 대상이 되는 상가 빌딩은 소형이 인기다. 2015년 서울 시내 500억 미만의 중소형 빌딩 거래금액이 처음으로 5조 원을 돌파했단다. 투자 여건이 악화되고 있지만 마땅한 대안의 투자처가 없는 상황이기에 중소형 빌딩의 인기가 지속되고 있다. 중소형 빌딩 전문업체인 리얼티코리아에 따르면 2015년 중소형 빌딩 거래 건수도 1,000건을 넘어섰다고 한다. 10억 이상 여유자금을 가지고 있으면 중소형 빌딩을 매입해 건물주가 되려는 투자자들이 늘고 있다. 투자자들은 늘고 있지만 매물은 거의 없다. 매물 품귀현상이다.

중소형 빌딩 거래 건수 및 금액

(단위: 건, 백억 원)

연도	2012년	2013년	2014년	2015년
거래량	731	522	719	1,033
거래금액	323	271	324	551

* 리얼티코리아

상가 면적에 대해서 많은 이야기를 했지만, 사실 대부분 내용이 어떻게 보면 부동산에 대한 이야기는 아니다. 점포영업과 경제 트렌드에 대한 이야기다. 상가는 기본적으로 장사를 알아야 한다. 장사를 위해 필요한 부동산이 상가이니, 장사나 경제에 대해 문외한이라면 애초부터 투자를 꿈꿔서는 안 된다. 현재 쇼핑의 트렌드가 어떤지, 쇼핑객들의 취향이 어떻게 변해가고 있는지를 끊임없이 모니터링해야 한다. 현재의 트렌드를 아는 것이 상가라는 부동산 상품을 거래하는 데 가장 중요한 투자 기준이 될 수 있기 때문이다.

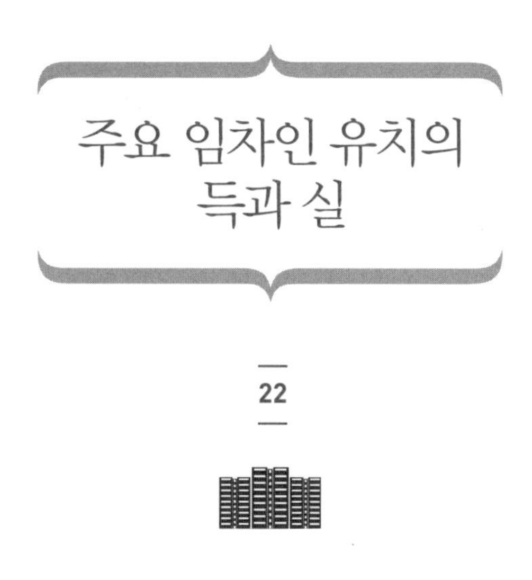

주요 임차인 유치의 득과 실

22

세입자라고 하면 약간 불리한 처지에 있는 사회적 약자를 의미하는 듯이 들린다. 주로 주거용 부동산에 사용되는 단어다. 물론 10억 원의 전세를 살고 있는 사람들도 세입자이지만, 이 단어를 사용하면 좀 영세하다는 느낌이 든다. 이러다 보니 요즘은 잘 사용하지 않는다.

세 가지 유형의 임차인

세입자는 주거시설에만 있는 것은 아니고 상가에도 있다. 하지만 상가의 세입자는 보통 '테넌트tenant(임차인)'라고 부른다.[44] 세입자보다는 테넌트란 단어가 약자라는 어감을 완화해주는 것 같다. 실제로 상가 세입자에는 법인들도 있고, 기본적으로 자본력이 있는 임차인들이 많다. 프랜차이즈 업체들을 보면 건물주보다 훨씬 부자인 경우도 꽤 있다.

상업시설에서는 임차인인지 임대인인지 헷갈리는 경우도 있다. 대형 찜질방에는 부대시설로 식당이나 미용실 등이 입점해 있다. 고객들은 찜질방에서 직접 영업하는 줄 알겠지만 사실은 독립된 영업주들이 따로 있다. 이런 부대시설은 찜질방이 그 상가를 분양받거나 임차할 때 분양대금이나 보증금의 일정 금액을 사전에 부담한다. 찜질방 업주와 부대시설 업주 간에 당연히 계약서가 존재할 것이고, 사실 따지고 보면 공동투자자나 다름없다. 이런 이유로 부대시설 영업주를 온전히 임차인으로만 분류하기는 어렵다.

점포영업이 필요한 사람들은 상가를 임차하는데, 이 임차인들은 몇 가지 유형으로 나뉜다. 소비양식(업종)별로 나눌 수도 있고[45] 기능별로 나눌 수도 있다. 기능이란 상가 내에서의 역할을 이야기한다. 보통 사용하는 면적, 계약기간, 시너지 여부 등을 고려하여 분류한다. 최근에는 더 다양하게 분류하기도 하는데 필자가 처음 상업시설에 대한 개념을 배우고 현장에서 일을 할 때는 주요 임차인key tenant, 서브 임차인sub tenant, 소형 임차인small tenant 등으로 분류했다.[46]

주요 임차인은 가장 넓은 면적을 쓰고, 계약기간이 길며, 여타 점포들과 시너지가 높은 임차인을 말한다. 국내 SPA, 글로벌 SPA, 영화관, 서점, 패밀리 레스토랑, 대형 할인점, 공연장 등이다. 쇼핑몰

임차인 분류

구분	면적 비율	점포(업체) 수	계약기간
주요 임차인	20~30%	1~2개	5~10년
서브 임차인	50~60%	4~5개	2~3년
소형 임차인	20~30%	7~10개	2년 이하

을 비롯한 대형 상가의 성패는 주요 임차인의 입점 여부에 달렸다고 해도 과언이 아니다. 쇼핑몰이 입점하기 전 사전 마케팅 단계에서 주요 임차인을 유치하기 위한 경쟁은 거의 전쟁에 가깝다. 서브 임차인은 주요 임차인보다는 적은 면적을 쓰고, 계약기간이 짧고, 여타 점포들과 상대적으로 시너지가 약한 임차인을 말한다. 소형 임차인은 서브 임차인보다 더 적고, 짧고, 약한 임차인이다.

긴 계약기간보다 업종 간 시너지가 중요해졌다

과거에는 넓은 면적을 쓰고, 계약기간이 긴 임차인을 선호했다. 대형 상가를 빨리 분양해야 했고, 주요 임차인이 몇 년 계약을 맺었는지가 여타 점포를 분양하는 데 중요했기 때문이다. 계약기간이 길다고 하면 주요 임차인으로 인한 파급 효과가 안정적으로 미치리라 판단했다. 그런데 지금은 그것보다 상가 내 임차인들 간의 시너지 여부를 더 따진다. 조금 적은 면적을 쓰고, 계약기간이 유동적이라도 점포 간에 긍정적인 영향을 주고받을 수 있다면 오히려 더 선호한다.

이런 업종의 대표적인 사례가 SPA다. 이제는 SPA가 없으면 대형 상가의 임차인 선정(MD)은 불가능해지고 있다.

쇼핑몰에 입점해 있는 핵심적인 임차인과 총매출액의 상관관계를 분석한 연구에 따르면[47] 유니클로, H&M 같은 글로벌 SPA는 상관계수가 무려 0.875가 나온다. 이는 아주 강한 상관관계가 있음을 의미한다.[48] 에잇세컨즈8seconds나 SPAO와 같은 국내 SPA도 상관계수가 0.744로 나와 강한 상관관계가 있음을 알 수 있었다. 패밀리 레스토랑은 보통의 상관관계, 서점은 약한 상관관계로 조사됐으니 SPA의 영향력이 대단한 셈이다. 강서구에 살고 있는 필자도 가끔 글로벌 SPA를 찾아 쇼핑하는데 그러다 보니 글로벌 SPA가 입점한 대형 마트를 방문하게 된다. 자연스럽게 국내 1위의 대형 마트보다는 최근 주인이 바뀐 2위[49] 대형 마트를 찾게 된다. SPA라는 업종 하나가 대형 마트 방문의 동선까지 좌우할 수 있다는 말이다.

필자가 처음 상업시설을 공부하고 현장에서 일할 때는 주요 임차인이 전체 상가에서 차지하는 비중이 높지 않았다. 대략 30% 비중이었던 것 같다. 최근에는 이 비중이 늘어 50%가 넘는 곳도 있다. 한 연구에 따르면 각 쇼핑센터에 2~10개의 다양한 주요 임차인이 입점했고, 그 비율이 쇼핑센터 유형에 따라 22.6~57.9% 수준이었다.[50] 이는 과거와 달리 상가의 분양면적이 넓어지고 입점하는 업체들도 쇼핑객들의 편의를 위해 넓은 면적을 요구하기 때문이다. 더불어 쇼핑몰을 분양하는 것보다 소유권을 가지고 운영하는 경우가 늘어나면서 제대로 된 MD가 시작됐기 때문이다.

테넌트 믹스의 대표적인 예를 보여주는 부산 서면의 복합상가

이렇게 주요 임차인이 늘어나면 좋은 점도 있지만 나쁜 점도 있다. 기능별로 임차인을 구분하는 이유는 임차인을 최적화하는 '테넌트 믹스tenant mix'를 잘하기 위함이다. 테넌트 믹스란 디벨로퍼나 상가 운영회사가 최적의 테넌트를 선택하여 계획한 규모, 위치, 콘셉트에 맞게 적정하게 배치하는 노하우를 말한다. 이 테넌트 믹스는 주요 임차인 유치와 함께 상업시설 활성화에 가장 중요한 요소다. 테넌트 믹스는 임차인의 최적 조합이며, 임차인의 특성을 고려하여 전체 상가의 수익 극대화 전략을 추구한다. 주요 임차인의 비중이 늘어나는 데 비해 그 숫자는 줄어든다면, 이들이 사용하는 면적이

더욱 커졌다는 말이다. 이런 주요 임차인이 여러 사정으로 퇴점해야 하는 상황이 발생하면 전체 상가에 비상이 걸린다. 가장 넓은 면적과 시너지가 큰 임차인이 나가면 상가 전체의 수익성 하락은 불을 보듯 뻔하고, 공실 위험까지 발생할 수 있다. 하지만 임차인을 적절하게 배분해 입점시켰을 경우에는 단일 임차인의 퇴점으로 인한 리스크가 현저히 줄어들 수 있다. 이렇게 업종과 함께 면적, 계약기간 등을 적절하게 조절하여 최적의 임차인 조합을 만들면 수익성도 높아지고 안정적인 상가 운영을 할 수 있다. 주요 임차인이 많다는 것이 꼭 좋은 측면만 있는 것은 아니다. 이런 장단점을 잘 파악하여 본인이 입점해 있는 상가 빌딩에 적용해보는 노력이 필요하다.

주요 임차인이 많으면 많을수록 고객들을 불러 모으는 힘은 커지지만 점포에서 벌어들일 수 있는 상가의 운영(임대료)수익은 떨어질 수 있다. 상가의 임대료 산정 방식은 정액제와 정률제로 나눌 수 있는데, 정액제로 운영되는 상가가 많다. '보증금 1억에 월 300만 원' 식이 정액제다. 상가의 매출이 늘든 줄든 임대료 수익은 일정하다. 정률제란 '매출의 15%' 식으로 점포의 매출에서 일정 비율을 매장 제공료의 형태로 받아가는 것이다. 정액제든 정률제든 글로벌 SPA 같은 영향력 있는 주요 임차인은 매장 사용료를 많이 부담하지 않으려 할 것이다. 협상력이 높은 이런 주요 임차인에게는 임대료를 낮게 부과해야 한다. 당연히 상가의 운영(임대료)수익이 줄어드는 걸 감수할 수밖에 없다.

상가에 주요 임차인을 유치하는 것은 상가의 성패를 좌우할 만큼 중요한 사항이다. 하지만 주요 임차인이 너무 많으면 계약기간의 만료 시점이 일정 시기에 집중되면서 공실의 위험이 배가될 수 있고, 운영(임대료)수익을 제대로 얻지 못하는 경우도 발생할 수 있다. 주요 임차인 유치와 테넌트 믹스 전략이 상반될 수도 있다는 말이다. 이럴 경우 고객 집객력은 늘어날 수 있으나 상가 운영에는 오히려 해가 된다. 그래서 제대로 된 테넌트 믹스가 필요하다.

힐링과 쇼핑을 결합한 스트리트 쇼핑몰

23

백화점이 생겨나기 전에는 아마도 건물 내에서 쇼핑한다는 개념은 존재하지 않았을 것이다. 거리의 상점이 일반적인 쇼핑공간이었고 고객들은 걸어 다니면서 필요한 물건을 구경도 하고 사기도 했다. 어떻게 보면 거리의 상점을 이용하는 것이 훨씬 자연스러운 현상이다. 이 시기에 백화점은 아파트의 모델하우스처럼 상품과 스펙터클한 공간을 결합해 현대인의 잠재적 소비 욕구를 자극하는 환상적인 공간을 제공했을 것이다. 최초의 백화점은 1852년 프랑스 파리에 설립된 봉마르셰Bon Marche로, 기원은 만국박람회였다고 한다. 당시 만국박람회는 현실과 동떨어진 거대한 공간에 모든 상품을 옮겨놓고 그 물건들을 통해 교육을 하려는 시도, 즉 '주물숭배呪物崇拜'가 목적이었다고 한다. 아마 실용성은 눈을 씻고 찾아봐도 없었을 것이다.

쇼핑인 듯 아닌 듯, 스트리트 쇼핑

앞서도 얘기했듯이 사람들의 쇼핑 동선은 수평이다. 이게 자연스러운 것이다. 쇼핑몰이나 백화점과 같이 박스형 공간을 만들어 내부에 고객들을 밀어 넣는 형태는 자연스러운 것이 아니다. 특히 쇼핑에 대한 개념이 달라져 내부의 밀폐된 공간에서 이뤄지는 구매 행위는 갈수록 불편함을 느끼게 하고 있다. 특정 물건을 구매하기 위해 특정 장소를 방문하는 목적성 쇼핑에서 벗어나, 목적이 뚜렷하지 않고 쇼핑이 여러 행위 중 부수적인 행위에 불과한 비목적성 쇼핑이 증가하고 있다. 실제로 쇼핑객들을 조사해보면 목적을 가지고 선택 구매를 하는 목적성 구매고객은 20% 안팎이며, 아이템이나 브랜드를 결정하지 않고 소비하는 준목적성 · 비목적성 고객이 80% 이상이다. 쇼핑에도 본격적으로 힐링의 개념이 도입되고 있다.

여담이지만 과거 한국인의 쇼핑은 목적성 구매 행위가 많았다. 한국인들이 쇼핑할 때 뇌를 관찰해보면 기대와 흥분을 나타내는 부위가 활성화된단다. 이에 반해 선진국 국민은 오히려 뇌가 차분해지는 걸 관찰할 수 있다고 한다. 수많은 제품과 사고 싶은 욕구가 결합하면 전투에 임하는 군인처럼 흥분하게 된다. 필자도 대형 마트에 쇼핑하러 가면 합리적인 소비를 위해 5개 정도의 물품 목록을 적어가는데 돌아올 때는 대개 10개가 넘는 상품이 쇼핑카트에 담겨 있곤 한다. 묶음판매, 호객행위 등은 외국에서는 보기 힘든 한국 대형 마트의 진풍경이다.

이러다 보니 국내에서는 전문점category killer[51]이 잘 되지 않는다고 한다. 쇼핑을 기대하고 흥분하는 한국인들에게 특정 제품만 보여준다면, 별로 인기가 없을 것 같다. 이렇게 흥분하는 우리 한국인을 달래기 위한 새로운 유형의 쇼핑몰이 필요하다. 내부에 갇혀서야 어떻게 힐링하면서 쇼핑할 수 있겠는가. 스트리트 쇼핑몰이 대안이 될 수 있다.

스트리트 쇼핑몰은 걸으면서 쇼핑을 즐긴다는 콘셉트로 만들어진 대형 상가다. 일반적으로 역세권을 중심으로 생겨난 주요 상권의 로드숍road shop에 새로운 콘셉트를 부여하여 일정 면적 이상으로 구현해놓았다고 보면 된다.[52] 2003년 일산 라페스타 이후 전국에 스트리트 쇼핑몰 개발붐이 일었는데, 현재는 그리 특별한 개발 모델은 아니다. 고객 위주의 모델을 추구하다 보니 용적률을 최대한 활용하여 밀집된 느낌을 주던 기존 박스형 모델보다 사업성을 확보하는 데 어려움을 겪고 있긴 하지만, 임대 방식을 적용하여 성공적으로 운영하는 사례도 늘어나고 있다.

2015년 5월 광교 지역에 또 하나의 스트리트 쇼핑몰 '아브뉴프랑'이 입점했다. '프랑스'와 '길'이라는 의미를 담은 이 쇼핑몰은 판교 지역에 이어 두 번째로 생겨났다. 길을 따라 걸으며 프랑스 파리의 멋과 맛을 즐길 수 있는 복합공간이라는 콘셉트로 H건설이 100% 임대 및 운영한다. 판교점보다 약 3배 큰 규모인 이 쇼핑몰을 개관하기 위해 수년에 걸친 사전준비를 하고 개발 콘셉트 및 통합 MD 계획을 수립한 것으로 알려졌다.

광교의 스트리트 쇼핑몰 아브뉴프랑

교외에 생겨나는 프리미엄 아울렛

필자도 자주 집 주변의 스트리트 쇼핑몰을 방문한다. 단일 주체가 100% 소유하면서 임대, 운영하는 스트리트 쇼핑몰은 구매 동선이 편리하고 쇼핑도 즐겁다. 쇼핑에 어찌 살거리만 있겠는가. 볼거리, 즐길거리도 모두 포함하는 개념이 쇼핑일 것이다. 특히 주목받는 업태가 프리미엄 아울렛이다. 프리미엄 아울렛은 국내외 명품 및 매스티지(중저가 명품), 유명 디자이너 브랜드의 이월 상품 등을 상시 할인하여 판매하는 점포들이 집단으로 모여 있는 곳이다. 다행히 대부분이 복잡한 도심을 벗어나 한적한 교외에 자리 잡고 있다. 국내에서 프리미엄 아울렛을 전개하는 회사들은 모두 백화점을 보유하고 있다. 따라서 정상적인 제품을 판매하는 백화점 등의 업종과 경쟁을 피하기 위해 도시 외곽에 있으면서 여러 측면의 비용절감을 통해 할인폭을 높이고 있다. 교외에 있다 보니 자연을 비롯한 볼거리가 많다. 필자가 자주 방문하는 김포의 아울렛은 아라뱃길 옆에 있다. 쇼핑만의 공간을 넘어 다양한 즐길거리를 제공한다.

스트리트 쇼핑몰이 인기를 끄는 이유는 현대인들의 쇼핑 행태, 그리고 이에 대응하는 기업들의 마케팅 전략과 밀접한 연관이 있다. 브랜드의 증가와 광고의 홍수 속에서 소비자들은 제품에 무감각해지고 있다. 이에 대한 돌파구로 소비자들의 경험을 자극하는 '체험 마케팅'이 많은 관심을 받고 있다. 소비자들에게 제품만을 파는 것은 일시적이며, 지속적인 관계를 구축해야만 재구매를 유도하고 충성고객을 만들어낼 수 있다. 이런 측면에서 기업은 '경험'을 팔아야 한다. 즉 소비자가 쇼핑할 때 체험하는 경험이다. 단순한 박스형 공간에서 소비자들의 쇼핑 경험은 지속되기 어렵다. 보고, 듣고, 즐기며 만들어진 쇼핑 경험은 오래 남는다. 여기에 교외의 한적하고 자연친화적인 환경은 힐링에도 제격이다. 프리미엄 아울렛이 교외 지역을 중심으로 급격하게 늘어나는 이유다.

스트리트 쇼핑몰에서 하이브리드 쇼핑몰로

물론 스트리트 쇼핑몰의 한국화는 극복해야 할 과제다. 겨울철에 스트리트 쇼핑몰을 방문하면 썰렁하다 못해 을씨년스럽기까지 하다. 안 그래도 넓은 면적에 사람이 다니질 않으니 몹시 적막하다. 한국의 스트리트 쇼핑몰이 극복해야 할 점은 바로 날씨다. 미국에서도 이런 종류의 쇼핑몰이 발달한 곳은 캘리포니아 지역이다. 캘리포니아는 온화한 해양성 기후 지역이다. 그리 덥지도 않고 춥지도 않은 날씨가 사계절 계속된다. 비도 자주 내리지 않으니 아웃도어 스타일의 쇼핑몰을 개발하기에는 안성맞춤이다. 전형적인 대륙성 기후로 사계절이 뚜렷한 우리나라에서는 봄과 가을에만 외부 활동이 활발하다. 안타깝게도 봄과 가을이 자꾸 짧아지다 보니 더운 여름과 추운 겨울에는 야외 활동이 점차 줄어들고 있다. 연 평균 강우량도 만만치 않다. 지난 100년간을 살펴보면 강우 일수가 매년 증가하고 있다. 이런 환경에서는 스트리트 쇼핑몰이 먹히기가 쉽지 않다.

하지만 최근에 오픈하는 스트리트 쇼핑몰을 보면 이런 문제점들을 극복해가고 있는 듯하다. 프리미엄 아울렛이 대표적인 사례인데, 2층 이상의 복층 구조로 외부와 완전히 단절된 공간을 만들어 기후나 날씨에 대응할 수 있도록 했다. 스트리트 쇼핑몰과 기존의 박스형 쇼핑몰의 중간으로 진화해가고 있다. 최근 부산 해운대권에 개관한 L 프리미엄 아울렛은 별도로 박스형 쇼핑공간을 도입하여 완전한 하이브리드 쇼핑몰로 거듭났다.

스트리트 쇼핑몰은 투자 측면에서는 그리 매력적이지 않다. 대부분의 스트리트 쇼핑몰은 직영이다. 하나의 주체가 대부분을 소유하면서 임대 · 관리하고 있다는 말이다. 그래서 입점해서 장사를 하고자 하는 경우가 아니면 스트리트 쇼핑몰에 투자하기는 쉽지 않다. 만약 업종지정으로 구분등기가 되어 있는 상가라면 스트리트 쇼핑몰일지라도 성공하기 어렵다. 그런 스트리트 쇼핑몰에는 투자하지 않는 것이 바람직할 것이다.

하지만 대안은 있다. 간접적으로 투자하는 방식이다. 일례로, 프리미엄 아울렛과 도심형 아울렛을 동시에 운영하는 H백화점이 K자산운용의 부동산펀드에 도심형 아울렛을 매각했다. 국내 백화점 그룹들이 자기자금으로 스트리트 쇼핑몰을 계속해서 개발하기는 어려울 것이기에, 금융과 부동산이 결합된 펀드나 리츠를 통해 진행할 것이다. 이러한 쇼핑몰을 편입한 펀드나 리츠에 간접 투자하는 방법도 있다. 대부분의 부동산펀드나 리츠가 사모형(97%)인데, 최근에는 공모형 또한 늘어나고 있어 투자 여건도 좋아졌다.

이르면 2017년, 서울 남대문로가 차량 중심에서 보행자와 버스 등 대중교통 중심으로 개편될 것으로 보인다. 그러면 일대 상권에도 변화가 발생할 것이다. 시범 사업지로는 우정국에서 남대문로 축이 결정됐는데, 특히 눈에 띄는 것이 늘어나는 건널목이다. 이 주변을 다녀본 사람들은 잘 알겠지만 지하도가 아니면 건너편으로 넘어가기 어려웠다. 이로 인해 오히려 지하상가가 활성화되는 현상까지 벌어지기도 했다. 남대문로의 개편에서 문제의 소지가 있는 부분이 교통 혼잡과 지하상가 상인과의 갈등이다. 교통 혼잡은 대중교통 확대라는 인식 제고로 해결할 수 있겠지만, 지하상가 상인과의 갈등은 그간 여러 도심재개발에서 드러났듯이 쉽게 풀리지 않는 문제다. 하지만 핵심은 사람들이 지하를 걷는 것보다 지상의 인도를 선호한다는 점이다. 거기에 맞춘 상업시설 개발과 상권 계획이 필요할 것이다.

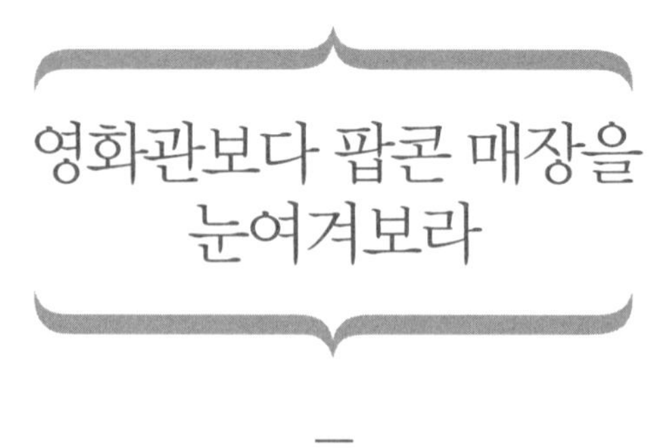

영화관보다 팝콘 매장을 눈여겨보라

24

한 번이라도 직접 장사를 해본 사람들은 어떤 매장을 방문하든지 그 매장이 장사가 어느 정도 되는지를 살피려 한다. 필자도 음식점이나 커피 전문점에 앉으면 나도 모르게 두리번거리곤 한다. 상가라는 것이 영업이 핵심이라 잘되는 상가와 안되는 상가를 구분해보려 애쓴다. 아무래도 직장인보다는 시간적 여유가 있다 보니 요즘엔 영화관을 자주 간다. 영화관에서도 두리번거리다 보니 장사가 가장 잘되는 곳이 팝콘과 음료를 파는 매장임을 알게 됐다. 영화를 보러 온 대부분의 사람이 팝콘과 음료를 산다. 매장에서는 이를 세트로 만들어 파니 안 먹을 재간이 없다. 상영 시간이 임박해서 표를 끊은 사람들은 팝콘과 음료를 사려고 기다리다가 줄이 너무 길어 포기하기도 한다.

본원상가보다 알짜인 파생상가

미국에서는 영화사업을 팝콘 비즈니스라고 한다. 영화사업을 이렇게 부르는 데에는 다 이유가 있다. 영화 상영의 결과인 박스 오피스 box office[53]는 극장 운영에 드는 경비를 충당하는 데 그치는 경우가 많고, 극장의 실제 이익은 매점과 광고수입에서 발생하기 때문이다. 한때 영화관 측에서 외부 음식을 반입하지 못하게 한 적이 있다. 2008년에 공정거래위원회가 시정 명령을 내려 외부 음식물 반입이 허용됐지만, 이를 알고 있는 사람은 많지 않다. 영화관에서 적극적으로 홍보를 하지 않기 때문이다. 순이익의 절반 이상이 매점에서 발생하는 상황이니 팝콘과 음료를 외부에서 사 오는 걸 영화관이 좋아할 리가 있겠는가.

영화관에서 팝콘과 음료를 파는 매장을 '파생상가'라고 부른다. 파생상가란 대형 시설에 딸린 부속상가를 의미한다. 그래서 파생상가를 부속상가, 보조상가라고도 한다. 클리닉 빌딩의 약국, 멀티플렉스 극장의 패스트푸드점 등이 여기에 해당한다. 파생상가는 주가 되는 시설의 수요에 맞춰 부수적으로 지어진 상가이기 때문에 상권의 발달 여부와 상관없이 고정적인 소비층을 확보할 수 있다. 소위 '가두리 양식'이다. 그물 등으로 우리를 만들어 그 속에 고기를 넣어 기르는 게 가두리 양식인데, 여기서 핵심은 고기들이 밖으로 도망가지 않는다는 것이다. 파생상가 역시 주가 되는 시설의 고객들을 안정적으로 확보할 수 있기 때문에 굳이 외부의 고객들에게 마케팅을 할 필요가 없다. 참으로 매력적인 상가가 아닐 수 없다. 특히 소비층이 고정적이고, 같은 건물이나 주변의 유입 고객들 위주로 영업하기 때문에 경험이 없는 초보 영업주들도 직접 운영하기에 안정적이다.

파생상가는 주가 되는 본원상가에 비해 수익률이 높다. 본원상가와는 다른 수익구조로 되어 있기 때문에 본원상가에 영향을 받기는 하지만 똑같이 움직이는 것은 아니다. 영화관이 적자가 날 경우, 이는 관람객이 적게 온 이유도 있을 수 있지만 비용이나 여타 환경이 변화하여 초래된 측면도 있다. 일반적으로는 파생상가의 수익이 본원상가보다 좋다. 본원상가는 집객시설인 경우가 많고 파생상가가 수익을 내는 구조다. 즉, 본원상가는 고객을 모으고 파생상가가 이 고객을 토대로 진짜 수익을 올린다. 그러다 보니 본원상가는 회사에서 운영하더라도 파생상가는 개인들이 운영하기도 한다. 국내에서 영화사업을 전개하는 L시네마도 매점 운영은 재벌 일가가 맡고 있는 것으로 알려져 있다.

파생상가 투자의 기본 원칙

파생상가에 투자할 때는 먼저 이 상가가 진짜 파생상가인지를 파악해야 한다. 언론에서는 복합건물 내의 부동산중개업소나 편의점, 학원 전문상가의 문구점, 대규모 아파트 단지의 마트까지 파생상가로 언급하는데 이는 잘못된 정의다. 파생상가가 성립하기 위해서는 본원상가와의 관련성이 높고, 본원상가의 집객력과 함께 '독점'이 보장되어야 한다. 특히 본원상가가 여타 상가들에 대한 지배력이 있어야 한다. 아파트 단지내상가의 마트는 그 상가에 입점한 편의점과 경쟁관계다. 마트가 편의점보다 더 저렴하지만 편의점에 가서 생활필수품을 구입하는 고객들도 많다. 고객들의 동선이나 익숙함 등 아주 사소한 이유 때문에 방문하는 곳이 달라지기도 한다.

특히 가두리 양식처럼 고객들을 가두어둘 수 없다면 진정한 파생상가라고 할 수 없다. 의류쇼핑몰의 수선점과 같이 본원상가의 관련업종이 그 하나뿐이고 본원상가의 특성에 의해 파생되는 고객을 확보할 수 있어야 한다. 의류쇼핑몰에서 옷을 산 뒤 이를 수선하기 위해 쇼핑몰 밖으로 나가는 고객을 상상하기란 쉽지 않다. 하지만 아파트 주민들이 단지내상가에 있는 마트만 이용할까? 솔직히 필자는 거의 이용하지 않는다. 대부분의 독자가 그러하듯이 필자도 일주일에 한 번 대형 마트를 이용한다. 그 외 필요한 생필품은 인터넷으로 주문한다.

단지내상가의 마트가 어떤 파생고객을 확보할 수 있는지도 생각해봐야 한다. 이때 중요한 것이 본원상가와의 관련성이다. 메디컬 빌딩에 있는 약국은 전형적인 파생상가다. 메디컬 빌딩의 고객 대부분이 약국의 고객이기 때문이다. 물론 메디컬 빌딩의 의원에서 진료를 받았다 하더라도 처방전에 명기된 약을 그 빌딩 1층에 있는 약국에서 꼭 구입해야 한다는 법은 없다. 하지만 현실적으로 볼 때 처방전을 들고 다른 건물의 약국으로 가는 고객은 거의 없다. 의류쇼핑몰의 수선점 역시 마찬가지다. 바짓단을 줄여야 하는데 구입한 바지를 들고 주변의 수선점을 찾아 헤매는 고객을 본 적이 있는가. 하지만 아파트의 단지내상가에서는 어떤 업종이든 관련성과 독점성이 떨어진다. 이렇게 관련성과 독점성이 떨어지면 파생상가로 자리 잡기가 힘들다.

파생상가에 투자할 때는 본원상가의 규모에 유의해야 한다. 조그만 의류쇼핑몰에서 수선점을 하다가는 먹고살기 힘들다. 본원상가의 규모가 작기 때문이다. 최소한 대형 쇼핑몰 수준의 상가라야 유지가 가능하다. 물론 고객들이 한눈을 팔지 않도록 하기 위해 단가를 떨어뜨려야 할 것이다. 박리다매 전략이다. 메디컬 빌딩의 경우에는 빌딩에 입점해 있는 의원의 숫자도 중요하지만 이비인후과같이 약을 많이 사용하는 전문과목이 반드시 존재해야 한다. 예전에 메디컬 빌딩의 시행대행을 한 적이 있는데, 이비인후과가 들어오면 매일 처방전이 50개가 추가되고 약국의 수입은 월 500만 원이 늘어난다고 추정했다. 이미 10년이 훨씬 지난 이야기라서 이젠 현실에 적용하기가 쉽진 않겠지만 '파생상가'의 개략적인 사업성 분석에는 유용하지 않을까 싶다.

파생상가에 투자하고자 할 때 가장 큰 장벽은 '비싸다'는 것이다. 분양을 받으려면 엄청난 부담이 될 것이고, 임대를 하려고 해도 만만치 않다. 본원상가는 적절한 가격에 분양하더라도 파생상가는 상당히 높은 금액을 받으려고 할 것이다. 본원상가에서 충족하지 못한 수익을 보충하기 위해서다. 그러므로 철저한 사업성 분석이 요구된다. 만약 터무니없이 높은 금액에 파생상가를 분양받았다면 장사가 아무리 잘된다 하더라도 수익을 내기까지 갈 길이 멀다는 건 불을 보듯 뻔한 일이다. 본원상가의 고객 규모만 따지지 말고 파생상가로 유입될 수 있는 고객이 정확히 어느 정도 되는지, 그 고객의 소비단가는 적절한지 등을 검토해야 할 것이다.

마지막으로, 파생상가가 잘되려면 본원상가가 계속해서 장사가 잘되어야 한다. 만약 본원상가가 장사가 안돼 힘들어진다면, 단기적으로는 버틸 수 있을지 모르지만 장기적으로는 파생상가 또한 어려워질 수밖에 없다. 안타까운 사실은 파생상가가 아무리 열심히 해도 본원상가의 경쟁력을 회복시킬 수는 없다는 점이다. 즉 파생상가 입장에서 본원상가는 통제할 수 없는 변수다. 통제할 수 없는 변수에 의해 성패가 좌우된다면 운신의 폭이 좁을 수밖에 없다. 따라서 본인이 마케팅 능력이 있고 적극적인 성향이라면 파생상가는 그리 좋은 투자처가 아닐 수 있다. 본인의 영업성향에 따라 투자하고자 하는 상가 유형을 다시 살펴봐야 한다.

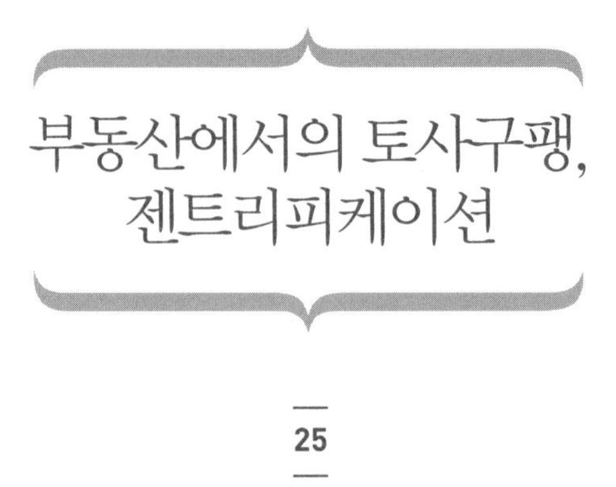

부동산에서의 토사구팽, 젠트리피케이션

25

대학교수들의 혜택 중 하나는 7년 근무하면 1년은 '연구년'이라는 명목으로 국내외 연수기관에서 원하는 연구를 하거나 교육을 받을 수 있다는 점이다. 보통은 '안식년'이라고 알려진 제도다. 자격이 주어지는 근무연수나 연구년 기간은 학교마다 조금씩 다르고, 아예 이 제도가 없는 학교도 있다. 필자도 학교에 근무한 지 이미 12년 차이니 이미 한 번 연구년제를 보냈다. 연구년제를 보낸 국가는 일본이었다. 어차피 영어도 잘 못하고 일어도 잘 못하니 가까운 곳에 있자고 생각해서 선택한 곳이다. 그런데 지금 생각해보니 우리나라 부동산시장의 미래를 가늠해볼 수 있고 비슷한 제도나 생활양식을 통해 의미 있는 시사점도 찾을 수 있어 좋은 경험이었다.

필자가 연수기간을 보낸 곳은 도쿄의 도요東洋대학인데, 학교에 가는 길이 오르막이어서 힘들었지만 운치가 있었다. 도쿄대와 가까운 이 대학은 상권이 발달한 곳이 아닌데도 길 주변에 자그마한 상가가 엄청나게 많았다. 일찍부터 점포의 문을 열고 주변을 청소하는 노인 분들을 보면서 새삼 생활의 활력을 느끼곤 했다. 한편으로는, 이 많은 작은 점포들이 어떻게 유지될 수 있는지가 궁금했었다. 프랜차이즈도 아니고 별로 경쟁력도 없어 보이는 각양각색의 점포가 즐비했는데, 무척 새로운 풍경이었다. 우리나라에서는 현재도 거의 없지만, 미래에도 불가능한 일이 아닌가 싶다.

가로수길의 부상과 몰락

가로수길을 알고 있는가. 예전에 서초동에서 잠깐 산 적이 있다. 필자의 유일한 강남살이었는데 이 길이 한창 뜨던 시기였다. 가끔 방문해보면 일본과 유사하게 다양하고 특색 있는 점포들이 즐비하게 늘어서 있어서 좋은 구경거리가 됐다. 꽤 긴 길을 걸었음에도 피곤함을 못 느낀 것은 눈이 즐거워서였을 것이다. 그런데 얼마쯤 시간이 지나 다시 찾은 가로수길은 안타깝게도 프랜차이즈 일색이었다. 사람이 몰리고 돈이 되니 유명 프랜차이즈들이 임대료를 높게 부르고 입점하여 기존의 특색 있는 점포들을 몰아낸 것이리라. 필자는 이제 가로수길을 찾지 않는다. 세로수길도 생겼다고는 하지만 한 번 실망한 발걸음을 되돌리기에는 역부족인 듯하다.

이런 현상을 학술적으로는 젠트리피케이션gentrification이라고 한다. 도심에 사람들이 몰리면서 개발이 가속화되고 임대료가 올라 원주민들이 바깥으로 내몰리는 현상을 말한다. 독일 태생의 영국 여성 사회학자인 루스 글래스Ruth Glass가 1964년에 처음 사용한 단어라고 한다. 먼저 임대료가 상대적으로 싼 버려진 거리에 작은 문화시설, 카페, 식당, 술집, 옷가게 등이 하나둘 입점해 장사를 한다. 사람들이 몰리면서 이곳이 소위 '뜨게' 된다. 그 후 입소문과 SNS 등의 영향으로 사람들이 더 몰려든다. 그 결과 보증금과 월세가 급격히 상승해서, 처음 들어와 이 거리의 분위기를 만들었던 임차인들은 다른 곳으로 쫓겨나게 된다.

이러한 현상이 비단 서울에만 있는 것은 아니다. 필자의 고향인 부산에서도 해운대 달맞이 고개가 대표적인 젠트리피케이션 사례다. 각양각색의 카페와 소규모 가게들과 특색 있는 음식점들이 즐비한 곳이었는데, 어느 날부턴가 도로변에 있는 대부분의 매장이 프랜차이즈로 바뀌었다. 가로수길과는 조금 다르게 이곳에서는 길의 분위기를 만드는 데 관광객들의 기여가 컸을 것으로 생각되지만, 결과적으로 발생한 현상은 유사하다.

원주민을 쫓아낸 자본은 결국 소비자에게 외면당한다

일반적으로 젠트리피케이션이 발생하는 원인을 경제적인 측면에서 이해하지만 사실 그 원인은 무척 다양하다. 관리직에 종사하면서 아이를 갖지 않고 맞벌이를 하는 직장인들 대부분은 주거지를 선택할 때 도심 인근의 저렴한 곳을 선호한다. 도심에서 도심 인근으로 이동하는 이러한 인구생태학적 요인도 젠트리피케이션을 발생시킨다. 사회 · 문화적 요인도 이를 촉진한다. 교통과 통신의 발달이 지역사회를 약화시켜 기존의 커뮤니티가 무너지는 현상도 젠트리피케이션을 유발한다.

젠트리피케이션은 대개 소비 측면에서 강조되는데, 생산적 측면에서 접근하는 학자들도 있다. 도심의 토지이용이 어려워지면서 개발업자들이 교외로 나가 토지가격이 낮은 교외토지를 개발함으로써 잠재적 토지 가치를 극대화하는 움직임도 젠트리피케이션이라고 한다. 이에 따르면 젠트리피케이션이 토지를 효율적으로 활용하게 한다는 긍정적 측면이 강조된다. 그렇지만 토지의 효율적 활용이 꼭 좋은 것만은 아니다. 토지가 그 가치에 걸맞게 자본효율적으로만 운영되면 과도한 상업화로 방문객과 지역 거주민에게 부정적 영향을 준다. 즉, 상업화가 지속되어 번잡해지고 획일화된다는 점이다.

이른바 '핫플레이스'라 불리는 곳을 보면, 골목길을 중심으로 다소 정적이며 여유롭고 평화로운 분위기와 개성 넘치는 소규모 매장들이 주는 독특함이 관심을 끈다. 이러한 문화와 독특한 장소는 골목이라는 공간과 결합하여 사람들에게 향유되면서 확대 재생산된다. 하지만 결국 젠트리피케이션 현상이 일어나 과도한 상업화가 진행되면서 기존 공간의 매력을 떨어뜨린다. 그리고 이에 대한 피로감을 느끼게 함과 더불어 새로운 핫플레이스를 찾게 한다.

고객의 발길이 멀어진 핫플레이스는 이제 예전의 핫플레이스가 아니다. 프랜차이즈의 자본력으로 기존 임차인들을 밀어냈으나, 고객의 발길이 멀어진 골목에서는 프랜차이즈 또한 버티기 어렵다. 핫플레이스에 상가나 빌딩을 가진 투자자들은 높은 임대료에 혹해서 기존 임차인을 내보내고 프랜차이즈 브랜드를 유치했을 테지만, 그 임대료의 달콤함은 오래가지 않는다. 프랜차이즈가 떠나고 나면 특징 없는 골목길이 되고, 흉연 폐허로 변하고 만다. 기존의 임차인이 다시 들어오지는 않을 것이고 프랜차이즈의 입점 조건에는 맞지 않으니 새로운 임차인을 구하기가 쉽지 않다. 공실의 장기화가 예상된다.

황금알을 낳는 거위는 그대로 두는 것이 가장 이롭다

가로수길을 방문하는 고객들의 SNS 사용량을 조사한 연구[54]에 따르면 꾸준히 증가하던 사용량이 2014년 이후 하락하기 시작했다고 한다. 대형 프랜차이즈가 들어서며 가로수길이 매력을 잃게 된 시점과 같았다. 고객들이 SNS에 올린 과거의 글들을 분석해보면 '클럽, 주말, 카페' 같은 상업적인 단어들도 많았지만 '골목, 동네, 친구' 같은 감성적인 단어도 많았다. 이런 핫플레이스 특유의 아늑함과 정겨움이 이곳을 방문하는 사람들의 또 다른 관심사였음을 간접적으로 보여주는 증거다.

정확하게 말하면 '골목길'이다. 우리가 가로수길을 걷고 연남동에서 차 마시고 이태원의 특색 있는 식당을 찾는 것은 골목길에 대한 추억일 것이다. 큰길에서 들어가 동네 안을 이리저리 통하는 좁은 길. 가끔 막다른 골목을 만나 뒤돌아서기도 하지만, 그건 실패가 아닌 미소를 자아내는 즐거운 경험일 따름이다. 개발로, 재개발로 자꾸만 잊혀가는 골목길에 대한 추억이 사람들을 끌어당기는 가장 큰 동인일 것이다. 어릴 적 살던 골목길이 변하지만 않는다면 어른이 되어서도 구별해낼 수 있다는 자신감을 사람들은 가지고 있다. 그건 골목길이 저마다의 특색과 색깔을 가지고 있기 때문일 것이다. 자기만의 색깔을 잃어버린 골목길은 더는 추억의 골목길이 아니며, 골목길에서 추억을 덜어내고 나면 새로 입주한 아파트 후문으로 난 샛길과 크게 다르지 않다.

특색 있는 길을 더 많이 만들기 위해서는 감성 있는 문화적 장소가 가장 중요하다. 이런 분위기를 만들어낸 초기 입주자들을 쫓아내면 길 자체의 경쟁력이 무너질 수 있다. 겨우 몇 년에 그칠 높은 임대료를 받기 위해 길의 분위기 메이커들을 밀어내는 것은 황금알을 낳는 거위의 배를 가르는 것과 같이 어리석은 일이다.

지자체들도 문제점을 인식하고 적극 나서고 있다. 서울 성동구는 2015년 9월 전국 최초로 '젠트리피케이션 방지 조례'를 만들었다. 젠트리피케이션이 일어날 만한 지역을 지정, 주민협의체를 구성하여 상권을 흔들 우려가 있는 업체의 입점을 제한할 수 있게 됐다. 조례와 함께 자율협약을 체결하는 데 건물주 255명 중 141명 이상의

젠트리피케이션 방지 조례의 산실이 된 서울 성동구의 건물

동의를 끌어냈다고 한다.

최근 '소상인'과 '탈소비'에 대한 연구가 활발하다. 일본을 포함한 대부분의 선진국에서 이미 소비가 정점에 도달했기 때문에 성장 없는 생존 전략을 모색하는 차원에서 일어나는 큰 흐름이다. 3%의 경제성장도 어려운 국내 상황을 고려한다면 우리도 마냥 손 놓고 있을 수는 없다. 소상인과 탈소비는 박스형 쇼핑몰보다는 골목길 경제학[55]과 더 어울리는 개념이다. 젠트리피케이션으로 다시 부각되고 있는 골목길 경제학을 다시금 성찰하고 대안적 성장 모델로 적극 받아들여야 하지 않을까 싶다.

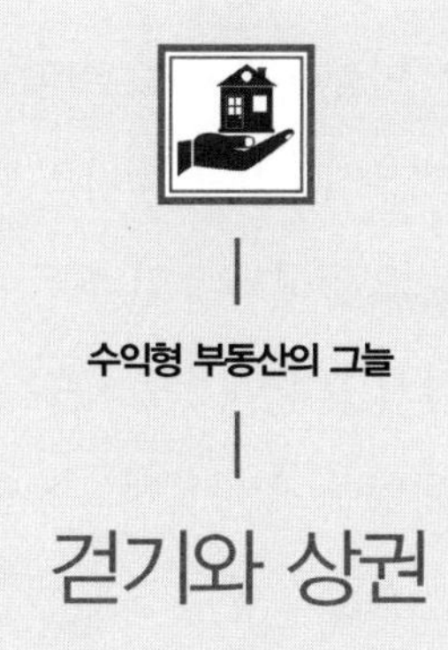

수익형 부동산의 그늘

걷기와 상권

인간이 만물의 영장으로 진화하는 데 가장 큰 역할을 한 것은 '손'이었다고 한다. 대부분의 진화학자는 마음대로 움직이는 손, 자세를 세우고 걷게 된 두 발 보행步行, 높은 지능을 가진 뇌 이 세 가지가 인류를 진화시킨 가장 큰 요인이었다고 말한다. 사실 이 세 가지가 있게 된 밑바탕은 두 발 보행이다.[56] 진화학설을 수립한 다윈도 1871년에 일찍이 "인간은 두 발로 견고하게 설 수 있었기 때문에 손과 팔을 자유롭게 사용하는 데 도움이 됐을 것"이라는 글을 남겼다. 인류가 진화하는 데는 손의 역할이 컸지만, 그건 직립보행이 없었다면 불가능했을 것이다. 직립보행은 인류의 가장 중요한 특징이다.

일반적으로 보행이란 '이동한다'라는 의미를 지닌 다른 모든 교통 수단과 연계되는, 가장 기본적인 이동 수단의 하나다. 또한 보행이란 이동의 목적을 달성하는 데 없어서는 안 되는 수단으로 시작과 마무리를 장식한다. 광역시에서 보행의 이동 수단 분담률은 20%를 훌쩍 넘는 수준으로 결코 적지 않다. 안타깝게도 도시의 길은 자동차 위주로 구성되어 사람들에게 좋은 보행 환경을 제공해주지 못한다. 계속 증가하는 자동차와 이에 수반되는 도로의 확장은 보행 환경을 악화시키기까지 한다. 최근 들어서야 대중교통, 녹색교통을 이용하도록 유도하여 도시의 교통 문제를 해소하고자 하는 움직임이 시작됐을 따름이다.

선진국에서도 도심의 상업지역이 쇠퇴하는 현상을 막기 위해 보행자를 위한 공간계획이 주요 관심사가 됐다. 국내에서도 보행 환경을 개선하는 데 대한 관심이 높아졌다. 서울시에서는 걷고 싶은 거리 사업, 보행자 전용지구 지정, 보행 환경 개선 사업 등을 비교적 활발하게 진행하고 있다. 특히 상업지역의 가로 환경 개선은 지역상인뿐만 아니라 지역 거주민과 건축주, 토지 소유주 등 모든 이해당사자의 큰 관심사항이다. 가로 환경이 보행자의 구매 활동에 미치는 영향, 상가 내에서의 물리적 환경이 인간의 구매 행위에 미치는 영향에 대한 관심이다.

'지름신'의 실체를 밝혀낸 마틴 린스트롬의 《쇼핑학》[57]을 공부하기 전에 우리는 '인간이 어떻게 걷는가'를 알아야 한다. 이를 아는 것은 수익형 부동산에 투자할 때 매우 중요하다. 일단, 고객이 쇼핑몰과 점포 안으로 들어와야 쇼핑도 할 수 있다. 고객을 유인하는 데에는 쇼핑몰이나 각 점포가 가진 경쟁력보다는 가로 환경이 어떻게 구성되어 있는지가 중요하다. 쇼핑에 대한 고민 이전에 보행 환경에 대한 이해가 중요한 이유다. 사람들이 도보로 출입, 통행할 수 있는 공간은 연결의 기능과 함께 건강, 놀이, 만남 등 다양한 역할을 한다. 이 보행 환경이 소비자에게 긍정적인 경험을 제공해야 쇼핑몰과 점포의 매출이 증가할 수 있다.

사람은 일반적으로 생각하는 것과는 다른 보행 특징을 보인다. 다시 말해, 사람이 언제나 특정 목적지를 향해 최단거리로 걷는 것은 아니라고 한다. 이를 우리나라에 적용한 한 실증 연구에 따르면[58] 주민 통행량에서 '우회 보행' 비중이 북촌 20.8%, 성산 16.6%, 상계 13.5%로 나타났다. 우회 보행이 가장 많이 일어난 동네가 북촌인데 선택할 수 있는 길이 많고, 돌아서 갈 만큼 주변의 보행 환경이 흥미를 끄는 곳이라는 의미다. 우회 보행을 결정하는 가장 큰 요인 중 하나는 길의 폭이었다. 길의 폭이 20미터 이상인 대로보다는 10미터 미만인 이면도로에서 우회 보행이 많이 일어났다.

'걷지 않고 머물기' 도 대략 10% 수준에서 일어났는데, 소규모 점포에 들르거나 아는 사람을 만나거나 헤어질 때 인사하기 위해서라고 한다. 사람은 특정 목적을 가지고 걸을 때도 그 목적을 달성하기 위해서만 움직이는 것은 아니며, 보행 환경이 우호적인 곳에서는 돌아서 가기도 하고 이면도로를 걷거나 멈춰서 주변을 구경하기도 한다. 걸어 다니며 많은 것을 편하게 할 수 있고, 그러다

네 가지 감정 상태의 보행 특징(평균값)

구분	분당 보폭 수	보폭	보행 속도
편안할 때	−30.1	−21.4	−45.5
슬플 때	−19.0	−18.9	−33.9
기쁠 때	13.1	6.0	20.2
화났을 때	16.3	11.9	29.7

* −가 높을수록 느려짐(작아짐)을, +가 높을수록 빨라짐(많아짐)을 의미함

보니 많이 걷게 되는 곳이 좋은 보행 환경이다. 걸으면 몸과 마음이 건강해지고, 차를 덜 이용하니 환경에도 도움이 된다. 지역 커뮤니티와 교류할 기회도 많아져 상권을 이용하는 일도 많아지니 지역경제도 활성화된다. 상권 활성화를 위해 보행 환경이 중요한 이유다.

보행 특성에서는 보폭과 보행 속도도 중요하다. 보폭이 작고 보행 속도가 느리면 주변 상권에 더 도움이 된다. 특정 목적을 가지고 점포를 방문하는 사람이 아닌 이상, 급하게 움직이는 보행자가 점포를 방문하여 물건을 살 확률은 거의 없다. 그럼 사람들은 언제 보폭과 보행 속도가 떨어질까? 예상과는 달리 편안할 때 그렇게 된다. 편안한 상태일 때 주변의 점포를 구경하고 방문할 가능성이 가장 커지는 것이다. 연구에 따르면[59] 보행변수(보폭과 속도)는 즐거울 때보다 화가 났을 때 최대치를 보이고, 슬플 때보다 편안할 때 최소치를 보였다. 이는 즐거울 때 가장 빠르게 움직이고 우울할 때 가장 천천히 움직일 것이라는 일반적인 생각과는 다소 거리가 있는 결과다. 보행 환경을 구성할 때 보행자들이 가장 편안한 상태에서 움직이게 하는 것이 매

우 중요하다는 점을 시사한다.

하지만 부동산이란 위치와 규모가 고정되어 있기 때문에 보행 환경을 좋게 만들기가 힘든 경우도 많다. 이럴 때는 어떻게 하는 것이 좋을까? 보행 환경을 실제 상황보다 훨씬 우호적으로 인식하도록 주변을 설계하는 방법이 있다. 즉, 체감거리를 짧게 만드는 것이다. 일테면 볼거리(다양한 판매시설, 다채로운 주변 경관)가 많을수록 체감거리가 짧아진다. 밤 시간대와 차량 등은 체감거리를 길게 한다. 이는 안전에 대한 불안 때문인데, 주변 환경을 밝게 하고 차량과 보행 동선을 달리하면 된다. 그렇게 하면 보행자들이 아직은 더 걸을 수 있다고 인식하게 된다. 그리고 자주 방문하는 사람이 주 단위, 월 단위로 방문하는 사람들보다 체감거리를 짧게 인식했다. 이는 지역의 익숙함이 체감거리에 영향을 미친다는 점을 확인해준다. 따라서 주변 환경을 너무 이질적으로 만들어놓는 것은 그리 좋지 않다. 조금은 익숙하게 만들어두는 것이 쇼핑 환경에는 훨씬 도움이 된다.

서울의 건대입구역 바로 옆에는 '커먼 그라운드common ground'라는 핫플레이스가 있다. 컨테이너 200여 개로 구성된 세계 최대의 팝업컨테이너 쇼핑몰이다. 하지만 이런 공간은 너무 튀기 때문에 공간이나 사람을 구경하러 방문하지 실제 구매를 목적으로 방문하는 사람은 많지 않다. 2016년 4월 개점 1주년을 맞아 누적 방문고객 수 300만 명에 연매출 220억이라는 성과를 홍보하지만, 2호점 출점 계획은 구체적이지 않다.

인사동 차 없는 거리

지자체마다 '차 없는 거리' 조성을 위해 노력하고 있다. 보행자 중심의 도시 환경을 만듦으로써 시민들이 안전하고 편안하게 걸을 수 있는 보행친화도시의 기반을 조성하기 위해서다. 이른바 보행권의 확보다. 하지만 대다수의 연구에서는 장기간 연속적으로 시행한 차 없는 거리 사업은 상권 활성화에 나쁜 영향을 미친다는 결과가 나왔다. 보행 환경에 대한 만족도는 높으나 주변 상가의 매출 증가에는 부정적이라는 의견이 많았다. 차 없는 거리 사업이 상권 변화에는 큰 영향을 주지 못한다는 인식이다. 인사동길 상인들은 이 사업이 오히려 상가의 매출을 저하시켰다고 지적하기도 했다.[60]

자동차를 배제한 보행 환경 개선이 아니라 자동차와 공존하는 보행 환경 개선이 목표가 되어야 한다. 보행 환경 개선 사업은 시민만이 아니라 자동차 운전자와 상인 모두에게 도움이 되어야 한다. 차 없는 거리를 조성할 때는 화장실, 벤치, 쓰레기통 등의 시설물 또한 확충해야 한다. 지속적인 청결유지와 행정지원도 필수적이다. 하지만 더 큰 문제는 주차공간이 부족하고 통행이 불편하다는 점이다. 이 때문에 장기적이고 연속적으로 진행된 차 없는 거리 사업은 사람마저 떠나게 하고 있다.

실제로, 서울의 대표적인 핵심 상권인 신촌의 연세로를 차 없는 거리로 만든 지 2년여가 지났다. 차량 운행을 막자 교통 불편으로 유동 인구가 감소하면서 목 좋은 상가 1층에도 공실이 생겼다. 심지어 건물이 통째로 비어 있는 곳도 있다.

이에 비해 외국에서는 차 없는 거리 행사를 추진하되, 일정 간격을 두고 단기간 실시한다. 파리 시는 파리 중심부의 센 강을 따라 7월 중순에서 8월 중순까지 약 한 달간 시행한다. 파리 방문객들과 휴가를 떠나지 못한 시민 모두에게 색다른 즐거움을 주기 위해서다. 런던 시는 노우드 하이 스트리트Norwood High Street에서 매년 9월 하루 동안 승용차 없는 날을 운영한다. 시간대는 오후 2시에서 5시 사이다. 뉴욕의 서머 스트리트Summer Street도 매년 8월 3번째 토요일 오전 7시에서 오후 1시까지 센트럴파크에서 브루클린 다리에 이르는 구간에서 실시한다.

이상에서 보듯이 우리나라처럼 도심에서 장기적 · 연속적으로 시행하는 예는 거의 없다. 이미 승용차가 대규모로 보급되고 자동차 이용이 습관화된 현대인에게 차량을 배제한 거리는 역효과를 가져올 수 있다. 자동차와 보행자의 공존이 해답일 것이다. 차 없는 거리 사업의 전면적인 재검토가 필요하다.

보행 환경을 바꾸면 상권이 달라진다. 과거에는 자동차로 쇼핑하는 고객들에 대한 배려만 있었다. 하지만 이제는 움직임의 처음과 끝을 장식하는 보행고객들의 동선을 고려하여 상권과 상가를 계획해야 한다. 사람들은 큰 도로보다는 이면도로를 좋아하고, 직선으로 이동할 것 같지만 우회하거나 곡선으로 움직인다.

최근 이면도로를 일방통행으로 바꾸는 곳이 늘고 있는데 이는 차량통행만을 고려한 처사다. 이면도로를 일방통행으로 바꾸면 통행하는 차량이 늘어나고 속도도 빨라져 보행 환경이 나빠진다.[61] 그러니 일방통행으로 바꾼다 하더라도 운행 속도를 제한하고 운전자들에게 보행자가 우선인 도로라는 인식을 심어줄 수 있는 다양한 표식과 계도가 함께 필요하다. 차량과 보행자의 공존, 보행자를 편안하게 만드는 길만이 상권과 지역경제 활성화를 실현할 수 있다.

IV

호텔, 빌딩, 그 외 다양한 수익형 부동산

만일 내게 나무를 베기 위해 한 시간만 주어진다면,
우선 나는 도끼날을 가는 데 45분을 쓸 것이다.

에이브러햄 링컨Abraham Lincoln

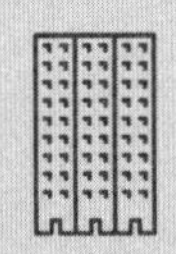

호텔 객실을 소유한다, 분양형 호텔

26

집은 서울이고 직장은 부산인 필자에게는 최소 2개의 집이 필요하다. 집사람과 어머니가 계시는 서울이 집이라는 의미에 가깝고, 부산은 일시적인 거처라 할 수 있다. 내가 직장을 떠나거나 직장이 다른 곳으로 이전한다면 부산의 거처는 용도를 다할 것이다. 예전에 필자가 부산에 머무를 때는 원룸에서 생활한 적도 있지만 대부분 호텔에서 지냈다. 지인들에게 호텔에서 생활한다고 얘기하면 깜짝 놀라면서 그 '럭셔리' 함을 부러워했다. 그러나 실상은 그렇지 않다.

무엇보다 청소라는 귀찮은 일거리가 줄어들어서 좋을 뿐, 공간은 오피스텔이나 호텔이나 비슷비슷하게 좁다. 그래도 호텔이라는 곳이 특수한 공간이다 보니 나이 들어 지방에서 홀로 처량하게 있다는 느낌은 들지 않았다. 비용도 크게 차이가 없다. 호텔에서 발행한 회원권을 활용하면 일정 기간 무료숙박의 혜택을 누릴 수 있다. 이 회원권을 대량으로 구입하면 필자가 부산에 체류하는 기간에는 충분히 생활할 수 있다. 매주 방이 달라지기 때문에 가끔 헷갈려서 호텔 직원에게 내 방이 어디냐고 물어봐야 하는 불편함은 있지만, 그럭저럭 생활은 할 만했다. 호텔 회원권을 분양하는 친구들 말을 들으니 필자와 비슷한 사람이 꽤 있다고 한다.

이제는 호텔도 쪼개서 판다

필자가 체류하던 호텔도 과거에 분양한 호텔이다. 부동산을 오랜 기간 공부했지만 호텔을 분양한다는 말은 그때 처음 들었다. 10년 전의 이야기이니 일반화되지는 않았을 때다. 요즘엔 분양하는 호텔을 자주 본다. 특히 필자가 체류하는 해운대를 보면, 공사 중인 건물이 대부분 분양형 호텔이다. 20여 개가 단기간에 인허가를 받았다고 하는데, 대단한 물량이다. 이렇게 인허가가 급격히 증가한 원인은 아파트 분양시장의 호황에 편승한 측면이 크다. 부동산 경기가 전반적으로 좋아지면서 아파트와 유사한 오피스텔의 분양이 선전했고, 내부구조를 볼 때 오피스텔과 큰 차이가 없는 호텔의 분양도 급격히 늘어나고 있다. 요즘에는 웬만한 가구는 거의 갖춘 빌트인 오피스텔이 일반화돼서, 오피스텔 룸이나 호텔 룸이나 비슷비슷하다. 차이라면 호텔식 서비스가 없다는 정도라고나 할까.

경주의 한 호텔&리조트 분양 현장

저금리 기조가 지속되어 부동산 투자 수요가 증가했다. 이런 상황에서 오피스텔의 공급과잉으로 임대수익률이 하락하고 공실이 증가하자, 분양형 호텔이 그 대안으로 부각된 측면도 크다. 더욱이 오피스텔은 집주인의 동의 없이도 임차인이 월세에 대해 세액공제를 신청할 수 있게 되자[62] 상품경쟁력이 급속히 추락했다. 분양형 호텔은 투자 규모가 오피스텔과 큰 차이가 없는 0.5~2억 원 내외다. 자금 부담이 크지 않아 은퇴(예정) 계층이 투자하기에 적절하다. 아파트처럼 중도금을 집단대출로 충당하면 10%의 계약금만 있어도 분양을 받을 수 있기에 오피스텔을 대체하는 상품으로 급격히 부상하고 있다.

관련 법규에 따른 숙박시설의 종류

법령	업종	구분
관광진흥법	관광 · 숙박업	호텔업(관광호텔업, 수상관광호텔업, 한국전통호텔업, 가족호텔업, 호스텔업, 의료관광호텔업, 소형호텔업)
		휴양콘도미니엄업
	관광 · 편의시설	관광펜션업, 한옥체험업, 외국인관광도시민박업
공중위생관리법	숙박업	일반생활업, 생활숙박업
건축법	숙박시설	일반숙박시설, 생활숙박시설
		관광 · 숙박시설(관광호텔, 수상관광호텔, 한국전통호텔, 가족호텔 및 휴양콘도미니엄)

* 김형연 · 강철희(2015), "서비스드 레지던스의 발전방향에 대한 연구", 대한건축학회

분양형 호텔이란 아파트나 오피스텔처럼 분양 및 구분등기를 통해 객실별로 소유권을 부여하는 호텔을 말한다. 취사시설의 보유 여부에 따라 레지던스호텔과 비즈니스호텔로 나뉜다. 분양형 호텔이라 불리는 이유는 관광진흥법상의 호텔과 달리 공중위생관리법에 근거한 숙박시설로 분양이 가능하기 때문이다.[63]

호텔 투숙객의 트렌드가 바뀌고 있다

분양형 호텔에 투자할 때는 유의할 점이 많다. 현재 분양형 호텔 대부분을 차지하는 것이 생활형 숙박시설이다. 2010년 4월, 오피스텔로 인허가를 받았음에도 숙박시설로 영업을 해온 레지던스 숙박영업 행위가 유죄판결(사건번호 2009도6431)을 받는 일이 일어났다. 이에

따라 숙박시설이 더욱 감소할 위기에 처했다. 그러자 2012년 4월 숙박시설 공급 확대 정책의 하나로 일반 숙박시설 내 생활형 숙박업이 신설됐다. 이 업태는 공중위생관리법의 적용을 받는다. 현재는 여러 가지 문제점이 발생하고 있는데, 제도 도입이 얼마 되지 않은 시점이기 때문에 어쩌면 당연한 일일 것이다.

가장 먼저 지적할 수 있는 문제점은 수요 부족이다. 아파트의 분양률, 오피스텔의 공실률처럼 호텔 상품의 경쟁력을 파악하는 데에는 객실 이용률이라는 지표가 사용된다. 이 객실 이용률이 호텔의 공급 증가와 함께 급속히 떨어지고 있다. 한국관광호텔업협회에서 내놓은 '2014년 호텔업 운영 현황'을 보면 2013년 전체 호텔 객실이용률은 63.5%이고, 관광호텔(2급)은 48.6%에 그쳤다.

예전에 예측한 객실 부족 등의 자료에 따르면 서울의 호텔 객실은 여전히 부족한데도 왜 이런 일이 벌어질까. 바로 여행객들의 여행패턴이 달라졌기 때문이다. 패키지에서 개별로 여행패턴이 바뀌면서 10만 원 내외의 비즈니스호텔보다는 도시민박업이나 게스트하우스를 찾아다니는 여행객이 많아졌다. 비용도 저렴하지만 한국 고유의 문화 체험도 가능하니 일석이조다.

필자는 지금이라도 정확한 호텔 수요조사를 실시하라고 요구하고 싶다. 지인 중 강남 신논현역에서 호텔사업을 하는 대학 동기가 있다. 제법 규모 있는 비즈니스호텔인데, 객실가동률이 50%대라고 한다. 그 친구의 이야기로는 이미 서울의 호텔은 공급과잉에 포화상태라고 한다. 세계 주요 도시 특1급 호텔의 가격을 분석한 자료에 따르면 서울은 26만 8,000원의 객실료로 모스크바, 베이징과 함께 최하위권을 형성하고 있다. 서울에서 특1급 호텔은 호텔 수 기준으로 10%에 불과하다. 이런 호텔도 공급과잉에 시달리는 판이니 최근에 급증한 비즈니스호텔은 오죽하겠는가.

호텔사업자들의 과장 심한 수익률

오피스텔사업자들이 보장하는 수익률은 그래도 순진한 편이다. 분양형 호텔 중에서는 10% 미만의 수익률을 보장하는 곳을 본 적이 없다. 두 자릿수의 수익률이 어떻게 가능하다는 건지 필자는 도저히 이해가 안 간다. 한 연구에서는 객실가동률이 65%일 때 5.1%의 수익률이 발생한다고 추정한다. 그렇다면 대부분의 호텔사업자가 제시하는 확정수익률(10~12%)을 달성하기 위해서는 객실가동률이 80%를 훌쩍 넘어야 한다. 현재 분양 중인 호텔들을 고려한다면 공급과잉으로 인해 객실가동률은 더 떨어질 가능성이 크다. 더욱 불안한 점은 한국을 방문하는 외국인 관광객 숫자가 줄고 있다는 사실이다. 2015년에는 6.8% 감소했다.[64] 외국인 관광객 감소는 2003년 이후 12년 만의 일이다. 공급은 늘어나고 수요는 줄어드는 진퇴양난의 상황인데도 어떻게 두 자릿수의 수익률이 가능한지 호텔사업자들의 능력이 놀라울 따름이다.

조금 세부적으로 들어가면 등기 방식과 분양보증 여부를 살펴야 한다. 부동산의 분양 방식은 크게 구분등기와 지분등기로 나뉜다. 개별 객실에 대한 투자자들의 재산권이 인정되는 방식이 구분등기다. 오피스텔처럼 객실을 사고팔 수 있기 때문이다. 지분등기는 '공유지분등기'를 줄인 말로 등기부등본에 구체적인 호수가 적혀 있지 않고 '300분의 1'과 같이 지분만 표시된다. 이처럼 지분등기는 투자자들의 공동소유로 묶여 있어 공유지분자의 동의가 필요하기 때문에 개별적인 재산권을 행사하기 어렵다. 사업자와 운영사가 능력 있고 튼튼하다면 지분등기가 좋은 방식이라고 생각한다. 하지만 그렇지가 않으니 문제다.

간혹 분양대행사에서 '개별등기'라는 단어를 사용하기도 하는데 이는 정확한 법률용어가 아니다. 헷갈리지 마시라. 대부분의 분양형 호텔이 분양을 위해 부동산신탁에 가입한다. 이때 분양계약서를 잘 살펴야 하는데 '분양형 토지신탁'이라는 표시가 되어 있어야 한다. 신탁 방식도 여러 가지인데 토지신탁이 바로 개발사업에 적용되는 신탁이다. 관리신탁, 담보신탁, 처분신탁 등 부동산 신탁에도 여러 종류가 있으니 조심하기 바란다.

호텔 같은 부동산 상품은 특수 부동산이다. 특수 부동산의 가장 큰 특징은 비가역성非可逆性이다. 쉽게 이야기하면 옛 상태로 회복하기 어렵다는 말이다. 호텔은 객실에 투자비용이 많이 소요되지만 그 외 부대시설에 들어가는 비용 또한 만만치 않다. 수영장은 없어도 지하에 사우나가 있는 비즈니스호텔은 꽤 많다. 필자가 거처로 지내던 해운대의 C호텔도 투숙객에게 사우나가 무료여서 정말 행복했었다. 하지만 호텔로서의 역할이 종료되어 다른 시설로 변경하려고 하면 이런 부대시설에 대한 과도한 투자가 발목을 잡을 수 있다. 엄청난 매몰비용을 초래하기 때문이다. 부산에는 아직도 예전의 목욕탕이 꽤 남아 있다. 이런 목욕탕을 방문해서 일하는 사람들과 이야기를 해보면 팔리지 않아서 그냥 영업을 계속한다는 이들이 많다. 목욕탕도 특수 부동산의 하나이며 비가역적이다. 호텔사업이 항상 호황을 누릴 수는 없고, 그 지역이 호텔사업에 적합하지 않게 변화할 수도 있다. 그런 상황이 닥쳐도 다른 용도로 전환할 수가 없다면 수익이 형편없더라도 호텔사업을 계속하는 수밖에 없다.

심지어는 분양형 호텔이 높은 임대수익을 보장하면서 '유사수신행위의 규제에 관한 법률'을 위반한 경우도 있었다. 실제 투자수익과 무관하게 나중에 가입한 이들의 돈으로 먼저 돈을 넣은 이들의 수익을 메워주는 식으로 영업한 것이다. 유사수신행위란 '적법한 절차를 밟지 않고 불특정 다수인으로부터 원금 이상의 금액을 지급할 것을 약정하고 자금을 조달하는 것을 업으로 하는 행위'를 말한다. 5년 이하의 징역 또는 5,000만 원 이하의 벌금에 처해질 수 있다. 최근에는 원금보장과 고수익을 미끼로 투자자를 모집하는 수익형 부동산에 대해 금융감독원이 수사기관에 통고한 사례도 있다.[65] 2015년 10월에는 불법 유사수신행위에 대한 단속을 강화하면서 가상화폐(코인), P2P 등과 함께 수익형 부동산을 중점 선정 대상으로 지정했다.

호텔 투자에서 가장 중요한 요소, 운영사

마지막으로, 필자에게 자금을 주고 호텔에 투자하라고 한다면 필자는 '운영사'를 가장 중요하게 고려할 것이다. 호텔의 수익률을 좌우하는 것은 호텔개발자들의 능력이 아니라 입주 후 운영사들의 역량이다. 그래서 호텔을 분양하는 사업자들이 해외 유명 운영사들과 계약을 체결했다고 대대적인 홍보전을 벌이는 것이다. 그런데 여기에도 함정이 있다. 호텔운영사의 전문성과 브랜드 인지도가 운영에 결정적인 영향을 미치는 건 사실이다. 따라서 호텔운영사의 그간 실적 자료를 확인하는 것이 중요하다. 하지만 우리나라에 진출한 외국계 호텔운영사 상당수는 직영이 아닌 프랜차이즈다. 브랜드만 빌려왔을 뿐 실제로는 호텔에 근무하던 경력 있는 직원들이 차린 회사라는 얘기다.

라마다호텔은 대표적인 분양형 호텔로 꼽힌다. 그런데 그 브랜드를 사용하던 호텔운영사인 폴앤파트너스가 2016년 1월에 법정관리를 신청했다. 이 운영사가 사용하는 '라마다'라는 브랜드는 국내에서 가장 많이 사용하는 호텔 브랜드로 전국에서 130여 곳이 운영 중이다. 대부분의 투자자가 이 브랜드를 믿고 투자했을 것이다. 특히 미국의 호텔 프랜차이즈인 윈덤호텔그룹Wyndham Hotel Group의 세계 1위 브랜드이니 신뢰가 갔을 것이다. 하지만 라마다가 직영이 아니라면 이는 여느 프랜차이즈와 큰 차이가 없다. 개별 사업자의 각자도생各自圖生인 셈이다. 그럼에도 분양형 호텔이 도입된 지 얼마 안 된 우리나라에서는 사업자들의 이력을 파악할 길이 아직 없다. 이 점을 고려하여 투자에 세심한 주의를 기울여야 한다.

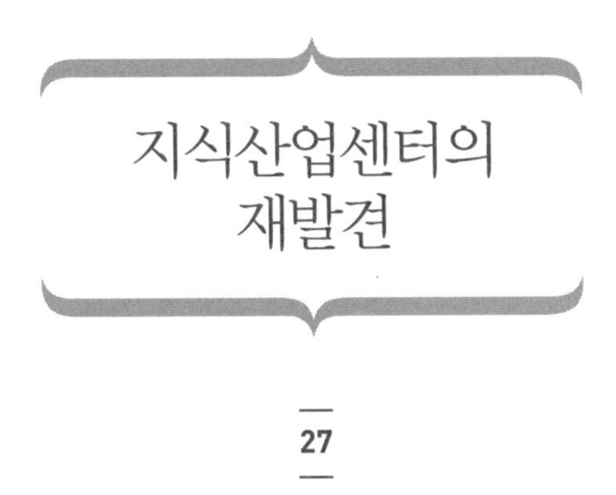

지식산업센터의 재발견

27

'지식산업센터'라는 말을 들어본 적이 있는가. 예전에는 아파트형 공장이라고 불렀다. 필자도 현장에 있을 때 사무실이 지식산업센터 내에 있었다. 1호선과 7호선이 만나는 가산디지털단지 역세권이었다.

과거에는 이 역의 이름이 '가리봉'이었는데 7호선이 개통되면서 2005년 7월에 '가산디지털단지역'으로 변경됐다. 필자가 한국건설산업연구원에 근무할 때 조사차 진로건설을 방문한 적이 있는데, 당시 그 회사가 있던 곳이 옛 가리봉역이었다. 당시 도로 사정이 좋지 않아 먼지만 폴폴 나던 동네가 지금은 천지개벽을 했다.

지식산업센터에 대한 정부의 지원과 규제

아파트형 공장이 지식산업센터로 탈바꿈하면서 한창 인기몰이 중이다. 넓은 녹지공간과 편의시설을 갖춘 대규모의 지식산업센터들이 입주하면서 공장에서 오피스로 변신을 도모하고 있다. 필자가 가산디지털단지에 근무할 때는 '라이온스밸리' 라는 지식산업센터가 가장 큰 규모(19만 807m²)였다. 지금은 아마 경기도 의왕시에 있는 인덕원IT밸리가 아닌가 싶다. 여의도에 있는 63빌딩의 연면적이 16만 6,100m²인 데 비해, 인덕원IT밸리는 무려 19만 9,117m²에 이른다. 여기에는 입주자 전용의 기숙사까지 갖춰져 있다고 하니 편의시설의 진화가 놀라울 따름이다.

지식산업센터는 1942년 네덜란드에서 세계 최초로 선보였고, 국내에서는 1980년대에 처음 등장했다. 그 직전인 1979년 1월부터 우리나라에서는 '수도권정비계획법' 에 규정된 과밀억제권역에 공장의 신 · 증설을 전면 제한했다. 이에 따라 소규모 제조업체들이 대도시에서 입지를 확보하기가 어려워졌다. 이를 개선하기 위해 등장한 것이 아파트형 공장이다.

지식산업센터가 저금리 시대에 고수익을 보장하는 임대 상품으로 주목받게 된 데에는 정부 정책의 영향이 크다. 2013년, 정부에서 지식산업센터의 임대제한 규제를 폐지할 계획이라고 발표한 것이 커다란 계기가 됐다. 현행법에 따르면[66] 지식산업센터는 특정 업종(제조업, 지식산업, 정보통신업 등)의 사업자로 등록해야 취득(분양 포함) 자격

최근 5년간 지식산업센터 매매가격 상승률

(단위: 천 원/3.3㎡, %)

구분	구로	가산	성수
2011년	5,270	5,100	6,380
2015년	6,020	6,040	7,920
상승률	14.23	18.43	24.14

* 한국창업부동산정보원/아파트형공장114

이 생긴다. 사무실을 임대하여 입주할 때도 마찬가지다. 즉 분양을 받거나 입주하기 위해서는 특정 업종의 기업이어야만 가능하다는 뜻이다. 하지만 임대제한 규제가 풀리면 일반 부동산과 마찬가지로 개인의 합법적인 임대사업이 가능해진다. 더구나 지식산업센터는 상가나 오피스텔 등 일반적인 수익형 부동산에 비해 수익률이 높은 편이다. 부동산114의 자료에 따르면 2015년 서울 지식산업센터의 임대수익률은 7.4%로, 5%대인 오피스텔이나 상가보다 다소 높다. 지난 5년간 지식산업센터의 매매가격 상승률 또한 평균 18.9%로 높았으며, 성수동의 경우에는 24.14%에 달했다. 저금리 장기화로 갈 곳 잃은 시중 자금이 지식산업센터로 몰리는 이유다.

지식산업센터, 투자 가치도 높을까?

지식산업센터에 투자하는 데에는 임대제한 규제가 폐지되느냐 마느냐가 엄청나게 중요하다. 왜냐하면 투자(분양 및 취득)나 임대에 대한 제한이 풀리면 오피스텔이나 상가처럼 수요층이 넓어지기 때문이다. 이렇게 수요자가 늘어난다면 문정동이나 성수동과 같이 강남에 가까운 지역의 지식산업센터는 투자 매력이 더 커진다.

하지만 결론적으로 이야기하면 임대제한 규제는 풀릴 가능성이 거의 없다는 것이 필자의 생각이다. 지식산업센터는 입주기업에 다양한 혜택을 준다. 분양가가 낮은 데다 정책자금으로 분양가의 최대 70%까지 대출을 제공하며 대출금리도 낮다. 필자가 가산디지털단지에 입주할 때는 서울신용보증재단(융자기관)에서 3년 거치 5년 균등 분할 상환 조건으로 서울시(지원 주체)로부터 지원을 받았다. 현재도 비슷한 조건이 적용되는 것으로 알고 있다. 이뿐만이 아니다. 2016년까지는 취득세의 50% 및 재산세의 37.5% 감면 혜택도 받을 수 있다. 수도권 과밀억제권역에서 이전해올 경우에는 법인세를 4년간 100% 감면해주며, 이후 2년간 50% 감면 혜택이 더 주어진다. 이러한 혜택이 주어지기 때문에 어느 정도의 규제는 당연하다고 할 수 있다. 만약 임대규제가 폐지되어 오피스텔이나 상가처럼 일반임대사업이 가능해진다면, 역으로 이런 다양한 혜택은 사라질 것이다. 따라서 임대제한 규제가 완화될 것으로 판단하고 섣불리 투자에 나선다면 낭패를 볼 수 있다.

사업자가 아닌 개인이 편법으로 분양받은 경우도 꽤 된다고 한다. 특히 교통 등 입지가 탁월한 성수동과 문정동의 지식산업센터는 80%에 이른다는 이야기도 있다. 하지만 이러한 불법 행위가 적발되면 처벌을 피할 수 없다. 불안에 떨어가며 굳이 불법분양과 편법임대를 할 필요가 있겠는가. 그러다 보니 지식산업센터를 분양하면 상가나 지원시설이 먼저 분양되는 경우도 많다. 상가나 지원시설은 일반임대가 가능하기 때문이다.

지식산업센터를 팔아보지 않은 사람은 잘 모르겠지만, 분양가와 매매가의 차이가 꽤 크다. 2015년 성수동에서 분양한 서울숲 M타워는 분양가가 3.3㎡당 900만 원으로 알려졌다. 그런데 막상 팔려고 하면 이 가격을 받기가 어렵다. 필자도 입주 이후 3년이 되던 해에 매각했는데 주변 분양가와 비교하면 턱없이 낮은 가격에 처분했다. 중개하는 사람들한테 물어보니 지식산업센터에 입주하는 기업들은 대부분이 중소기업이어서 경기에 따른 부침이 심하다고 한다. 그래서 지식산업센터 물건이 경매에 많이 나오고, 주변 분양가와 차이가 나는 가격으로 급매물들이 거래된다고 한다. 물론 수익형 부동산은 시세차익보다는 운영수익을 바라면서 투자해야 하지만, 낮은 분양가라고 유혹하는 분양대행사들은 시세차익도 강조한다. 그들의 말에 혹하지 말고, 처음부터 시세차익은 크지 않다고 생각하고 투자하는 것이 바람직하다.

공실률이 낮다는 것이 가장 큰 장점

서울에서 지식산업센터가 가장 많이 몰려 있는 곳은 가산동과 구로동이다. 그 외 성수동과 문정동이 있지만, 여기는 강남권이라서 매매가나 임대료가 비싸다. 필자도 그랬듯이 보통은 가산동과 구로동에서 사무실을 찾는다. 지방의 지식산업센터도 마찬가지인데, 정부에서 이러한 상품을 기획한 목적은 중소기업을 집단화하여 생산성 향상을 유도하기 위함이다. 이 밖에도 네트워크를 형성하고 관련 업종 간에 교류협력을 강화하기 위해 특정 위치에 모은다.

그런데 가산동과 구로동에서 근무해보면 알겠지만, 여기가 그렇게 교통이 좋은 곳이 아니다. 지하철 1 · 2 · 7호선을 이용할 수 있지만 사업하는 사람이 어떻게 지하철만 타겠는가. 특히 제조업을 영위하는 공장이라면 자동차 교통이 편한 곳이어야 한다. 이런 측면을 고려한다면 가산동과 구로동은 그리 좋은 입지는 아니다. 필자의 지인들도 강남의 사무실 임대료가 비싸 가산동으로 이주했다가 교통이 불편해 떠난 사람이 한둘이 아니다. 특히 직원들이 힘들어하니 강남이나 새로 부상하는 판교로 다시 이전하는 예가 많다.

업종 간 집적 효과도 떨어진다. 입점하는 업종이 한정되어 있음에도 비교적 다양한 회사가 들어온다. 특히 2015년 7월 산업통상자원부가 산업단지 활성화 대책의 하나로 지식산업센터에 입주하는 업종을 확대했다. 기존 지식산업 등의 범위에 7개 업종이 추가됐으며, 같은 해 10월부터 적용됐다.[67] 그 결과 임차인 수요는 확대됐지만 집적 효과는 떨어졌다고 봐야 한다. IT 업종이 집적되어 있는 판교에 비하면 각양각색이 될 가능성이 크다.

그냥 도심의 오피스 빌딩인데 정부의 지원으로 조금 저렴하다는 장점이 있다고 생각하면 된다. 큰 기대를 하지만 않는다면 소규모로 투자하는 것은 무리가 되지 않을 것이다. 입주 업종이 서비스업으로까지 확대됐기에 임차인 확보는 여타 수익형 부동산에 비해 더 유리하다. 원래 지식산업센터가 여타 수익형 부동산에 비해 수익률이 높은 이유는 공실이 많지 않기 때문이다. 공실에 대한 리스크가 더 줄어들 가능성이 커졌으므로 안정적인 수익형 부동산으로 자리매김할 것으로 보인다.

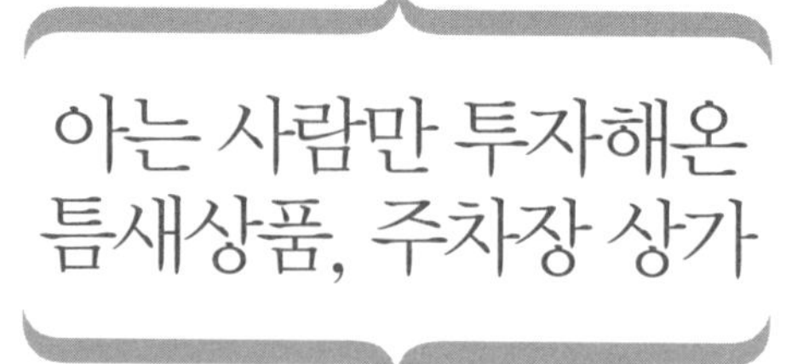

아는 사람만 투자해온 틈새상품, 주차장 상가

28

'최고 경쟁률 250:1, 최고 낙찰가율 214%.'[68]

인기 높은 아파트의 청약경쟁률이 아니다. 지방의 혁신도시에서 한국토지주택공사LH가 입찰에 부친 주차장 용지의 낙찰가율과 경쟁률이다. 요즘 지방의 혁신도시를 중심으로 주차장 용지가 부각되고 있다. 그동안 아는 사람만 투자하던 상품에서 이제는 자산가나 일반 투자자들도 관심을 보인다. 수익형 부동산의 틈새상품인 셈이다.

주차장과 상가의 하이브리드

우리나라가 주차장에 관심을 두기 시작한 건 불과 30여 년밖에 되지 않는다. 1980년대 말부터 정부 차원의 고민이 시작됐는데, 부의 상징으로 일컬어지던 중형 승용차가 중산층으로까지 대중화되던 때이기도 하다. 초기의 주차선 규격은 주한미군의 주차장 크기를 모방하여 2.5×6미터였다고 한다. 그러다 1990년대에 들어서면서 2.3×5미터로 조정된 뒤 지금까지 유지되고 있다.

도쿄에서는 대부분의 나대지가 주차장으로 운영된다. 필자도 일본을 자주 가면서 항상 궁금했던 사실이 땅값이 비싼 도쿄의 나대지를 주차장으로 활용하면 과연 수지가 맞겠나 하는 거였다. 지인들에게 물어보니 일본에는 '차고증명제도'가 있어 자동차를 구매할 때 보험과 함께 차고증명서류가 반드시 필요하다고 한다. 주차장이 없으면 자동차를 구입할 수 없다는 말이다. 서울의 아파트 같으면 빈자리 아무 데나 주차해도 된다. 그런데 일본에서는 맨션을 분양할 때 주차장 구입 여부를 결정해야 하고, 구입한 후에는 같은 자리에 주차를 해야 한다. 사생활 노출 등의 불편한 사항이 있긴 하지만, 도로에 불법 주차하는 위험을 방지하고 도로교통의 원활화를 도모하는 차원에서 좋은 제도라고 본다.

일본처럼 주차비용이 비싸고, 주차장에 대한 규제가 강한 나라라면 주차장 상가도 장사가 꽤 될 것이다. 그렇지만 우리나라에서 이렇게 높은 경쟁률과 낙찰가율이 과연 적절한지 의문이 간다.

주차장 상가로 알려진 주차장 용지는 신도시나 택지지구에 공급된다. 총면적의 30%는 상가나 오피스텔 등 상업시설이 가능하고, 토지가격 또한 30~40% 저렴해서 인기가 있다. 주차장 용지는 아는

LH 주차장 용지 낙찰 현황

(단위: 개)

연도별	2013년	2014년	2015년
낙찰된 용지 수	69	86	64
낙찰가율 200% 이상	2	21	14

* LH공사

사람만 투자하는 알짜 틈새상품이다. 상가와 오피스텔로 총면적의 30%를 채울 수 있기 때문에 이것만으로도 투자비용을 모두 뽑을 수 있을 뿐만 아니라 적절한 수익도 발생한다. 주차장 상가 대부분이 1층과 2층에만 상가를 두는데 실제 상가는 1, 2층의 가격이 가장 높고 분양 또한 잘되기 때문이다. 위층으로 갈수록 분양이 되지 않을뿐더러 분양가도 낮다. 상가사업자 입장에서 1층이 모두 분양되고 나면 이후로는 여유 있게 사업을 수행할 수 있다.

LH 주차장 용지 낙찰 현황을 살펴보면 주차장 상가의 인기를 실감할 수 있다. 2013년에 69개의 주차장 용지가 입찰에 들어갔는데 낙찰가율 200% 이상인 용지는 단 2곳에 그쳤다. 그런데 2015년이 되자 64개의 주차장 용지 중 200%가 넘는 낙찰가율을 보인 곳이 무려 14개에 달했다. 아파트 청약경쟁률 못지않다.

자동차가 늘어날수록 높아지는 주차장 용지의 인기

요즘 주차장 상가가 주목을 받는 배경에는 엄청나게 풀린 유동성과

성공 사례로 꼽히는 판교의 한 주차장 부지

지속되는 저금리가 있다. 투자할 데가 마땅치 않은 자금이 이런저런 투자처를 돌아다니다 안정적이면서 수익성도 높을 것 같은 주차장 용지로 향한 것이다. 물론 국민의 차량 보유대수가 늘면서 주차장이 부족해졌다는 데에도 원인이 있다. 2015년 말 현재 국내에 등록된 자동차는 2,000만 대가 넘는다.[69] 국민 2.46명당 자동차를 1대씩 보유하고 있는 꼴이다. 이처럼 차량이 늘면서 신도시나 택지지구에 공급되는 주차장 용지의 인기도 덩달아 올라갔다.

수십억 몸값을 자랑하는 유명 배우들 대부분이 부동산 재테크에 능하다. 그중 주차장 용지를 매입해 재미를 본 사람이 있는데 중견 여배우 K 씨다. 2006년 119억 원에 매입한 청담동의 주차장 용지가 10년도 되지 않아 2배 이상의 시세차익을 거뒀다고 한다. 매달 3,000만 원 이상의 월 수익도 발생한다니 '특급' 칭찬을 받아야 하는 재테크 실력이다.

필자가 거주하는 마곡지구에도 D주차장 상가가 있다. 1층과 2층, 8층이 상가이고 나머지 층은 모두 주차장이다. 이 정도만 상가로서 의미가 있고 나머지는 사무실에 가까우니 좋은 기획력이다. 상업용지이면서 주변에 관공서가 많아 위치도 나쁘지 않다. 관공서가 많으면 주차 수요가 늘어날 뿐 아니라 주차단속도 강해지기 때문이다. 외국에서는 주차비가 하도 높아 황당한 일도 벌어진다고 한다. 2011년 호주에서는 시드니의 시내 3시간 주차비가 89AUD(호주달러)인데 주차위반 벌금이 86AUD였다고 한다. 오히려 벌금을 무는 게 더 경제적이니 이런 곳에서는 주차장 상가가 영업하기 쉽지 않을 듯하다.

주차장 용지의 용도 지역을 확인하라

주차장 상가에 투자할 때는 몇 가지 점을 유의해야 한다. 주차장 규제가 심하고 주차비용이 비싼 일본이라면 크게 걱정하지 않아도 되지만, 불법 주차가 만연하고 주차단속 요원들과 자주 실랑이가 벌어지는 우리나라에서는 점검해야 할 사항이 적지 않다. 먼저 주차장 용지의 용도 지역을 파악하는 것이 중요하다. 주거 · 준주거 · 상업지역 중 어디에 속하느냐에 따라 지을 수 있는 층이나 규모가 달라진다. 어렵게 이야기하면 건폐율, 용적률, 층수가 달라진다는 말이다. 가장 인기 있는 곳은 상업지역이다. 원래 상가 용도에 최적화되어 있고 주차장 이용객들도 많기 때문이다. 또, 다른 용도의 주차장 용지 중에는 상가를 아예 넣지 못하도록 제한하는 곳도 있으니 잘 파악해야 한다. LH공사에서 입찰하는 주차장 용지 중 유찰된 용지 대부분이 주거지역에 속했다. 주거지역이나 준주거지역은 가구마다 주차장이 어느 정도 확보되어 있기 때문에 영업이 쉽지 않다.

최근에는 주차장을 위탁운영하는 업체들이 속속 등장하여 주차장 용지의 관심에 힘을 보태고 있다. 위탁업체에 관리를 맡길 경우 주차장 운영수익이 높아진다고 한다. 그러면 상가도 영업이 잘될 가능성이 크다. 외부 수요도 중요하지만 주차하는 고객들이 들어오고 나가면서 상가를 이용하기 때문이다. 유의해야 할 점은 주차장 용지를 개발할 때 상가를 분양하면서 주차장 지분까지 포함해서 넘기는 경우가 많다는 것이다. 이렇게 되면 이해관계인이 늘어나 위탁업체에 관리를 맡기기가 어려워질 수 있다. 위탁이 불가능해지면 수익률이 떨어질 수밖에 없다. 직영하면 좋을 것 같지만 그렇지 않은 경우가 오히려 많다.

뉴욕 맨해튼에는 10평에 불과한 주차장을 11억 원이 넘는 가격에 판단다. 롤스로이스나 벤틀리 같은 고가 자동차도 10억을 넘는 예가 드문데 주차장이 자동차보다 비싸다니 어처구니가 없는 일인 듯하다. 그러나 황당해하지 마시라. 이 주차장은 430억 원의 초호화 콘도인 그리니치빌리지에 부설된 주차장이다. 주차 시 각 세대 전용 출입구로 연결되기에 실질적으로는 필수 옵션이다. 430억짜리 집에 11억짜리 주차장이라면 나름대로 합리적인 것 같지 않은가.

귀촌의 로망을 안고 성장하는 캠핑시장

29

캠핑시장의 성장세가 무섭다. 2010년 2,000억 원 내외에 그쳤던 캠핑시장은 2015년에 6,000억 원을 넘긴 것으로 파악된다. 캠핑 인구도 급격히 늘어나 300만 명을 헤아린다. 캠핑시장은 사회의 인프라와 함께 시장의 트렌드가 성장을 이끌었다. 사회 인프라로는 '정부의 정책'과 '언론 · 방송의 기여'를 들 수 있다. 여기에 주 5일 근무제 전면 시행이 가장 큰 동력으로 작용했다.

주 5일제 시행과 함께 급성장한 캠핑시장

2011년 7월부터 5인 이상의 사업장에 주 5일 근무제가 시행됐으며,

2012년 전국 초 · 중 · 고교에도 주 5일제 수업이 전면 시행됐다. 우리나라는 OECD 국가에서 연 평균 노동시간이 가장 긴 것으로 유명했다. 그랬던 우리가 주 5일제 시행과 함께 더 많은 소득보다 여가를 통한 생활만족도 향상에 더 큰 관심을 갖게 됐다. 특히, 캠퍼의 주 수요층이 30~40대 직장인과 그들의 자녀들이기에 회사와 학교의 주 5일 근무제 전면 시행은 캠핑시장의 활성화에 가장 큰 기여를 했다. 드디어 '허겁지겁 1박 2일'이 아닌 '여유 있는 2박 3일'의 캠핑 활동이 본격화된 것이다.

정부의 정책과 함께 언론과 방송이 기여한 바도 크다. 〈1박 2일〉을 비롯하여 리얼 버라이어티real variety라고 일컬어지는 예능 프로그램들이 캠핑시장 성장에 지대한 기여를 했다. 물론 캠핑시장과 함께 예능시장도 동반 성장했지만, 매주 방송되는 프로그램은 야외로 나가고 싶어 하는 욕구를 자극한다. 이른바 '녹색갈증'이다. 이러한 언론과 방송의 열풍은 현재까지도 이어지고 있다. 〈꽃보다 할배〉, 〈꽃보다 청춘〉 등 지상파와 함께 케이블 방송사들도 간접광고PPL라는 상업적 성공에 힘입어 너도나도 뛰어들고 있다.

캠핑시장의 활성화는 당연히 전국의 캠핑장 숫자를 급격히 늘려놓았다. 캠핑 정보 사이트인 캠핑존(www.campingzone.co.kr)에 따르면 2015년 말 현재 전국의 캠핑장은 2,595개에 이른다. 일본이 3,500개 내외이니 인구와 소득 수준을 고려하면 가히 폭발적인 성장세다. 더 두드러지는 현상은 외국과 다르게 민간에서 개발한 캠핑장의 비중이 90%를 넘는다는 것이다.

지역별 캠핑장 현황

(단위: 개)

지역	전국	경기	강원	충북	충남	전북	전남	경북	경남	제주	서울	대전	대구	울산	인천	광주	부산	세종
캠핑장	2,595	753	552	158	218	102	129	247	207	61	17	10	12	26	86	2	10	5

* 자료: 캠핑존(2015년 말)

사회적 타당성은 적절하지만 재무적 타당성은 높지 않다

이렇게 캠핑장이 폭발적으로 증가한 데는 귀농 · 귀촌의 영향이 크다. 농림축산식품부에 따르면 2014년 귀농 · 귀촌 가구 수는 4만 4,586호에 달했다. 2012년(2만 7,008호)과 비교하면 가파른 증가세다.[70] 귀농 · 귀촌 인구 중 과거에는 귀농 인구가 많았다. 하지만 현실적으로 도시민들이 농사를 짓는다는 게 쉬운 일이 아니어서 요즘엔 귀촌 인구가 늘고 있다. 필자가 만나본 캠핑장 영업주 중 상당수가 40~50대 이상이었다. 이들이 캠핑장을 하는 이유는 시골에 땅이 있어서다. 본인이 소유한 경우도 있고 친척이나 지인들이 소유한 땅이 대부분이다. 어차피 놀리는 터이니 캠핑장이라도 해서 조금이나마 임대료나 수익을 올리고 싶어 한다.

캠핑장은 여타 레저시설에 비해 입지 규제가 덜한 편이라 등록이 비교적 수월하다.[71] 투자도 크지 않다. 화장실과 개수대, 샤워장, 관리실 등 부대시설에만 투자하면 나머지는 크게 손댈 곳이 없다. 예전에는 시설이 좋은 캠핑장을 선호했지만 지금은 오히려 자연친화적인 캠핑장이 더 인기다. 한때는 텐트를 치는 공간에 데크가 설치

된 곳을 많이 찾았는데 이제는 땅의 기운인 지기地氣를 받기 위해 자연 상태를 더 좋아한다.

투자비용이 적고 관리에 어려움이 없다 보니 큰 고민 없이 캠핑장을 창업하는 경우가 많다. 하지만 캠핑장 투자 역시 여타 개발사업이나 점포영업처럼 고려해야 할 점들이 많다. 끝없이 증가할 것만 같던 캠핑시장이 최근에는 주춤하고 있다. 여기에는 캠핑장 내의 안전사고와 함께 사업자들의 갑작스러운 증가가 한몫했다. 캠핑장의 인명 사고는 겨울에 집중되는데 대부분 화기나 난방시설을 잘못 다루어 일어난다. 여타 레저시설에서도 사고가 많이 나지만 캠핑 인구가 갑자기 늘어나다 보니 캠핑장이 안전사고의 문제점을 가장 많이 갖고 있는 것처럼 착각하게 된다. 당연히 정부의 규제가 강화됐고, 규제는 곧 비용을 수반하므로 수익률이 떨어질 수밖에 없다. 캠핑장의 사업성 분석을 수행한 연구에서[72] 재무적 타당성과 함께 사회적 타당성을 분석했는데, 사회적 타당성은 적절하지만 재무적 타당성은 높지 않은 것으로 나타났다. 즉 캠핑장을 조성하는 것이 수익보다는 오히려 공익적인 목적에 적합하다는 의미다. 이는 곧 캠핑장 영업주 입장에서는 그렇게 매력적인 투자 대상은 아님을 보여준다.

캠핑장의 경쟁력을 강화하려면

필자가 한창 캠핑을 다니던 2010년에는 캠핑장 숫자가 300개 남짓이었다. 2,000개를 훌쩍 넘긴 지금은 국내 캠핑 인구나 경제 수준으로 보더라도 과한 수치다. 물론 제대로 된 캠핑장은 1,000여 개 정도겠지만, 이처럼 경쟁이 심해지면 입장료를 올리기가 어려워진다. 자연스럽게 수익률이 떨어지는 것이다. 우리나라의 캠핑장 입장료는 외국과 비교하면 비싼 편이다. 미국의 유명 캠핑장 프랜차이즈인 KOA Kampgrounds of America를 보면 텐트 사이트는 1박에 25~30달러, 캐빈은 60~80달러 수준이다. 국립공원 야영장은 이용료가 더욱 저렴하다. 유럽에서도 20유로, 즉 2만 5,000원 정도다. 영국의 〈인디펜던스〉가 선정한 세계 최고 캠핑장 17곳을 분석해보면 대략 이 정도 수준이다. 일본이 조금 높은 편이지만 4~5만 원 수준이다. 물론 외국에서는 샤워장이나 세탁기 등을 이용할 때 별도의 요금coin을 내야 한다. 입장료만 내면 대부분이 무료인 국내와는 조금 다르다.

캠핑의 역사가 100년이 넘는 외국과 우리를 동일선상에서 비교하는 것은 문제가 있다. 하지만 대부분 캠핑장이 민간에서 수익을 목적으로 운영하고, 서울 근교 비싼 땅에 있다 보니 이용료가 높아지기 마련이다. 특히 캠핑 활동을 레저가 아닌 숙박의 형태로 보는 것도 이용료가 계속해서 오르는 데 영향을 준다. 캠핑은 아웃도어 활동의 허브이자 베이스캠프다. 그런데 이를 숙박으로 인식하게 되면 이용료가 계속 오를 수밖에 없다. 캠핑장 업주에게는 유일한 수입원이 되기 때문이다. 업주로서는 이용료를 올리지 못하면 사업에 심각한 타격을 입게 된다.

하지만 캠핑장의 부대사업을 다양화한다면 캠핑 경기 변화에도 대응할 수 있고 차별화에도 성공할 수 있다. 지인 중에 안면도에서 갯벌 체험을 전문으로 할 수 있는 캠핑장을 운영하는 분이 있다. 입장료는 텐트를 칠 수 있는 사이트당 받지만, 갯벌 체험 비용은 개인별로 받는다. 또 다른 수입원이 마련된 것이다. 카약전문, 전나무숲 체험, 산악자전거 등 다양한 테마를 가진 캠핑장도 증가하고 있다. 특히 최근에는 팜핑farmping이라고 농장farm과 캠핑camping을 합친 개념으로 체험농장이 인기다. 도시에서 나고 자란 아이들은 팜핑 체험을 하면 너무나 좋아한다. 필자가 방문한 일본 지바 현의 아리노미엔 팜핑장에서는 주말농장처럼 구역을 나눠 분양해주기도 한다. 자주는 아니더라도 최소 한 달에 한 번은 캠핑장을 방문해야 하는 이유가 생기는 것이다. 굳이 도심에 텃밭을 만들어 도시농부니 어쩌니 하는 것보다는 자연을 즐기면서 수확도 체험하는 팜핑장이 훨씬 더 매력적이다.

캠핑장이 이렇게 테마형으로 변하지 않는다면 귀촌의 화려한 꿈도 혼자서만 꾸는 백일몽이 될 것이다. 오픈한 뒤 캠퍼들이 방문하기만을 기다리는 캠핑장은 벌써부터 외면을 받고 있다. 캠핑장에 어떤 테마를 부여할지, 그 테마가 캠퍼들의 관심을 얼마나 자극할지가 캠핑장의 핵심 성공 요인이 될 것이다. 캠핑장은 숙박이 아닌 아웃도어 활동의 베이스캠프이기 때문이다.

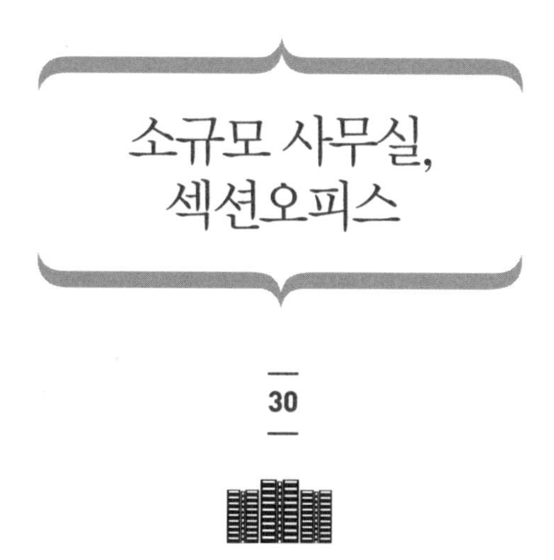

소규모 사무실, 섹션오피스

30

필자는 어머님을 모시고 산다. 이렇게 얘기하면 다들 존경스럽다고 하면서 칭찬의 말을 건네기도 하는데 사실은 어머님이 필자를 데리고 산다는 것이 더 정확한 표현이다. 어머님의 그늘에서 안정적인 생활을 누리고 있다는 말이다. 칭찬을 받더라도 필자보다는 집사람이 받아야 하는데 주객이 바뀐 것 같아 마음이 편치 않을 때가 많다. 노인들을 모시고 사는 사람들은 공감하겠지만 필자와 어머님의 동반 외출 중 절반 이상은 병원 나들이다. 어머님이 건강하실 때는 세상 구경도 함 겸 지하철이나 버스 같은 대중교통을 많이 활용했다. 거동이 불편해지시면서 승용차로 대신하게 됐는데 대부분 강남 쪽 병원에서 약속이 잡힌다. 형이 의사이고 강남에서 개업하다 보니 추천해주는 지인들 병원이 대부분 강남에 있어서다. 강남 지역의 병원을 방문할 때면 필자는 제일 먼저 주차 환경을 살핀다. 강남에 있는 빌딩들은 대부분 주차 여건이 좋지 않기 때문이다.

한번은 어머님과 함께 강남의 치과를 방문했는데 테헤란로에 있는 대형 빌딩이어서 별걱정 없이 출발했다. 빌딩에 도착해서 지하주차장으로 내려가려는데 관리하는 분이 자동차가 너무 많아 입주자가 아니면 주차할 수 없다고 했다. 필자의 50년 넘는 인생에서 가장 황당했던 순간이 아닐까 싶다. 뒷좌석에 앉아 계시던 어머님이 심하게 항의하지 않았다면 빈자리가 날 때까지 빌딩 주변을 계속 맴돌아야 했을 것이다. 그 빌딩이 왜 그렇게 주차난이 심했을까 생각했는데, 알고 보니 '섹션오피스'였다.

오피스텔보다 사무공간을 넓게 쓸 수 있는 섹션오피스

섹션오피스는 오피스 빌딩을 다양한 규모로 분할하여 분양하는 오피스를 말한다. 작게는 85㎡에서 크게는 330㎡에 이르기까지 규모가 다양하며, 일반 빌딩이 통째로 거래되는 데 반해 호별로 공간이 나뉘어 거래된다. 섹션오피스는 2000년대 중반 부동산시장이 호황일 때 등장하여 초반부터 인기를 끌었다. 특히 서울 강남의 테헤란밸리에 많이 지어졌다. 대형 빌딩들이 소형 임차인을 유치하지 않으니 테헤란밸리에 있기를 원하는 임차인들은 오피스텔 아니면 섹션오피스를 찾아야 했다. 오피스텔은 화장실과 주방 등 업무에 불필요

규모별로 다양하게 분양하는 섹션오피스

한 시설이 포함되어 있어 같은 공급면적이라도 섹션오피스에 비해 공간효율성이 낮다. 이런 이유로 섹션오피스가 주목을 받게 됐으며 테헤란로를 중심으로 많이 지어졌다.

최근 섹션오피스의 분양이 다시 늘고 있는데 가장 큰 원인은 1인 기업의 등장이다. 1인 기업은 창의성과 전문성을 바탕으로 부가가치를 창출하는 소형 기업을 말한다. 2015년 8월 현재 1인 창조기업의 숫자는 639개 업종에 24만 9,000여 개에 이른다. 1인 기업 등 소형 법인이 늘어난 것은 섹션오피스시장에 엄청난 호재다. 이들은 큰 면적의 사무실을 필요로 하지 않기 때문이다. 1인 기업의 사무실로는 당연히 소형 오피스가 적합하기에, 가격이 저렴한 데다 오피스텔에 비해 실제 사용면적도 높은 섹션오피스가 선호된다. 숙박을 고려하지 않는다면 사무공간을 조금이라도 더 넓게 쓸 수 있으므로 여러 장점을 가지고 있다.

섹션오피스의 다양한 장점

공간효율성이 좋다 보니 투자비용이 절약된다. 오피스텔은 화장실과 주방 그리고 주거에 필요한 모든 시설을 갖추고 있다. 이 점을 고려한다면 실제 오피스로 사용하는 면적은 60%대로 줄어든다. 오피스텔의 평균 전용률이 40%에 불과하기 때문에 분양면적에서 따지면 24%밖에 안 되는 면적을 사무공간으로 사용하는 셈이다. 하지만 섹션오피스는 평균 전용률도 50% 이상이면서 그 면적을 모두 사무공간으로 사용하니 오피스텔에 비하면 2배 이상의 면적을 활용할 수 있다. 같은 가격으로 분양된 오피스텔과 오피스가 있다면 오피스의 투자수익률이 2배가 될 수 있는 이유다.

또한, 오피스텔과는 달리 섹션오피스의 임차인은 대부분 법인이다. 사업자등록증이 없이 활동하는 프리랜서도 있지만 일반적으로는 소형 법인이다. 법인은 일반 세입자에 비해 상대적으로 신뢰도가 높다. 극단적으로 얘기하면 일반 임차인은 야반도주를 하는 경우도 있을 수 있는데, 이와 달리 법인은 미래에 발생할 문제를 어느 정도

섹션오피스와 오피스텔 비교

구분	섹션오피스	오피스텔
용도	업무용	주거용(업무용)
전용률	50%	40%
임차인	소형 법인(1인 기업)	1인 가구
사업자	일반 사업자	주택임대사업자(일반 사업자)

는 예측할 수 있다. 직원들이 있고 업력이 오래된 법인일수록 임대차관계도 합리적으로 해결한다. 또 큰 문제가 없다면 장기간 있으려고 한다. 회사의 소재지는 1인 가구의 주소지와는 다르게 자주 바꾸는 것이 바람직하지 않기 때문이다. 임차인이 오랜 기간 체류한다면 수익형 부동산의 수익률은 당연히 올라간다. 이와 함께 임차인의 손바뀜으로 인한 거래비용이 절약되는 효과도 있다.

섹션오피스는 1가구 2주택 적용에도 해당하지 않는다는 장점이 있다. 요즘 오피스텔은 거의 주택으로 취급한다. 세수가 부족하여 쩔쩔매는 정부에서 실질적으로 주택으로 사용하는 오피스텔을 그냥 넘어가지는 않는다. 실제로 과세 현장에서는 오피스텔의 실제 사용 현황을 예전보다 더 까다롭게 파악한다. 전입신고를 하지 않고 거주하는 오피스텔 소유주가 많은데, 이들은 늘 바늘방석이다. 하지만 섹션오피스는 임차인이 야전침대를 두고 잠을 잔다 하더라도 주택으로 간주하지 않는다. 세금의 위험에서 벗어날 수 있다.

일관된 관리와 공실 해소 문제가 관건

장점만 많은 것이 아니라 단점 또한 적지 않다. 먼저 오피스를 호별로 분양하기 때문에 일반 빌딩에 비해 불편한 점이 많다. 가장 큰 문제점은 편의시설의 부족이다. 필자가 경험했던 주차장 부족 문제가 대표적이다. 대형 빌딩은 기업 자체적으로 직원들의 주차를 통제하기 때문에 주차장이 부족하더라도 큰 어려움이 없다. 하지만 호별로 분양한 섹션오피스는 호별로 최소의 주차를 허용하기 때문에 입주 후 꼭 주차난이 발생한다. 필자가 방문했던 빌딩도 600여 섹션으로 구분해 분양한 곳인데 주차대수는 300여 대에 불과하다고 한다. 분양에 초점을 맞춘 섹션오피스는 복도도 일반 오피스 빌딩보다 상당히 좁다. 이런 문제점들은 입주 후에 드러나기 때문에 분양 초기에는 가려지는 경우가 많다.

관리에도 어려움이 따른다. 입주한 기업이 몇 개 되지 않는다면 일관된 시설관리를 할 수 있다. 하지만 오피스텔처럼 호별로 수백 명의 소유주가 있는 빌딩을 관리하는 일은 거의 혹사 수준이다. 청소에서 엘리베이터까지, 관리단에서 역할을 제대로 하지 못하면 쓰레기가 굴러다니는 쇼핑몰과 같은 상황이 초래될 수도 있다. 테헤란로에 있는 대부분의 빌딩은 소유주가 단일하거나 소수인 경우가 많아 체계적인 관리가 이루어진다. 따라서 같은 지역에 있는 섹션오피스가 비교 대상이 될 수밖에 없다. 관리가 되지 않는 빌딩은 노후화가 급속히 진행되므로 자산 가치의 급속한 하락도 불을 보듯 뻔하다.

섹션오피스에 대비되는 상품이 오피스텔이다. 오피스텔의 투자자는 넓게 분포되어 있으나, 섹션오피스는 상품도 희소하지만 투자자 또한 많지 않다. 틈새상품인 셈이다. 틈새상품의 가장 큰 어려움은 환금성이다. 도심 근교에 지어진 타운하우스가 유사한 상품인데, 가장 큰 단지인 파주의 H하우스도 환금성이 떨어져 분양가 대비 크게 오르지 않은 가격에 거래되고 있다. 섹션오피스가 또 하나의 타운하우스로 전락할 수도 있다는 말이다.

소형 오피스의 공실이 늘어나는 점 또한 우려되고 있다. 오피스 면적에 따라 공실률이 차이를 보이는데, 대형 오피스의 공실률은 떨어지는 반면 소형 오피스의 공실률은 늘어나고 있다. 상업용 부동산 전문 컨설팅회사인 엔에이아이 프라퍼트리NAI Propertree의 조사에 따르면[73] 2015년 4분기 강남의 오피스 공실률은 대형(3만 3,000㎡ 이상)이 7% 수준으로 떨어졌다. 반면 소형(3,300㎡ 미만)은 26%로 치솟았는데, 1분기 15%에 비하면 가히 공실 폭탄이다.

이렇게 대형 오피스의 공실률이 줄어든 원인은 렌트프리에 있다. 그동안 우량 관리회사가 제대로 된 관리 서비스를 제공해온 대형 오피스는 선호도는 높았으나 높은 임대료가 문제가 되어왔다. 그런데 대형 오피스의 렌트프리 기간이 늘어나면서 임대료 부담이 예전보다 줄어들었고, 이것이 공실률 감소에 기여한 것으로 보인다. 중소기업이 입주해 있는 소형 오피스는 노후도가 심각하고 건물 로비, 엘리베이터, 심지어 화장실도 낡아 입주자들의 불편이 심하다. 여기에 주차공간 부족까지 문제점이 개선되지 않고 있다.

강남 오피스 빌딩 공실률 현황

(단위: %)

구분	2015년 분기별 공실률			
	1분기	2분기	3분기	4분기
33,000㎡ 이상	11	9	9	7
3,300㎡ 이하	15	29	24	26

* NAI Propertree(2015년)

관리가 힘들고 노후도가 높아지면 당연히 공실 위험이 높아진다. 단일 주체가 관리하는 빌딩이 아니기에 대대적인 리모델링은 꿈도 꾸지 못한다. 최근 소형 오피스에서 일어나고 있는 일들은 섹션오피스의 어두운 미래를 보여주는 전조가 될 수 있다. 섹션오피스는 우리가 일반적으로 알고 있는 오피스 빌딩은 아니다. 어쩌면 오피스텔에 더 가까운 수익형 부동산이라 할 수 있다. 상품의 정확한 특성을 파악하고 투자에 나서야 할 것이다.

빌딩 투자,
나도 할 수 있을까?

31

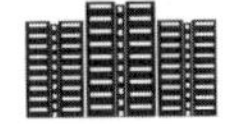

부동산 투자를 하면서 시간이 흐르고 연륜이 좀 쌓이면 길가의 빌딩들이 예사로이 보이지 않는다. 빌딩의 층수나 규모를 자세히 보게 되고, 어떤 입주자들이 들어와 있는지도 살피게 된다. 처음에는 아파트 단지가 보이고, 그다음에 오피스텔이나 상가가 눈에 띄었다가, 궁극적으로는 빌딩에 꽂히게 된다. 그래서 빌딩은 부동산 투자자들의 마지막 '로망'이라고 일컬어진다. 빌딩이 눈에 들어오는 이유는 여러 가지겠지만 일단 '폼'이 나기 때문일 것이다.

최근 빌딩에 투자하는 금액대가 낮아졌다고는 하지만, 대부분 투자자는 여전히 자산가들일 것이다. 아파트 몇 채, 상가, 토지 등에 투자하다 보면 관리도 힘들고 불편하다. 보유자금을 빌딩 한곳에 집중하면 관리하기도 편하고 폼도 난다. 아파트 단지 입구에서 잘 보이지도 않는 조그만 유리창 하나를 가리키며 '저 아파트가 내 것' 이라고 자랑하는 것보다는, 빌딩의 1층 기둥에 손을 짚고 '요즘 빌딩 투자가 대세' 라고 은근슬쩍 이야기하는 것이 더 기분 좋지 않겠는가.

소형화, 소자본화되는 빌딩 투자

빌딩이란 일반적으로 건물이나 집을 뜻하나, 우리나라에서는 특히 상업(업무)용으로 사용되는 중층 이상의 건축 구조물을 말한다. 예전에는 빌딩이라고 하면 대형 오피스 건물을 떠올렸지만, 최근 빌딩 투자가 어느 정도 일반화되면서 소규모의 건축물도 빌딩이라고 부른다. 빌딩이 가진 가장 독특한 점은 독립된 건축 구조물이라는 것이다. 아파트나 오피스텔 그리고 구분상가는 공동주택이나 집합건물이라 독립적이지 않지만, 빌딩은 소유 주체가 하나이면서 단일 소유권을 가진다.[74] 현실적으로는 제약이 있겠지만, 내 마음대로 할 수 있을 것처럼 여겨진다.

최근 빌딩 투자의 두드러진 점은 소형화, 소자본화된다는 점이다. 명품이 가진 가장 무서운 파괴력은 소비패턴이 하위 계층의 모방으로 이어진다는 점이다. 부유층의 소비행태를 장기적으로는 일반 중산층이 모방한다. 이에 따라 명품에 대한 수요가 계속 확산될 수 있다. 빌딩 투자에도 적용될 수 있는 논리다. 과거 백억대에서 이제는 몇십억대로 투자금액이 줄어들면서 강남에서 여타 지역으로, 대로변에서 이면도로로 투자 대상 또한 확대되고 있다. 한마디로, 빌딩 투자의 대중화다. 금리 또한 우호적이다. 대출금리가 내려가고, 담보인정비율LTV 역시 주택에 비해 유리하다. 고령화로 저금리에 따른 수익성 악화를 벗어나려는 움직임도 속속 가세하고 있다. 수요를 자극하는 요소가 한둘이 아니다.

모든 투자 행위가 마땅히 그러해야 하지만, 빌딩 투자 또한 살피고 또 살펴야 한다. 필자는 빌딩 투자에 너무 많은 자산이 집중되는 것은 위험하다고 본다. 수백억, 수천억대의 자산을 보유한 투자자라면 포트폴리오 차원에서 중소규모의 빌딩을 보유하는 것은 큰 문제가 없다. 하지만 수십억 내외의 자산가라면 빌딩에 투자할 경우 빌딩 자산이 보유자산 대부분이 될 수도 있다. 빌딩에 투자하는 사람의 연령대를 보면 은퇴(예정) 계층이 많은데, 한곳에 몰아서 투자하면 자칫 위험에 처할 수 있다. 빌딩의 공급이 늘어나는 반면 임차인의 수요는 줄어든다면, 지금은 좋은 투자 대상으로 주목받는 빌딩 투자가 한순간에 망하는 지름길로 바뀔 수도 있다. 필자의 친척 중에도 3년 전 강남의 한 중소형 빌딩을 매입한 분이 있는데, 7개 층 중 3개 층이 1년 이상 공실로 남아 고민이 이만저만 아니다. 대출이자가 만만치 않아 생활비마저 조달이 안 되는 상황이다. 보유자산의 80%를 이 빌딩에 투자했기 때문이다. 이른바 '몰빵' 투자 때문에 빌딩 푸어building poor로 전락할 위험에 처한 것이다.

공동소유 방식은 어떨까

빌딩 투자가 소자본화됐다고는 하지만, 여전히 상당한 자금이 소요된다. 투자 리스크를 걱정하는 이들은 주변의 지인들을 설득하여 같이 투자하기도 한다. '공동소유'다. 일반적으로 '공유'로 알려진 공동소유는 민법상으로는 공유, 합유, 총유로 나눌 수 있다. 합유와 총유는 일반적인 부동산에서는 잘 발생하지 않기 때문에 공동소유를 공유라고 봐도 무방하다. 공유 사례가 흔하지는 않지만 상속이 발생하여 부동산 분할에 대한 피상속인 간 합의가 이루어지지 않으면 그 기간에는 공유부동산이 된다. 따라서 흔하지는 않지만 주변에서도 가끔 볼 수 있는 사례다. 공유의 형태로 빌딩에 투자할 경우, 공동으로 사업을 하는 것과 유사한 일이 발생한다. 수익률이 예상했던 수준이면 큰 문제가 없는데, 수익률이 너무 좋거나 반대로 너무 좋지 않으면 탈이 난다. 본인의 지분은 마음대로 처분할 수 있으나, 부동산 자체를 처분하기 위해서는 전원의 동의가 필요하기 때문이다.

이런 설명을 들으면 어떤 생각이 드는가. 그렇다. 복잡해질 우려가 있다. 사실상 한쪽의 지분만 처분하기는 쉽지 않기 때문에 부동

구분소유 vs 공동소유

항목	구분소유	공동소유
분할소유 대상	부동산	권리
권리 주체 및 행사	복수의 권리 주체	단수의 권리 주체
부동산 유형	주택, 오피스텔, 상가	(오피스) 빌딩

산(빌딩)을 처분하는 것이 현실적이다. 그러려면 빌딩을 매입하기 전에 공유투자에 따라 발생하는 문제에 대한 명확한 계약 행위가 선행되어야 한다. 어떤 경우에 처분할 것인가, 발생하는 수익을 어떻게 배분할 것인가 등. 하지만 필자는 부동산을 매입하기 전에 변호사 사무실에 들러 이런 계약을 맺는 공유투자자들을 본 적이 없다. 그래서 복잡하고 골치 아픈 문제가 발생하는 것이다. 공유로 투자할 때는 빌딩 매매계약을 하기 전에 변호사 사무실부터 꼭 들르기를 권한다.

사실 빌딩 푸어가 되는 가장 큰 이유는 경기 침체다. 공급이 늘어나지 않더라도 수요가 줄어들 수 있다. 여기서 수요는 빌딩을 사려는 사람들만 일컫는 건 아니다. 필자 개인의 생각이지만 빌딩을 사고자 하는 수요는 꾸준할 가능성이 크다. 양극화된 사회에서 빌딩 투자는 소비의 명품에 해당하므로 이 시장은 앞으로도 안정적일 것이다. 하지만 파생수요를 고려해야 한다. 빌딩에 들어와 상업과 업무 활동을 하려는 임차인들이다. 이들이 급격히 줄어든다면 빌딩 푸어가 되는 날이 앞당겨질 수 있다. 안타깝게도 현재 경기가 어려워 상업과 업무 활동을 하려는 수요가 많지 않다. 빌딩 재고 수준이나 신규 공급이 늘어나는 것보다 수요가 적게 늘어나거나 오히려 줄어들 가능성이 크다. 특히 이 수요 중 신규 창업자나 중소규모의 회사 수요가 줄어들고 있다. 따라서 소규모, 소자본화되고 있는 빌딩 투자 시장은 앞으로 어려워질 가능성이 크다.

앞서 얘기했듯이, 엔에이아이 프라퍼트리에 따르면 2015년 말

3,300㎡ 미만 중소형 빌딩의 공실률이 연초의 15%에 비해 26%로 급격히 증가했다고 한다. 반면 나머지 규모의 빌딩 공실률은 오히려 감소한 것으로 나타났다. 물론 이런 결과는 무상 임대에 인색했던 중소형 빌딩들이 대형 빌딩의 적극적인 마케팅에 대응하지 못해 임차인을 뺏겼다는 점도 영향을 주었다. 하지만 기본적으로는 파생수요가 줄어들었다는 점이 가장 큰 원인이다.

임차인 혼합이 잘된 빌딩은 자산 가치도 올라간다

그럼 빌딩 투자 시장은 전망이 어둡기만 할까? 필자는 그렇게 생각하지 않는다. 고령화, 저금리, 저성장의 영향과 자산 양극화의 시대에는 빌딩만큼 매력적인 투자 대상을 찾기도 쉽지 않다. 다만, 빌딩 역시 수익형 부동산이 가진 특성을 고려하여 투자가 이루어져야 한다. 수익률이 거의 나오지 않는 빌딩을 시세차익을 목적으로 매입하는 투자자들은 예비 빌딩 푸어라고 볼 수 있다. 수익형 부동산 투자의 기본을 다시금 되새겨야 한다.

우선, 아무리 저금리라지만 상당한 수준의 자본이 투여되므로 50% 이상의 대출은 위험하다. 자금이 부족하다면 당장에는 수익률이 다소 떨어지더라도 보증금을 높이는 방향이 적절할 수 있다. 이후 빌딩관리가 안정화되면 서서히 보증금을 줄이고 월세 비중을 높이면 된다. 담보대출비율이 주택에 비해 상대적으로 높고, 기업의 경우 정책자금과 연계된 투자도 가능하기 때문에 투자 초기에 자칫 무리할 수 있다. 하지만 투자금액이 크기 때문에 위험에 대한 대비가 더 필요하다.

투자비용을 고려할 때 대부분 투자자가 수익적 지출만이 아니라 자본적 지출 가능성을 따져야 한다는 점을 간과한다.[75] 자본적 지출이란 빌딩 자산을 취득한 후 원래 상태로 회복시키거나 가치를 증가시키고 가용연수를 늘리기 위해 들어가는 비용이다. 특히 테넌트 믹스와 연계된 지출은 필수적이기 때문에 분명히 비용에 포함해야 한다. 그러고 나서 수익률을 다시 산출하여야 할 것이다.

지금부터는 가장 중요한 테넌트 믹스, 즉 임차인 혼합에 대한 이야기다. 공실이 발생하는 가장 큰 이유는 임차인 유치에도 문제가 있을 수 있지만 임차인 혼합이 잘못된 경우가 더 많다. 특히 기존 빌딩에서 공실이 발생하는 것은 대부분 임차인 혼합에 따른 문제다. 앞에서 살펴봤듯이 임차인은 사용면적, 임차기간, 파급력 등을 기준으로 주요 임차인, 서브 임차인, 소형 임차인 등으로 분류할 수 있다. 주요 임차인은 빌딩 내 사용면적도 넓고, 임차기간도 길고 파급력도 큰 임차인을 말한다. 영화관, 마트, SPA 등이다. 서브 임차인은 주요 임차인보다는 적은 면적, 짧은 기간, 낮은 파급력이 특징이다. 일반인 입장에서는 주요 임차인이 많으면 좋다고 생각하겠지만, 반드시 그런 건 아니고 각각의 장단점이 있다. 주요 임차인은 고객을 확보하는 집객력은 있으나 수익률을 갉아먹는다. 당신이 주요 임차인이라면 서브 임차인이나 소형 임차인과 같은 임대료를 내고 입점하려고 하겠는가. 당신 때문에 상권이 살아나고 공실의 많은 부분이 채워지니 그럴 수는 없을 것이다. 주요 임차인은 여타 임차인에 비해 훨씬 낮은 임대료를 적용받는다. 또한, 넓은 면적을 쓰는 주요 임차인이 너무 많은 경우 이들이 한꺼번에 나가면 빌딩의 공실면적이 갑자기 커질 수 있다. 따라서 면적, 기간, 임대료 등의 최적 조합을 찾아야 한다.

임차인 혼합이 잘된 빌딩은 자산 가치도 올라간다. 즉, 임차인 혼합이 잘못되었을 때 문제가 있는 임차인을 내보내고 우량 임차인을 들이면 빌딩의 수익률이 높아질 수 있다는 말이다. 최근 이런 투자 수요도 늘고 있다. 임차인 혼합에 문제가 있는 중소규모 빌딩을 찾아 리모델링한 후 임차인을 교체하여 수익률을 높이는 방식이다. 이때는 특히 수익률을 좌우하는 1층 임차인에 주목해야 한다. 참고로, 면적과 기간도 중요하지만 요즘에는 파급력에 중점을 두고 임차인 혼합을 고려한다. 스타벅스와 같은 커피전문점을 예로 들 수 있다. 이런 임차인은 여타 임차인보다 면적이 적거나 기간이 짧더라도 빌딩의 주목도를 높이는 파급력이 있기 때문에 주요 임차인으로 취급하는 것이 바람직하다.

경매로 상가 투자할 때 핵심 포인트

32

최근 수익형 부동산 중에서도 상가에 대한 관심이 높아지고 있다는 점이 인상적이다. 그동안은 오피스텔이나 원룸에는 은퇴(예정) 계층의 투자가 빈번했지만 상가에는 그다지 열기가 보이지 않았다. 아마도 상품에 대한 지식이 부족하고 투자금액이 크기 때문일 것이다. 수익형 부동산이긴 하지만 오피스텔이나 원룸은 주거용으로 사용할 경우 아파트와 큰 차이가 없다. 이에 비해 상가는 영업을 하는 곳이기 때문에 임차인을 들이지 못하면 속수무책이다. 그래서 상품에 대한 이해가 떨어지면 선뜻 접근하기가 어렵다.

신규로 분양하는 상가에 투자하기 위해 분양사무소에 들른 사람들 중에는 분양가가 얼마라는 얘기를 듣고 나면 상담을 하는 둥 마는 둥 돌아서는 이들이 대다수다. 최근 상가 분양가가 많이 오른 데다 분양면적 또한 늘어나 수십억 원에 달하는 상가가 많아졌기 때문이다. 아무리 담보대출을 활용한다 하더라도 가진 자산의 상당 부분을 투입해야 하는 수준이다. 투자 위험이 크니 쉽게 접근할 수가 없다.

경매 상품, 잘 아는 지역을 선택하라

금액이 크다 보니 경매에 대한 욕구가 증가한다. 특히 아파트 등의 경매에 참가해본 투자자들은 자연스럽게 상가 경매로 발길을 돌리기도 한다. 실물경제의 침체가 장기간 지속되고 자영업이 포화상태에 달하면 상가 투자를 희망하는 사람들의 심리는 더욱 위축되기 마련이다. 이에 따라 조금이라도 더 싸게 상가에 투자하려는 수요가 증가하게 된다. 2016년 6월 우리나라 자영업자 수는 564만 명으로 전년 같은 기간과 비교하면 2만 9,000명이 줄었다. 자영업자 수가 정점을 기록했던 2002년 618만 명에 비하면 54만 명 가까이 줄어든 셈이다. 하지만 부동산시장이 바닥에 근접해 있다고 판단한다면 오히려 투자의 기회가 될 수도 있다. 경기가 어려워질수록 좋은 물건이 경매시장에 싸게 나올 확률이 높아지기 때문이다. 좋은 시기에 시작한다면 오히려 상가라는 상품이 가진 투자의 어려움을 극복할 수 있을 것이다.

필자는 아파트 경매에서도 잘 아는 지역에 투자하라고 조언해왔다. 상가도 마찬가지다. 부동산시장은 지역 특수성이 크기 때문에

자영업자 수 추이

(단위: 천 명)

시기	2013년 6월	2014년 6월	2015년 6월	2016년 6월
자영업자 수	5,830	5,726	5,667	5,640

* 통계청

잘 모르는 지역에 들어가는 것은 좋은 방법이 아니다. 부동산 상품은 특히 임장활동에 많은 시간이 소요되므로, 잘 아는 지역일 경우 몇 점은 먹고 들어간다. 정 안 되면 내가 들어가 살면 되는 아파트와 달리, 상가는 그렇게 할 수 없기 때문에 더욱 철저한 임장활동이 요구된다. 현업에서 '상권분석' 이라고 부르는 시장조사를 철저히 해야 한다는 얘기다. 상권분석이 힘들다면 좋은 프랜차이즈가 많이 출점한 지역을 선택하면 된다. 아이스크림 전문 B사, 베이커리 전문 P사 그리고 도넛 전문 D사 중 몇 개가 눈에 띄는지 잘 살펴보시라.

특히, 처음부터 관심 있는 지역과 투자금액을 정해놓는 것이 좋다. 상가는 종종 물건을 낙찰받고도 잔금을 납부하지 못해 입찰 보증금을 날리는 경우가 많다. 상가와 같이 금액이 큰 투자 상품은 본인이 감당하지 못할 정도의 물건에 입찰하는 것은 위험한 투자 방식이다. 잘 아는 지역을 정해놓고 주기적으로 체크할 필요가 있다. 잘 아는 지역이란 직장 주변일 수도 있고 주거지 주변일 수도 있다. 고향에서 계속 살아가는 사람은 행운아라 할 수 있다. 태어난 곳의 수십 년 연혁을 다 꿰고 있을 가능성이 크니 말이다. 이들에게 고향 인근 지역은 투자 유망 지역이 될 수 있다.

입찰 전 꼼꼼한 현장답사는 필수다

상가 중에서도 아파트의 단지내상가나 지식산업센터에 있는 상가가 그나마 접근하기에 부담이 없다. 수익률이 높지는 않으나 투자 안정성 면에서는 좋은 상품이다. 수요자들을 안정적으로 확보하고 있으며, 상품이 어렵지도 않다. 단지내상가는 아파트 거주자들이 기본적인 수요층이 된다. 꼭 필요한 업종의 경우 장사가 잘될 수밖에 없다. 단지내상가에 입점해 있는 점포주들은 손바꿈이 적은데, 이는 상가의 기본인 영업에 큰 문제가 없다는 말이다. 또한, 이들 상가는 주변 지역 분석보다는 그 상품에 대한 분석만으로도 선호를 판단할 수 있다. 상가에 투자하기 위해서는 상권분석 등이 필수적이지만, 근린상가나 대형 상가에 비해 이들 상가는 주변 여건의 영향을 상대적으로 적게 받는다. 아파트와 함께 대형 지식산업센터는 내부 수요자만으로도 상가 영업에 지장이 없다.

상가 경매 시 기본적으로 유의할 사항은 감정가가 시세가 아니라는 점이다. 아파트는 동질적인 상품으로 비교 사례가 많으니 실수하는 일이 적다. 하지만 상가는 감정가와 시세의 차이가 크게는 몇 배에 이르기도 한다. 따라서 입찰 전 현장답사는 필수다. 현장에 가서 시세파악을 철저히 해야 한다. 하지만 안타깝게도 현장답사를 가서도 상가의 시세를 알기는 쉽지 않다. 물건이 많지 않기 때문에 개업공인중개사무소에서도 알아내기 어렵다. 오히려 주변 편의점이나 식당 등에 가서 사실대로 이야기하고 월세를 물어보는 것이 좋다.

그 빌딩과 주변 지역 공실 상황을 확인해서 최종 시세를 나름대로 판단해야 한다.

낙찰이든 분양이든, 상가는 관리를 잘 해야 수익성이 높아진다

상가를 경매로 낙찰받으면 매매로 취득할 때보다 기본 10%는 저렴하게 매입할 수 있다. 상가를 매매로 취득하면 건물 가격에 대해 부가가치세 10%를 내야 하지만, 경매로 취득하면 내지 않아도 되기 때문이다. 부가가치세법 시행령 제14조3항을 보면 '민사집행법에 따른 경매로 낙찰받아 매수하는 것은 재화의 공급으로 보지 않는다' 고 나와 있다. 여기까지 읽고, 어떤 생각이 드는가. 10%는 벌고 들어간다는 생각이 드는가? 그럼 당신은 초보자일 가능성이 크다. 상권분석과 수익률에 대한 더욱 세밀한 판단이 요구된다.

일단 경매로 나온 상가 대부분은 상가 주인이 담보대출의 이자를 내지 못해 대출해준 기관이 경매에 부친 경우다. 공실이 이어졌거나 비용을 충당할 수 없을 정도의 형편없는 월세를 받아왔다는 말이다. 그러지 않았다면 왜 대출이자를 밀리겠는가.

관리비 연체 여부도 철저히 따져야 한다. 아파트 경매에선 그리 중요한 판단사항이 아니지만, 상가 관리비는 비싼 편이라 누적된 연체 관리비가 많을 경우 배(저렴한 낙찰가)보다 배꼽(관리비 연체금)이 클 수 있다. 실제로 2014년 1월 서울 역삼동 U빌딩을 낙찰받은 함모 씨는 연체한 관리비 4억 1,000만 원을 지급하라는 판결을 받았다. 다행히 연체한 관리비 중 건물 공용부분에 대한 관리비만 대상이 됐다. 상가의 공용부문을 유지 · 관리하는 데 소요되는 경비는 상가를 낙찰받은 자가 무조건 승계하는 것으로 보면 된다.

상가가 아파트와 다른 점을 중심으로 몇 가지를 살펴봤는데 더욱 중요한 점은 상가가 가진 수익형 부동산으로서의 특성이다. 낙찰받은 상가가 이후로도 오랫동안 공실로 남아 있다면 또는 형편없는 월세를 받아야 하는 상황에 처한다면, 낙찰자가 채무자로 전락해 그 상가가 다시 경매에 처해질 수도 있다. 상가는 수익형 부동산의 대표적인 상품이기 때문에 시세차익을 얻기는 쉽지 않으며 단기간에 팔리지도 않는다. 따라서 임차인 유치나 영업 상황 등을 세심하게 판단해야 한다. 상가는 경매로 취득했든 분양을 받았든 큰 차이가 없다. 관리를 잘 해서 수익률을 높여야 하는 상품이라는 점이 중요하다.

단독주택 리모델링으로 월세 수입 노린다

33

필자의 부동산 재테크 마지막 단계는 빌딩이라고 늘 생각해왔다. 그런데 최근 생각이 바뀌고 있다. 50이 넘다 보니 투자 리스크를 더 크게 보기 시작한 것이다. 왜 빌딩을 원하는지를 다시 찬찬히 생각해 보니, '폼'이 난다는 점도 있지만 빌딩은 독립적이라는 점이 더 매력적이었던 것 같다. 보유 중인 부동산이 아파트와 같은 공동주택이나 상가와 같은 집합건물 등이니 뭔가 나만의 것을 원했던 듯하다. 아파트나 상가가 모두 다른 누군가와 함께 생활하고 영업하는 곳이다 보니 불편한 점을 느꼈던 것이다. 최근 단독주택에 대한 수요가 늘어나고 있는데 이 현상 역시 단순히 거주에만 이유가 있지는 않을 것이다. 빌딩처럼 독립된 부동산을 갖고 싶어 하는 투자자들의 열망도 담겨 있을 것이다.

단독주택의 독보적 상승률

먼저 통계를 살펴보자. 2016년 들어 6월까지 전국의 주택 유형별 매매가격 상승률은 단독주택이 0.32%로 가장 높았다. 연립다세대가 0.2%이고 아파트는 0.04%에 그쳤다. 짧은 기간이긴 하지만 단독주택의 매매가격 상승률이 주택 유형을 종합해놓은 상승률보다 무려 8배나 높다. 거래 현황도 비슷하다. 2015년 1월부터 6월까지 단독주택 거래량이 7만 6,000건이었으나 2016년 1월부터 6월까지는 7만 3,000건으로 4.6% 감소했다. 이에 비해 아파트는 같은 기간 63만 건에서 50만 건으로 무려 19.8%나 줄었다. 바야흐로 단독주택의 시대가 오고 있는 것이다.

최근 단독주택에 대한 관심과 욕구가 증가하고 있는 것은 세 가지 요인이 결합된 것으로 볼 수 있다. 첫째, 아파트에 살고 싶지 않다. 둘째, 편리한 도시생활을 포기하기는 싫다. 셋째, 노후대책으로 안정적인 수입이 필요하다. 이 요인들을 모두 결합하면 상가주택이라는 결론이 나온다. 하지만 도심의 상가주택은 가격이 만만치 않다.

주택 유형별 매매가격 상승률

(단위: %)

구분	1월	2월	3월	4월	5월	6월	소계
종합	0.04	0.00	0.00	0.02	0.03	0.04	0.13
아파트	0.02	-0.01	-0.03	0.00	0.02	0.04	0.04
연립다세대	0.06	0.00	0.00	0.02	0.05	0.03	0.20
단독	0.08	0.02	0.06	0.07	0.05	0.04	0.32

* 감정원(2016년 기준)

상가로 변신한 단독주택

그리고 신규로 분양하는 신도시의 상가주택부지는 가격도 비싸지만 상권 형성이 어떻게 될지 걱정이고 편의시설에도 신경이 쓰인다. 자연스럽게 도심의 단독주택 리모델링으로 눈길을 돌리게 된다.

최근에 단독주택 관련 책을 한 권 읽었는데, 모두 16명의 단독주택 소유주 사례가 나온다.[76] 대부분의 소유주가 단독주택에 거주하는 목적을 거주와 함께 본인의 작업공간이나 외부고객을 위한 상업시설을 함께 갖추기 위해서라고 이야기했다. 제2의 공간에서 제2의 업을 모색하는 것이다. 낡은 양옥집을 스타일리시한 집과 쿠킹 스튜디오로 바꾼 사례도 있고 평범한 한옥을 특별한 일터와 세컨드 하우스로 바꾼 사례도 있다. 대부분의 소유주가 원하는 것이 '삶 이상의 기능이 있는 집' 이었다. 도심에 있기는 해야 하지만, 아파트로는 이룰 수 없는 바람이다. 여기에 추가적인 수입도 보장되어야 한다.

단독주택의 리모델링 열기도 뜨겁다

단독주택의 수요는 느는데 신규 공급은 거의 없고 뉴타운, 재개발사업, 도시형 생활주택 등의 사업으로 기존 물량 또한 줄어들고 있다. 서울시에 따르면 2014년 35만 7,547가구였던 단독주택이 2015년에는 35만 1,624가구로 줄었다고 한다. 수도권에서는 아파트가 많이 없어지는 데 비해 지방의 멸실주택 대부분은 단독주택이다. 수도권은 단독주택의 멸실 비중이 40%가 안 되지만, 지방은 80%에 가깝다. 서울보다는 아직 단독주택에 대한 투자가 활발하지 않은 지방의 단독주택에 주목해야 하는 이유다. 2015년에 서울에서 단독주택 공시 가격이 가장 많이 오른 지역은 리모델링 수요가 활발한 마포구였다.

경매시장에서도 단독주택의 인기는 뜨겁다. 2016년 6월 현재 아파트의 낙찰가율은 2015년 6월 91.5%에서 오히려 떨어져 89.5%를 기록 중이다. 이에 반해 같은 기간 단독주택의 낙찰가율은 80.22%에서 92.75%로 급격히 상승 중이다.

단독주택을 리모델링하여 상업시설이나 원룸 등 수익형 부동산으

권역별 멸실주택 내 단독주택 비중

(단위: 호, %)

구분	전국	수도권	지방
멸실주택	83,976	40,710	43,266
멸실주택 중 단독주택	49,934	16,063	33,871
비중	59.5	39.5	78.3

* 국토교통부(2014년 기준)

로 바꾸려는 움직임도 증가하고 있다. 이는 리모델링과 재건축의 차이 때문이다. 재건축(신축)하지 않고 리모델링을 하면 예전 집 규모를 그대로 유지할 수 있어 경제적으로 유리하다. 과거보다 건축 관련 규제가 강화되어 기존 주택을 헐고 신축할 경우 건폐율과 용적률의 제한을 받아 건축면적이 절반 가까이 줄어들 수 있기 때문이다. 리모델링이라고 하면 예전 집과 큰 차이가 없다고 생각하는 사람이 많겠지만, 리모델링과 재건축의 차이점은 기초와 골조공사를 하느냐 안 하느냐에 있다. 결과적으로, 리모델링을 통해서도 완전히 새로운 건축물을 보게 된다. 그래서 리모델링을 대수선이라고 한다.

단독주택 리모델링의 핵심은 시세차익을 보기 힘든 상품을 수익형 부동산으로 만드는 것이다. 그동안 단독주택이 인기가 없었던 이유는 아파트처럼 시세차익이 없었기 때문이다. 이를 시세차익이 있는 상품으로 탈바꿈시키기 힘들기에, 월세를 받을 수 있는 상품으로 바꿔 노후 대비를 하려는 집주인들이 늘어나고 있다. 오해하지 말 것은, 단독주택을 리모델링하여 수익형 부동산으로 만든다고 해서 엄청난 시세차익이 생기는 것은 아니라는 점이다. 그런 투자수익을 원한다면 여전히 아파트가 더 경쟁력이 있다. 물론 예외는 있다. 필자가 아는 한 지인은 서교동의 단독주택을 증축 리모델링하여 투자금액의 3배에 달하는 시세차익을 보기도 했다.

단독주택을 상가로 리모델링하면 초기 투자금도 줄일 수 있다. 일단 공사기간이 짧고 리모델링 비용이 적게 들기 때문이다. 여기에 입점할 임차인까지 미리 확보한다면 그 보증금 등으로 초기 투자금을 일정 부분 충당할 수 있다.

단독주택 가치 높이는 법

단독주택에 대한 투자금액은 빌딩과 비교하면 크지 않지만, 그래도 일반 수익형 부동산에 비해서는 적지 않은 자금이 소요된다. 좋은 상품을 고르는 법을 숙지해야 한다.

첫째, 부동산의 가치는 토지임을 명심해야 한다. 단독주택에 투자하고자 할 때, 리모델링을 통해 변신시킬 수익형 부동산으로만 본다면 마당이 넓은 집보다는 집의 규모가 큰(건폐율이 높은) 상품을 선택하기 십상이다. 많은 점포와 원룸을 설계하고자 하기 때문이다. 하지만 명심하라. 모든 부동산의 궁극적 가치는 토지다. 특히 마당이 넓은 집은 상업시설이나 원룸으로 바꾼다면 더욱 이익이 되지 손해가 나진 않는다. 점포에 데크를 깔아 테라스를 만들 수도 있고, 정원이 잘 가꾸어진 집에서 거주하고자 하는 임차인들의 욕구도 충족시킬 수 있다. 같은 조건이라면 무조건 마당 넓은 집을 선택하시라. 대로 변도 좋지만, 상가주택의 윗부분은 주거시설이므로 일정 부분 상권이 형성된 이면도로나 골목 사거리가 가장 좋다. 이 위치가 가성비(가격 대비 성능) 또한 탁월하다.

둘째, 지역이 중요하다는 점을 잊지 말아야 한다. 임차 수요가 많은 곳을 선택해야 하는데 서울에서는 마포구와 영등포구가 대표적이다. 필자는 이미 개발이 상당히 진행된 마포구보다는 영등포구에 주목하는 것이 좋지 않을까 싶다. 얼마 전까지 필자가 나가던 사무실이 서울 선유도역에 있었는데, 도심 접근성이나 쾌적성이 아주 뛰어난 지역이었음에도 발전의 정도는 상당히 낮았다. 필자는 지역의 미래 가치가 높다고 판단해서 중소규모의 빌딩을 찾아다녔다. 당시 큰 도로를 끼고 있어도 규모가 얼마 안 되는 빌딩은 10억 원 내외였다. 선유도역 바로 옆에는 강북에서도 상권이 좋기로 유명한 당산역이 있다. 홍대입구역 등을 생각한다면 당산역의 확장 가능성에 주목할 필요가 있다. 단독주택은 아파트보다는 환금성이 떨어진다. 따라서 무리한 대출은 금물이다. 본인이 거주하고, 입점하는 상가의 보증금 등을 최대한 활용하면서 가능한 한 30%를 넘지 않는 범위 내에서 레버리지를 활용하는 것이 좋을 듯하다.

셋째, 단독주택 투자의 핵심은 리모델링이라는 점이다. 단독주택을 그대로 사용하려고 매입하는 투자자는 거의 없다. 단독주택 리모델링 시 가장 중요한 점은 업체 선정이다. 이에 대해서는 책을 한 권 다시 써야 할 정도의 내용이 포함될 수 있다. 그래도 한마디로 줄이면, 시공업체와 건축가를 구분해서 발주하라는 것이다. 설계와 시공, 감독과 공사의 분리다. 단독주택을 리모델링하고자 한다면 건축가부터 먼저 만나고 입주 때까지 함께하길 권한다. 아파트를 고를 때는 삼성물산의 래미안이냐, 현대건설의 힐스테이트냐를 고민하겠지만 단독주택은 '사람'을 직접 선택해야 한다. 그래서 어렵다. 보통은 인테리어업체, 시공업체, 건축가를 두고 고민하는데 설계비용이 추가되더라도 건축가에게 설계와 감리를 맡기는 쪽이 좋다고 생각한다. 건축을 잘 모르는 사람이 대부분이니 시공이 제대로 이루어지는지를 체크해줄 전문 '감독관'이 필요하기 때문이다. 그리고 비용은 건축주가 정해놓지 않으면 계속 올라간다. 예산을 확정해서 거기에 맞는 결과물을 만들어내도록 하는 것도 좋은 방법이다.

주

I. 수익형 부동산 전성시대

1 심형석(2004), 《매달 현금이 들어오는 수익형 부동산 투자》, 박영률출판사

2 테드 C. 피시먼(2011), 《고령화, 쇼크인가 축복인가》, 반비

3 필자의 경험상으로도 그러하지만, 부자일수록 전체 자산에서 부동산 자산의 비중은 줄어든다. S은행의 조사에 따르면 10억 원 이상의 금융 자산을 보유한 자산가들은 부동산 자산 비중이 58% 수준이라고 한다.

4 공정거래위원회(2014), "확정수익, 수익률 보장 분양광고, 알고 보니 거짓 · 과장!"

5 부동산114의 자료에 따르면 2016년 6월 현재 서울 오피스텔의 연 평균 임대수익률은 5.14%다.

6 부동산114의 자료에 따르면 2015년 말 현재 서울 지역 상가 1층의 분양가는 3.3㎡당 3,553만 원이다.

7 돈이나 노력, 시간 등을 투자한 경우 성공 가능성에 관계없이 투자한 대상을 계속 끌고 나가려는 성향을 말한다. 콩코드 효과(Concord effect)라고도 한다.

8 법률 제13050호 동물보호법의 제21조에 '동물의 분양 · 기증' 조항이 있다.

9 '분양하다'를 영어로 표현하면 'sell lots'가 된다.

10 위키백과(2015), 아이파크몰

11 이소연 · 김재철(2014), "필로티형 다세대주택 밀집 지역의 가로 환경이 보행자의 범죄 및 교통사고 두려움에 미치는 영향", 대한국토 · 도시계획학회

12 프랑스어로 바다의 하늘이라는 뜻을 담은 '호텔 씨엘드메르 해운대(Hotel Ciel De Mer Haeundae)'는 분양 당시 오피스텔이었으나 생활형 숙박시설로 허가받아 운영하고 있다. 하지만 대부분은 규정상 등록이 까다로워 변경이 쉽지 않다. 주거지역과는 50미터 이상 떨어져 있어야 하고 학교로부터 200미터 거리인 학교정화구역 내에 입지해서도 안 된다. 특히 이미 분양한 오피스텔 기존 투자자 모두의 동의가 있어야 용도변경을 할 수 있다.

13 준주택은 주택법에 '주택 외에 건축물과 그 부속 토지로서 주거시설로 이용 가능한 시설 등'이라고 정의되어 있다. 오피스텔과 고시원, 노인복지주택 등이 포함된다.

14 2012년 8월 기준 레오팔레스21에서 관리하는 임대주택 호수는 모두 55만 6,207세대로, 일본 상위 2위 업체다. 1위 업체는 69만 4,205호를 관리하는 다이토켄타쿠(大東建託)다. 이들이 각각 관리하는 임대주택은 우리나라의 매입임대사업자가 등록한 임대주택 수(2014년 말 기준 35만 7,653호)의 2배에 이를 정도로 엄청난 규모다.

15 서울연구원(2015), '서울의 월세거래 현황은?', 서울인포그래픽스 제162호

16 오피스텔을 매입임대주택으로 등록할 경우 신규 분양분에 한해 취득세가 면제되고(5년 이상 임대 유지) 재산세 감면 및 종합부동산세 합산 배제, 양도소득세 중과 배제 등의 혜택이 발생한다.

17 한국감정원에서 발표한 서울시의 전 · 월세 전환율은 2016년 6월 현재 6.0%다.

18 준주택에 기숙사를 포함하는 경우도 있으나 여기서는 제외했다.

19 서울연구원(2015), "생애 주된 일자리에서 퇴직한 서울 베이비붐 세대의 현황은?", 서울인포그래픽스 제155호

20 사실 이 법률안의 더 큰 관심은 9억 이상 주택도 가입 대상이 된다는 점이다. 주택 가격의 상승에 따라 대상 주택을 확대하기 위한 고육책으로 보인다. 필자는 고가주택 기준으로 삼는 '9억 원'이 이제는 바뀌어야 할 때가 오지 않았나 생각한다.

21 서울시(2015), "원룸 관리비 실태조사 및 가이드라인"

22 젠스타의 자료에 따르면 서울 3대 권역(도심, 여의도 , 강남)의 3.3㎡당 관리비는 3만 원이 훌쩍 넘는다. 명목임대료의 30~40% 수준이다. 임대인이 관리비에서 수익으로

가져가는 돈이 15%라는 비공식 통계도 있는데, 필자는 더 높을 거라고 생각한다.

23 단지내상가의 크기로는 세대당 구 0.3평이 가장 적절하다고 한다. 이를 적용하면 1,000세대 아파트 단지의 경우에도 단지내상가는 300평을 넘지 않는 것이 좋다는 말이다. 필자가 현장에서 배운 지식이니 그냥 참고만 하시라.

24 송용주(2015), "관광숙박시설 수급의 문제점과 정책대안", 한국경제연구원

25 관광진흥법 시행령의 개정(2016년 3월부터 시행)으로 유흥시설이나 사행 행위장 등 미풍양속을 해치는 부대시설이 없는 범위에서 호텔 등 관광 · 숙박시설의 건립이 허용된다. 이를 위해서는 학교 출입문으로부터 75미터 밖에 위치하고 100실 이상 규모를 갖추는 등 일정 요건을 충족하여야 한다.

26 문화체육관광부(2015), "2014년 외래 관광객 실태조사"

27 일본에서는 1인가구를 단독가구라고 한다.

28 주택도시보증공사에 따르면 오피스텔 분양보증은 2014년 4개 사업장 291실에서 2015년 30개 사업장 7,808실로 크게 늘었다고 한다. 하지만 2015년 분양한 오피스텔이 6만 3,775호이니 12.2% 정도의 오피스텔만 분양보증을 받았다고 볼 수 있다.

29 오명철(2014), "대구 지역 오피스텔 분양계약률 및 계약자 지역분포 특성에 관한 연구", 서울시립대학교 석사 논문

30 일반적으로 마케팅이 소비를 촉진하는 활동인 데 반해, 디마케팅은 소비성향을 둔화시키거나 소비를 원천적으로 봉쇄하기 위해 취하는 마케팅 활동이다.

31 좋게, 쉽게, 안전하게 공사를 진행하기 위한 최선의 방법을 찾는 종합적인 계획. 안전관리 · 원가관리 · 품질관리 · 공정관리 등 4대 관리의 총칭이다.

32 론 프리드먼(2015), 《공간의 재발견》, 토네이도

33 2000년, 한정 면허로 운영되던 사업이 등록제로 전환됐다.

34 박소현 외(2015), 《동네 걷기 동네 계획》, 공간서가

35 집합건물과 관련된 분쟁이 발생하면 법원에 소송을 제기하기 이전에 조정신청을 하는 경우가 많은데, 조정 절차에 의해서는 문제가 쉽사리 해결되지 않는다. 여러 지방자치단체가 집합건물 분쟁을 해결하기 위하여 조정위원회를 두고 있고, 서울시도 2013년 11월부터 '집합건물분쟁조정위원회'를 운영하고 있다. 하지만 그 실효성에 대해 의문을 품는 의견이 많다. 애초 조정 절차는 판결 절차와는 달리 당사자 간의 원만한 합의를 유도하는 절차이고, 피신청인이 조정에 불응하거나 어느 한쪽이라도 조정안의 수용을 거부하면 강제력이 없기 때문이다. 조정이라는 것이 원래 그러하지 않은가.

36 대법원 1996.8.23. 선고 94다27199판결 참조

37 도시계획이나 건축설계에서 공간을 용도와 법적 규제에 따라 기능별로 나누어 배치하는 일

38 왕젠린(2015), 《완다: 아시아 최고 부자의 경영강의》, 사회평론

39 상가는 층만이 아니라 위치별, 규모별, 업종별로도 차별화된 가격을 책정할 수 있다.

40 강현관(2008), "상업용 건물의 층별 분양가 산정 방법에 관한 연구: 근린상가 내 층별 가격 차등화를 중심으로", 경희대학교 대학원 석사학위 논문

41 전체 전용률은 과거에는 보통 60% 내외였으나 공급되는 상가의 규모가 커지면서 엘리베이터, 화장실, 에스컬레이터 등 부대시설에 할애된 면적이 증가하여 전용률이 다소 떨어진 것으로 파악된다. 최근에는 전용률이 45~50% 수준이다.

42 시간 단위로 차를 빌리는 서비스. 국내에는 '쏘카'와 '그린카'가 이런 서비스를 제공하는 대표적인 회사다.

43 독일에는 40%의 장기렌터카 이용자가 있으며, 미국은 대여 방법으로 차량을 출고하는 인구의 비중이 4분의 1에 육박한다고 한다.(장기렌트카 자동차리스, 무보증으로 가능할까?(2015), 이코노믹리뷰)

44 테넌트란 디벨로퍼로부터 일정한 공간을 임차하는 계약을 체결하고 쇼핑센터에 입점하여 영업을 하는 상대이며 동시에 디벨로퍼와 협력해서 쇼핑센터의 구성원으로서 공존공영을 추구함을 목적으로 하는 협동자다. 따라서 주거용 부동산에서의 단순한

세입자와는 다르다.

45 소비양식별로는 판매(retail), 엔터테인먼트(entertainment), 식음(dining), 서비스(service)로 나눌 수 있다(오정아(2011), "도심 엔터테인먼트 쇼핑센터의 테넌트 믹스 방향에 관한 연구", 연세대학교 대학원 박사 논문).

46 이동훈(2004)의 연구에 따르면 테넌트를 기능에 따라 앵커 테넌트(anchor tenant), 서브-키 테넌트(sub-key tenant), 마그넷 스토어(magnet store), 일반 테넌트(general tenant), 그리고 특수 테넌트(special tenant)로 나누었다(이동훈 외(2004), 《Shopping center development & management: SC개발 · 운영 관리》, 다이아몬드컨설팅).

47 노홍주(2013), "복합쇼핑몰의 핵심 임차인 유형과 특성에 관한 연구", 건국대학교 대학원 석사학위 논문

48 상관관계 지수가 1에 가까울수록 영향을 받고, 0에 가까울수록 영향이 없다고 해석한다. 0.8보다 크면 강한 상관관계, 0.6~0.8은 보통의 상관관계, 0.4~0.6은 약한 상관관계, 0.4 이하는 거의 상관이 없다고 본다.

49 2014년 정부 전자공시 시스템 자료의 매출액 기준

50 전경돈 외(2011), "쇼핑센터의 앵커 테넌트 유형 및 특성 연구", 한국도시설계학회

51 백화점이나 슈퍼마켓 등과 달리 상품 분야별로 전문 매장을 특화해 상품을 판매하는 소매점. 세계적인 완구판매점 체인인 토이저러스(Toysrus)가 카테고리 킬러의 원조라고 한다.

52 이창덕(2014), "스트리트 쇼핑몰 점포의 선호, 비선호 입지 특성 분석: 일산 스트리트 쇼핑몰을 중심으로", 연세대학교 공학대학원 석사학위 논문

53 영화 한 편이 벌어들이는 흥행 수입을 가리키는 말이다.

54 황준기(2015), "문화주도적 젠트리피케이션 현상에 의한 장소성 변화 연구", 서울시립대학교 대학원 석사학위 논문

55 작은 경제, 생활 경제를 뜻한다. 대만의 유명한 경제 칼럼니스트인 중원룽의 《골목 경제학》에서 필자가 차용한 개념이다.

56 크레이그 스탠포드, 한국동물학회 역(2009), 《직립보행: 인간으로 진화하는 열쇠》, 전파과학사

57 마틴 린스트롬, 이상근 · 장석훈 공역(2010), 《쇼핑학》, 세종서적

58 박소현 외(2015), 《동네 걷기 동네 계획》, 공간서가

59 당 반 치엔 · 트란 트렁 틴 · 김종욱(2014), "다양한 감정 상태에서의 보행 특징 분석", 한국지능시스템학회

60 민현석 · 여혜진(2012), "차 없는 거리 사업의 평가 및 개선방안", 서울연구원

61 김건영 외(2002), "주거지역 이면도로의 보행행태특성 분석", 대한토목학회

IV. 호텔, 빌딩, 그 외 다양한 수익형 부동산

62 국토부(2014), "서민 · 중산층 주거안정을 위한 임대차시장 선진화 방안"

63 총면적 3,000㎡를 초과할 경우 '건축물의 분양에 관한 법률'에 의해 분양이 가능하다.

64 한국관광공사의 자료에 따르면 2015년 방한한 외국인 관광객은 1,323만 1,600여 명으로 2014년(1,420만 1,500여 명)에 비해 6.8% 줄었다.

65 금융감독원(2014), "높은 임대수익을 보장하는 수익형 부동산 투자에 주의"

66 산업집적활성화 및 공장설립에 관한 법률

67 광고대행업, 콜센터(통신판매업은 제외), 옥외 및 전시광고업, 사업시설유지관리 서비스업, 보안시스템 서비스업, 온라인 교육학원, 그 외 기타 분류 안 된 전문, 과학 및 기술 서비스업으로서 관리기관이 인정하는 산업 등 제조업체 지원 및 홍보 · 고객관리와 관련 깊은 업종이 추가됐다.

68 최고 경쟁률은 2015년 원주기업도시에서 공급한 주차장 용지 6필지 중 대지면적 726㎡ 필지의 경쟁률이며, 최고 낙찰가율은 2015년 11월 영종하늘도시에서 있었던 LH 주차장 용지 입찰 결과다.

69 2015년 국내 자동차 수는 2,098만 9,885만 대로 2014년(2,011만 7,955대)보다 87만 2,000대(4.3%) 늘었다.

70 2015년 귀농 · 귀촌 가구 통계는 집계 방식이 바뀌었다. 귀농 가구는 1만 1,1959호, 귀촌 가구는 31만 7,409호, 귀어 가구는 991호다.

71 2014년 9월 2차 규제개혁장관회의에서 그린벨트 내 캠핑장 설치 등 국민의 생활 편의를 지원하는 방향으로 규제를 완화했다.

72 심형석 · 이동환(2012), "국내 오토캠핑장 개발사업의 사업성 분석에 관한 연구", 한국부동산학회

73 엔에이아이 프라퍼트리(NAI Propertree(2015)), NAI Market Report

74 소유 주체 면에서는 단수의 권리 주체가 1개의 부동산을 소유하는 경우가 많지만, 경우에 따라서는 1개의 부동산을 복수의 권리 주체가 공동으로 소유하는 경우도 있다. 전자를 단독소유라 한다면 후자는 공동소유가 된다. 그러나 공동소유는 물건 자체를 분할하여 소유하는 것이 아니고 권리를 분할하여 소유하는 것을 전제로 한다. 따라서 물건 자체를 분할하여 소유하는 구분소유와는 명백히 다르다.

75 빌딩의 가치를 보전하는 데 그치는 지출을 수익적 지출(소비적 경비)이라고 한다. 이에 비해 자본적 지출은 빌딩의 가치를 증가시키고 가용연수를 늘리는 데 필요한 지출을 말한다.

76 유은혜(2015), 《살고 싶은 집 단독주택 3년 후》, 동아일보사

참고자료

- 강현관(2008), "상업용 건물의 층별 분양가 산정 방법에 관한 연구: 근린상가 내 층별 가격 차등화를 중심으로", 경희대학교 대학원 석사학위 논문
- 공정거래위원회(2014), "확정수익, 수익률 보장 분양광고, 알고 보니 거짓 · 과장!"
- 국토부(2014), "서민 · 중산층 주거안정을 위한 임대차시장 선진화 방안"
- 금융감독원(2014), "높은 임대수익을 보장하는 수익형 부동산 투자에 주의"
- 김건영 외(2002), "주거지역 이면도로의 보행행태특성 분석", 대한토목학회
- 김형연 · 강철희(2015), "서비스드 레지던스의 발전방향에 대한 연구", 대한건축학회
- 노홍주(2013), "복합쇼핑몰의 핵심 임차인 유형과 특성에 관한 연구", 건국대학교 대학원 석사학위 논문
- 당 반 치엔 · 트란 트렁 틴 · 김종욱(2014), "다양한 감정 상태에서의 보행 특징 분석", 한국지능시스템학회
- 론 프리드먼(2015), 《공간의 재발견》, 토네이도
- 마틴 린스트롬, 이상근 · 장석훈 공역(2010), 《쇼핑학》, 세종서적
- 문화체육관광부(2015), "2014년 외래 관광객 실태조사"
- 민현석 · 여혜진(2012), "차 없는 거리 사업의 평가 및 개선방안", 서울연구원
- 박소현 외(2015), 《동네 걷기 동네 계획》, 공간서가
- 서울시(2015), "원룸 관리비 실태조사 및 가이드라인"

- 서울연구원(2015), "생애 주된 일자리에서 퇴직한 서울 베이비붐 세대의 현황은?", 서울인포그래픽스 제155호
- 송용주(2015), "관광숙박시설 수급의 문제점과 정책대안", 한국경제연구원
- 심형석(2004), 《매달 현금이 들어오는 수익형 부동산 투자》, 박영률출판사
- 심형석 · 이동환(2012), "국내 오토캠핑장 개발사업의 사업성 분석에 관한 연구", 한국부동산학회
- 엔에이아이 프라퍼트리(NAI Propertree(2015)), NAI Market Report
- 오명철(2014), "대구 지역 오피스텔 분양계약률 및 계약자 지역분포 특성에 관한 연구", 서울시립대학교 석사 논문
- 오정아(2011), "도심 엔터테인먼트 쇼핑센터의 테넌트 믹스 방향에 관한 연구", 연세대학교 대학원 박사 논문
- 왕젠린(2015), 《완다: 아시아 최고 부자의 경영강의》, 사회평론
- 위키백과(2015), 아이파크몰
- 유은혜(2015), 《살고 싶은 집 단독주택 3년 후》, 동아일보사
- 이동훈 외(2004), 《Shopping center development & management: SC개발 · 운영 관리》, 다이아몬드컨설팅
- 이소연 · 김재철(2014), "필로티형 다세대주택 밀집 지역의 가로 환경이 보행자의 범죄 및 교통사고 두려움에 미치는 영향", 대한국토 · 도시계획학회
- 이창덕(2014), "스트리트 쇼핑몰 점포의 선호, 비선호 입지 특성 분석: 일산 스트리트 쇼핑몰을 중심으로", 연세대학교 공학대학원 석사학위 논문
- 전경돈 외(2011), "쇼핑센터의 앵커 테넌트 유형 및 특성 연구", 한국도시설계학회
- 크레이그 스탠포드, 한국동물학회 역(2009), 《직립보행: 인간으로 진화하는 열쇠》, 전파과학사
- 테드 C. 피시먼(2011), 《고령화, 쇼크인가 축복인가》, 반비
- 황준기(2015), "문화주도적 젠트리피케이션 현상에 의한 장소성 변화 연구", 서울시립대학교 대학원 석사학위 논문

오피스텔 · 원룸 · 상가

월세 받는 부동산
제대로 고르는 법

제1판 1쇄 발행 | 2016년 10월 4일
제1판 3쇄 발행 | 2017년 6월 22일

지은이 | 심형석
사 진 | 김건중
펴낸이 | 한경준
펴낸곳 | 한국경제신문 한경BP
편집주간 | 전준석
책임편집 | 황혜정
외주편집 | 공순례
기획 | 유능한
저작권 | 백상아
홍보 | 남영란 · 조아라
마케팅 | 배한일 · 김규형
디자인 | 김홍신
본문디자인 | 디자인현

주소 | 서울특별시 중구 청파로 463
기획출판팀 | 02-3604-553~6
영업마케팅팀 | 02-3604-595, 583 FAX | 02-3604-599
H | http://bp.hankyung.com E | bp@hankyung.com
T | @hankbp F | www.facebook.com/hankyungbp
등록 | 제 2-315(1967. 5. 15)

ISBN 978-89-475-4145-9 03320